G. Kockläuner

**Angewandte
Regressionsanalyse
mit SPSS**

Gerhard Kockläuner

Angewandte Regressionsanalyse mit SPSS

Friedr. Vieweg & Sohn　　Braunschweig / Wiesbaden

CIP-Titelaufnahme der Deutschen Bibliothek

Kockläuner, Gerhard:
Angewandte Regressionsanalyse mit SPSS/
Gerhard Kockläuner. — Braunschweig;
Wiesbaden: Vieweg, 1988
  ISBN-13: 978-3-528-04605-7   e-ISBN-13: 978-3-322-84227-5
  DOI: 10.1007/978-3-322-84227-5

Eingetragene Warenzeichen sind nicht besonders gekennzeichnet. Deshalb ist den Bezeichnungen nicht zu entnehmen, ob sie freie Warennamen sind bzw. ob Patente oder Gebrauchsmuster vorliegen.

Das in diesem Buch enthaltene Programm-Material ist mit keiner Verpflichtung oder Garantie irgendeiner Art verbunden. Die Autoren und der Verlag übernehmen infolgedessen keine Verantwortung und werden keine daraus folgende oder sonstige Haftung übernehmen, die auf irgendeine Art aus der Benutzung dieses Programm-Materials oder Teilen davon entsteht.

Der Verlag Vieweg ist ein Unternehmen der Verlagsgruppe Bertelsmann.

Umschlaggestaltung: Peter Neitzke, Köln

ISBN-13: 978-3-528-04605-7

Vorwort

Regressionsanalysen erlauben vielfältige Aussagen über Beziehungen zwischen quantitativen Variablen. Angewandte Regressionsanalysen werden mit vorliegenden Datensätzen auf elektronischen Rechenanlagen durchgeführt. Dort installierte statistische Programmpakete wie SPSS (Statistical Package for Social Sciences) verfügen in der Regel über Regressionsprozeduren. Diese Prozeduren liefern dem Nutzer das Ergebnis einer Regressionsanalyse in Form von Standardausdrucken, die es zu interpretieren gilt. Teilweise bedingt durch die Vielfalt ausgedruckter Ergebnisse, sind viele Nutzer mit einer solchen Interpretation überfordert. Die "Angewandte Regressionsanalyse mit SPSS" soll hier eine auch auf andere statistische Programmpakete übertragbare Hilfestellung geben. Dabei steht die statistische Analyse und nicht eine Beschreibung des genutzten Programmpakets, nämlich SPSS/PC+, im Vordergrund.

Die "Angewandte Regressionsanalyse mit SPSS" gliedert sich in vier Kapitel. In der Einführung (Kapitel 1) werden die Grundlagen für eine solche Analyse vorgestellt. Das sind die SPSS-Prozedur REGRESSION, ein für die Analyse genutzter Datensatz sowie das Standardmodell der linearen Regression. Die anschließenden beiden Kapitel beziehen sich auf einfache lineare Regressionsanalysen. Kapitel 2 liefert diesbezüglich eine klassische aggregierte Analyse, Kapitel 3 die zugehörige, auch auf einzelne Beobachtungsfälle bezogene Modelldiagnose. In Kapitel 4 werden Analyse und Diagnose auf mehrfache lineare Regressionen verallgemeinert. Eine Behandlung des Problems der Kollinearität kommt hinzu. Daneben finden sich in Kapitel 4 Verbindungen der Regressions- zur Kovarianz- und Varianzanalyse. Der Anhang umfaßt einige wichtige statistische und mathematische Hilfsmittel für angewandte Regressionsanalysen, zusätzlich einen Ablaufplan für solche Analysen und ein Symbolverzeichnis.

Die "Angewandte Regressionsanalyse mit SPSS" erwartet vom Leser Grundlagen der beschreibenden und schließenden Statistik. Dazu gehören deskriptive Lage-, Streuungs- und Zusammenhangsmaße, eine Einführung in die Wahrscheinlichkeitsrechnung, daneben auf dem Normalverteilungsmodell beruhende Intervallschätzungen und

Parametertests. Bezüglich dieser statistischen Voraussetzungen sei auf Bamberg/Baur (1987) verwiesen. Hinsichtlich des statistischen Programmpakets SPSS sind dagegen keine besonderen Vorkenntnisse erforderlich. Es wird lediglich davon ausgegangen, daß dem Leser ein solches oder ähnliches Programmpaket verfügbar ist und er begonnen hat, sich die grundlegende Befehlsstruktur zu erschließen. Die für die "Angewandte Regressionsanalyse mit SPSS" benötigten Befehlsfolgen werden im vorliegenden Lehrbuch entwickelt.

Der Schwerpunkt der Darstellung liegt jedoch bei der statistischen Analyse von Regressionsmodellen. Von den genannten Grundlagen ausgehend, werden unterschiedliche Aspekte angewandter Regressionsanalysen jeweils an Beispielen erläutert. Sämtliche Beispiele beziehen sich dabei auf einen Datensatz, der Beobachtungen verschiedener Indikatoren für Entwicklung bzw. Unterentwicklung von Nationen enthält. Die durchgeführten Analysen dienen damit nicht nur dazu, den Ablauf angewandter Regressionsanalysen zu beschreiben. Sie liefern auch einen Beitrag zur sozioökonomischen Indikatordebatte.

Hannover/Kiel, im Frühjahr 1988   Gerhard Kockläuner

Inhaltsverzeichnis

1 Einführung

In diesem Kapitel wird das Ergebnis einer Regressionsanalyse
vorgestellt. Regressionsanalysen dienen dazu, Beziehungen zwischen quantitativen Variablen zu erfassen. Daß für solche Beziehungen bestimmte Abhängigkeiten vorauszusetzen sind, zeigt
Abschnitt 1.1. Dort wird die Prozedur REGRESSION des statistischen Programmpakets SPSS aufgerufen. Mit dieser Prozedur lassen sich Regressionsanalysen durchführen. Als Beispiel werden
die Auswirkungen eines Ernährungsindex auf das Bruttosozialprodukt pro Kopf für 1o2 verschiedene Länder untersucht. Die ein-
bezogenen Daten gehören zu einem übergeordneten Datensatz, dessen Beschreibung in Abschnitt 1.2 erfolgt. Der Datensatz besteht aus Beobachtungen verschiedener Indikatoren für Entwicklung bzw. Unterentwicklung von Nationen. Das untersuchte Beispiel stellt damit einen Beitrag zur sozioökonomischen Indikatordebatte dar.

Die Daten selbst sind in einer Datei gespeichert, auf die die
Prozedur REGRESSION zugreift. Der Aufruf dieser Prozedur bewirkt, daß den vorhandenen Daten ein statistisches Modell angepaßt wird. Dabei handelt es sich jeweils um ein lineares Regressionsmodell. Dieses statistische Modell wird in Abschnitt
1.3 eingeführt und auf das Untersuchungsbeispiel übertragen.
Einzelne Modellannahmen erscheinen dabei zweifelhaft. Ihre
Überprüfung im Rahmen von Modelldiagnosen nachfolgender Kapitel ist demnach geboten.

1.1   Die Prozedur REGRESSION

1.1.1 Regression und SPSS

Der Begriff Regression geht auf Francis Galton (1822-1911) zurück. Galton untersuchte die Beziehung zwischen den Körpergrößen von Kindern und deren Eltern. Regressionsbeziehungen sind
danach Beziehungen zwischen quantitativen Variablen. Vorausgesetzt wird dabei, daß eine dieser Variablen, der Regressand,
von den anderen Variablen, den Regressoren, abhängt. Bei Gal-

ton stellen Körpergrößen von Kindern Werte der abhängigen Variable dar. Diese Variable wird als zufallsabhängig aufgefaßt. Im Gegensatz zu Galton wird für Regressionsbeziehungen heute unterstellt, daß die Regressoren deterministisch sind. Demnach sind in einer Regression der Körpergröße von Kindern auf die ihrer Eltern letztere zufallsunabhängig. Diese Auffassung begründet sich u.a. wie folgt: Regressionsbeziehungen sollen nicht nur den Zusammenhang zwischen den betrachteten Variablen beschreiben, sondern auch für vorgegebene, also deterministische Werte der Regressoren Vorhersagen bezüglich des Regressanden ermöglichen.

Die Beziehung zwischen Regressand und Regressoren hängt von unbekannten Parametern, das sind hauptsächlich Regressionskoeffizienten, ab. Im Rahmen einer Regressionsanalyse gilt es, mit vorhandenen Beobachtungen der verknüpften Variablen diese Parameter zu schätzen sowie Hypothesen hinsichtlich dieser Parameter zu testen. Zu testende Hypothesen und die funktionale Form der Beziehung zwischen Regressand und Regressoren ergeben sich dabei häufig aus theoretischen Vorüberlegungen. So benutzt die Ökonometrie Regressionsanalysen, um ökonomische Theorien empirisch zu überprüfen. In einer Regressionsanalyse vereinigen sich damit theoretische Aspekte der jeweiligen Substanzwissenschaft mit Elementen der angewandten Statistik. Dazu gehört auch die Nutzung statistischer Programmpakete, die eine schnelle und umfassende Analyse großer Datensätze gewährleisten.

Hier soll für angewandte Regressionsanalysen die Prozedur REGRESSION aus dem statistischen Programmpaket SPSS (Statistical Package for Social Sciences) genutzt werden. Diese Prozedur unterstellt zwischen Regressand und Regressoren eine lineare Beziehung. Der Aufruf von REGRESSION führt also dazu, daß den gegebenen Beobachtungen der Variablen, eventuell nach vorangehender Variablentransformation, eine lineare Funktion angepaßt wird. Die Prozedur liefert mit den Koeffizienten dieser Regressionsfunktion Schätzwerte für unbekannte Regressionsparameter. Die erhaltenen Koeffizienten werden unter geeigneten Modellannahmen anschließend für Parametertests verwandt. Eine Regressionsanalyse mit der Prozedur REGRESSION ist insoweit eine aggregierte Analyse. REGRESSION leistet daneben aber auch eine Fallanalyse. Dabei wird u.a. der Einfluß einzelner Beobachtungsfälle auf die Schätzwerte von Modellparametern untersucht, somit eine besondere Form der Modelldiagnose ermöglicht.

Mit dem Befehl DESCRIPTIVES erlaubt die SPSS-Prozedur REGRESSION auch eine statistische Beschreibung aller in Regressionen eingehenden Variablen. DESCRIPTIVES stellt ansonsten eine eigene Prozedur von SPSS dar. SPSS gilt als das international am weitesten verbreitete statistische Programmpaket. Es enthält neben DESCRIPTIVES und REGRESSION in seiner Grundausstattung weitere Prozeduren zur Kreuztabellierung, Varianzanalyse und zu nichtparametrischen Tests. Erweiterungen enthalten besondere Möglichkeiten der Dateneingabe und graphischen Darstellung, daneben aber auch Prozeduren zur Zeitreihenanalyse und für weitere multivariate statistische Verfahren. Einfache Streudiagramme lassen sich aber auch über die Prozedur REGRESSION mit dem Befehl SCATTERPLOT erstellen. Solche Streudiagramme stellen ein wertvolles Hilfsmittel für die oben erwähnte Fallanalyse dar.

Hier wird die für den Einsatz auf Personal Computern entwickelte interaktive Fassung SPSS/PC+ von SPSS verwendet. Diese Fassung ist ausführlich im SPSS-Handbuch von Norusis (1986) beschrieben. Sie weist hinsichtlich der interessierenden Prozedur REGRESSION gegenüber der auf Großrechner ausgerichteten Version SPSS[X] nur marginale Änderungen auf. Das für letztere vorliegende deutschsprachige Handbuch von Schubö/Uehlinger (1986) bleibt also hilfreich, wenn es gilt, einen Überblick über das vollständige Programmpaket SPSS zu gewinnen. Das gleiche gilt für die Einführung in SPSS[X] von Kähler (1986) hinsichtlich Fragen der Datenorganisation in SPSS. Diese bleiben unterbeleuchtet, wenn wie hier Probleme der angewandten Regressionsanalyse im Vordergrund stehen sollen. Nachfolgend geht es demnach vorrangig darum, die Prozedur REGRESSION mit ihren statistisch methodischen Problemen vorzustellen. Daher wird auch nur in diesem Kapitel auf die Frage eingegangen, wie die benötigten Daten in SPSS bereitgestellt werden können. Zur Installation von SPSS/PC+ auf einem Personal Computer sei wiederum auf Norusis (1986) verwiesen. Die nachfolgend aufgeführten SPSS-Ausdrucke wurden über einen IBM-PC/AT mit Festplatte und Graphikdrucker erstellt.

1.1.2 Prozeduraufruf und Standardausdruck

Nachdem SPSS/PC+ durch den Befehl SPSSPC aktiviert ist, steht
die Prozedur REGRESSION zum Aufruf bereit. REGRESSION erwartet
in der aktiven Datei von SPSS/PC+ einen Datensatz, bestehend
aus Beobachtungen derjenigen Variablen, für die eine Regressionsanalyse erfolgen soll. Wie sich eine SPSS-Systemdatei mit
dem zu verarbeitenden Datensatz erstellen und als aktivierte
Datei verfügbar machen läßt, bleibt in Abschnitt 1.2 zu beschreiben. Hier wird davon ausgegangen, daß die Prozedur RE-
GRESSION auf Beobachtungen der Variablen BSP und ERN zugreifen
kann. BSP steht für das Bruttosozialprodukt pro Kopf, ERN für
einen Ernährungsindex. Die Daten beziehen sich auf verschiedene Länder. Die Prozedur REGRESSION soll diesen Daten eine lineare Funktion mit BSP als abhängiger Variable anpassen. Der zugehörige Prozeduraufruf besitzt die Grundstruktur der Befehlsfolge 1-1.

Befehlsfolge 1-1: Prozeduraufruf
             REGRESSION VARIABLES = BSP ERN
             /DEPENDENT = BSP
             /METHOD = ENTER.

Die Befehlsfolge 1-1 zeigt in der ersten Zeile eine Liste jener
Variablen, für die eine Regressionsanalyse erfolgen soll. Der
für diese Analyse vorgesehene Regressand ist in der zweiten
Zeile spezifiziert. Der abschließende Punkt in der dritten Zeile sorgt für den eigentlichen Aufruf der Prozedur REGRESSION,
d.h., mit seiner Übertragung an das System beginnt SPSS/PC+ die
gewünschte Regressionsanalyse. Die angegebene Analysemethode
ENTER ist solange ohne besondere Bedeutung, wie die Regression
mit der Variable ERN nur einen Regressor umfaßt. Sie besagt lediglich, daß alle Regressoren gleichzeitig in die Analyse einbezogen werden sollen. Wichtig ist, daß die Befehle DEPENDENT
und METHOD unmittelbar aufeinander folgen.

Nachdem die Befehlsfolge 1-1 interaktiv eingegeben ist, führt
SPSS/PC+ eine Regressionsanalyse durch. Diese liefert den Standardausdruck von Bild 1-1. Bild 1-1 enthält im ersten Abschnitt

```
Equation Number 1     Dependent Variable..   BSP


Variable(s) Entered on Step Number
   1..     ERN


Multiple R              .79770
R Square                .63633
Adjusted R Square       .63269
Standard Error       1218.63910

Analysis of Variance
                     DF       Sum of Squares        Mean Square
Regression            1      259850983.18530   259850983.18530
Residual            100      148508126.46176     1485081.26462

F =      174.97425       Signif F =   .0000



----------------- Variables in the Equation ------------------

Variable                B         SE B          Beta          T  Sig T

ERN              1604.02001   121.26144       .79770     13.228  .0000
(Constant)       1693.94118   120.66325                  14.039  .0000
```

Bild 1-1: Regression von BSP auf ERN

hauptsächlich Angaben, die die Anpassung einer linearen Regressionsfunktion an die gegebenen Daten betreffen. Der zweite Abschnitt weist dann die Koeffizienten der geschätzten Regressionsfunktion aus, die ERN als unabhängige, d.h. exogene, und BSP als abhängige, d.h. endogene Variable verknüpft. Eine detaillierte Diskussion von Bild 1-1 bildet die Grundlage für Kapitel 2. Dort wird die Interpretation von Bild 1-1 die wichtigsten methodischen Aspekte einfacher linearer Regressionen erschließen. Zuvor sind jedoch noch die benutzten Daten näher zu beleuchten, daneben die modellmäßigen Voraussetzungen linearer Regressionsanalysen zu besprechen.

1.2   Der Datensatz

1.2.1 Indikatoren für Entwicklung bzw. Unterentwicklung

Die vergleichende Länderforschung arbeitet seit geraumer Zeit mit unterschiedlichen sozioökonomischen Indikatoren für Entwicklung bzw. Unterentwicklung einzelner Nationen. Es geht dabei vor allem darum, den Begriff Entwicklung nicht länger allein an der ökonomischen Größe des Bruttosozialprodukts pro Kopf festzumachen. So sind aus einer Vielzahl einzelner Indikatoren mit Hilfe multivariater statistischer Verfahren sogenannte synthetische Indikatoren für Entwicklung bzw. Unterentwicklung abgeleitet worden. Diese Indikatoren sollen das BSP/Kopf als alleinigen Indikator ergänzen bzw. ersetzen. Im Fall der Ergänzung ergeben sich mehrdimensionale Entwicklungsbegriffe. Daneben besteht auch die Möglichkeit, Länderreihenfolgen auf der Basis unterschiedlicher Indikatoren zu vergleichen. Ein diesbezüglicher Literaturüberblick findet sich bei Kockläuner (1987).

Hier soll untersucht werden, inwieweit bestimmte synthetische Indikatoren das BSP/Kopf ersetzen können. Eine vollständige Erklärung von länderabhängigen Schwankungen des BSP/Kopf durch solche Indikatoren würde ersteren überflüssig machen. So stellen in den Regressionsbeziehungen dieses Buches synthetische Indikatoren für Entwicklung bzw. Unterentwicklung jeweils die Regressoren, das BSP/Kopf in ursprünglicher oder transformierter Form dagegen den Regressanden. Es werden neben dem oben bereits genannten Ernährungsindex noch drei weitere synthetische Indikatoren genutzt. Das sind ein Landwirtschaftsindex, ein neben dem BSP/Kopf zweiter Lebensstandardindex sowie ein Bevölkerungsindex. Der Ernährungsindex vereinigt u.a. Angaben zum Kalorien- und Proteinverbrauch, der Landwirtschaftsindex verknüpft den Anteil der Landwirtschaft am BSP und den Anteil landwirtschaftlicher Arbeitskräfte, der zweite Lebensstandardindex vereinigt Angaben zu Ausbildung und Gesundheitsversorgung, der Bevölkerungsindex schließlich hebt vorrangig auf demographische Kennzahlen ab. Die Werte der synthetischen Indikatoren stammen von Sato (1982), der sie im Rahmen unterschiedlicher Hauptkomponentenanalysen gewinnt. Sie beziehen sich wie die Beobachtungen des BSP/Kopf größtenteils auf das Jahr 1974 und beruhen überwiegend auf Angaben in Jahrbüchern der Vereinten Nationen.

Mit den Variablennamen BSP, LWS, ERN, LS2 und BEV für das BSP/

Kopf bzw. den Landwirtschafts-, Ernährungs-, zweiten Lebens-
standard- und Bevölkerungsindex liegen den Regressionsanalysen
dieses Buches die 1o2 beobachteten Fälle der Tabelle 1-1 zugrunde.

Tabelle 1-1: Indikatorwerte

Case#	NAT	BSP	LWS	ERN	LS2	BEV
1	benin	113	.497	-.997	-1.367	.809
2	zentralafrika	189	.497	-.888	-1.283	.532
3	tschad	99	1.214	-.998	-1.955	.634
4	aegypten	278	.718	-.205	-.106	1.172
5	aethiopien	98	1.104	-.889	-1.812	.774
6	ghana	422	1.712	-.709	-.690	.740
7	elfenbeinkueste	644	.332	-.311	-.845	1.125
8	kenia	222	.387	-.746	-.876	.985
9	lesotho	123	.939	-.117	-.746	.841
10	liberia	424	.276	-1.252	-.894	1.156
11	libyen	5236	-1.049	.414	-.048	1.539
12	madagaskar	189	.442	-.637	-1.010	.775
13	malawi	118	1.159	-.454	-1.500	.774
14	mauretanien	270	.221	-.890	-2.113	.843
15	marokko	362	.774	-.205	-.574	.567
16	niger	114	1.214	-.926	-1.854	.912
17	nigeria	233	.663	-.999	-1.110	1.079
18	ruanda	75	1.490	-.816	-1.686	.539
19	sierra leone	253	.607	-.852	-1.745	.738
20	suedafrika	1300	-.552	.348	.333	.441
21	simbabwe	555	0.0	-.098	-.274	.710
22	sudan	251	1.603	-.746	-1.584	.635
23	togo	195	.607	-.818	-1.284	.809
24	tunesien	620	-.055	-.316	-.293	.814
25	uganda	178	1.104	-.889	-1.278	.983
26	kamerun	320	.607	-.598	-.863	.531
27	tansania	155	.607	-1.036	-1.492	.810
28	burkina faso	77	.883	-.926	-2.271	.496
29	zaire	146	-.055	-1.431	-.902	.809
30	sambia	623	-.939	-.783	-.383	.776
31	kanada	6636	-1.437	1.797	1.356	-.597
32	usa	6633	-1.547	1.874	1.272	-2.471
33	argentinien	1988	-.884	1.228	.737	-.268
34	bolivien	341	.166	-1.108	-.085	.676
35	brasilien	952	.001	-.286	.402	.574
36	chile	741	-.939	.119	.939	.080
37	kolumbien	530	.055	-.893	.163	1.218
38	costa rica	862	0.0	-.385	.471	.395
39	dominikan.rep.	636	.332	-.892	.286	.484
40	ecuador	562	.387	-.929	.124	1.214
41	el salvador	405	.829	-1.036	-.028	.842
42	guatemala	555	.940	-.927	-.411	.884
43	haiti	162	.883	-.963	-.975	.256
44	honduras	330	1.106	-.927	-.139	.403

45	jamaica	1235	-.552	-.204	.439	-.100
46	mexiko	1120	-.718	-.032	.477	.538
47	nicaragua	712	.553	-.420	.068	.444
48	panama	1113	-.055	-.530	.604	.547
49	paraguay	519	.995	-.094	.255	.504
50	peru	496	.056	-.460	.424	.592
51	puerto rico	2697	-1.492	-1.072	1.029	-.370
52	trinidad tobago	1868	-1.326	-.109	.592	-.443
53	uruguay	1210	-.774	-.164	.854	-.397
54	venezuela	2563	-.994	-.150	.752	.654
55	iran	1427	-.110	-.365	-.273	.502
56	irak	1060	.056	-.222	-.020	.631
57	israel	3763	-1.437	1.040	1.178	.164
58	jordanien	407	.166	-.748	-.035	.542
59	libanon	1013	-.054	-.211	.743	.225
60	saudi-arabien	3220	-.385	-.182	-.645	.151
61	syrien	561	.443	-.354	-.061	.404
62	tuerkei	769	.497	.117	-.236	.051
63	jemen	172	1.767	-.855	-1.418	.464
64	bangladesh	197	1.932	-1.105	-1.960	.598
65	burma	100	1.049	-.888	-.418	.820
66	hongkong	1631	-1.603	.073	.515	-.551
67	indien	144	1.990	-1.036	-.849	.071
68	indonesien	196	1.271	-1.035	-.909	.467
69	japan	4126	-1.215	1.470	1.263	-1.759
70	suedkorea	501	.608	.006	.370	-.454
71	malaysia	779	1.272	-.460	.121	.370
72	pakistan	162	.995	-.818	-.614	.504
73	philippinen	356	.774	-.891	.167	.702
74	singapur	2318	-1.547	1.067	.303	-.455
75	sri lanka	236	.828	-1.105	.286	.413
76	thailand	322	1.825	-.745	-.300	.298
77	belgien	5466	-1.547	1.539	1.354	-1.262
78	daenemark	5984	-1.216	1.279	1.203	-1.133
79	frankreich	5054	-.001	1.353	1.134	-1.647
80	br deutschland	6216	-1.437	1.447	1.182	-2.298
81	irland	2166	-.497	.836	.991	-.935
82	italien	2754	-.939	1.392	.527	-1.186
83	luxemburg	6064	-1.437	1.320	1.227	-1.458
84	niederlande	5139	-1.437	1.103	1.328	-1.144
85	großbritannien	3407	-1.603	1.277	1.291	-1.743
86	oesterreich	4347	-1.271	1.071	.972	-1.241
87	finnland	4773	-.995	1.308	1.031	-1.319
88	norwegen	5833	-1.271	1.550	.997	-.960
89	portugal	1577	-.387	.910	.662	-1.129
90	schweden	6886	-1.437	1.703	1.370	-1.327
91	schweiz	7335	-1.381	1.005	1.034	-1.295
92	griechenland	2117	.111	1.013	1.042	-.737
93	spanien	2428	-.718	1.107	.979	-1.332
94	australien	6470	-1.326	1.485	1.349	-.375
95	neuseeland	4401	-1.271	1.611	1.347	-.480
96	papua neuguinea	543	1.272	-.924	-.844	.659
97	tschechoslowakei	2180	-1.050	2.106	.982	-2.170
98	deutsche dem.rep.	2510	-1.161	1.728	1.263	-2.292
99	ungarn	1100	-.553	1.352	.821	-1.394
100	polen	2845	-.055	1.876	.952	-1.799
101	sowjetunion	1853	-.332	1.981	.917	-3.023
102	jugoslawien	1126	.222	1.152	.576	-1.143

In Tabelle 1-1 weist das BSP/Kopf, also die Variable BSP, die
Dimension US-Dollar auf. Die synthetischen Indikatoren LWS bis
BEV sind dagegen dimensionslos. Der Landwirtschafts- und der
Bevölkerungsindex zeigen für westliche Industrienationen in der
Regel negative Werte. Gleiches gilt für viele Länder der drit-
ten Welt hinsichtlich des Ernährungs- und des neben dem BSP/
Kopf zweiten Lebensstandardindex. Der Standardausdruck von Bild
1-2 kennzeichnet die Indikatoren aus Tabelle 1-1 durch stati-
stische Maßzahlen.

	Mean	Std Devi	Label
BSP	1693.941	2010.761	
LWS	-.000	1.000	
ERN	-.000	1.000	
LS2	-.000	1.000	
BEV	.000	1.000	

N of Cases =   102

Correlation:

	BSP	LWS	ERN	LS2	BEV
BSP	1.000	-.772	.798	.710	-.685
LWS	-.772	1.000	-.738	-.780	.626
ERN	.798	-.738	1.000	.779	-.865
LS2	.710	-.780	.779	1.000	-.707
BEV	-.685	.626	-.865	-.707	1.000

Bild 1-2: Indikatorbeschreibung

In Bild 1-2 steht das Stichwort Mean für das arithmetische Mittel, Std Devi für die auf eine um Eins verminderte Beobachtungsanzahl bezogene empirische Standardabweichung der untersuchten Variablen. Dabei zeigt sich für die synthetischen Indikatoren eine charakteristische Eigenschaft: Gewonnen als nor-
mierte erste Hauptkomponenten aus standardisierten Einzelindi-
katoren, sind die synthetischen Indikatoren wegen des arithmetischen Mittels von Null und der empirischen Standardabweichung
von Eins selbst standardisiert. Die als Regressand vorgesehene
Variable BSP soll vorerst nicht standardisiert werden. Bild 1-2
verdeutlicht die breite Streuung der vorliegenden Werte des
BSP/Kopf daran, daß deren Standardabweichung größer als das
arithmetische Mittel ausgewiesen ist.

Der untere Abschnitt von Bild 1-2 liefert in einer naturgemäß
symmetrischen Matrix die empirischen Korrelationskoeffizienten
zwischen den betrachteten Indikatoren. Da sie aus verschiedenen
Hauptkomponentenanalysen stammen, sind die synthetischen Indikatoren LWS bis BEV untereinander korreliert. Die Variable ERN
weist mit dem Regressanden BSP die diesbezüglich größte absolute Korrelation von o,798 auf. Da sich ein hoher Anteil der
Landwirtschaft am BSP sowie eine große durchschnittliche Wach-
stumsrate der Bevölkerung tendenziell negativ auf die Höhe des
BSP/Kopf auswirken, finden sich zwischen den Variablen LWS und
BSP bzw. BEV und BSP jeweils negative Korrelationen. Umgekehrt
sind die Variablen ERN und LS2 mit dem BSP/Kopf positiv korreliert. Welche Rolle Korrelationen in Regressionsanalysen spielen, soll in den nachfolgenden Kapiteln ausführlich erörtert
werden.

Hier bleibt anzumerken, wie sich Bild 1-2 mit SPSS/PC+ erstellen läßt. Grundlegend dafür ist der Befehl DESCRIPTIVES. Dieser
kann z.B. in der Befehlsfolge 1-1 (vgl. Abschnitt 1.1.2) zwischen der ersten und zweiten Zeile eingeschoben werden. Wird
daneben in der ersten Zeile der Befehlsfolge 1-1 die Variablen-
liste um die noch fehlenden Indikatornamen LWS, LS2 und BEV erweitert, ist Bild 1-2 Bestandteil des erweiterten Standardausdrucks einer Regressionsanalyse, vorgenommen über die SPSS-Prozedur REGRESSION.

1.2.2 Dateierstellung- und Aufruf

Die Prozedur REGRESSION soll mit den quantitativen Beobachtungen aus Tabelle 1-1 arbeiten. Dazu sind diese in der aktiven
Datei von SPSS/PC+ bereitzustellen. Das kann auf unterschiedliche Weise geschehen. Die hier betrachtete Möglichkeit besteht
darin, eine SPSS-Systemdatei zu erzeugen und diese bei Bedarf
in die aktive Datei zu kopieren. Eine Systemdatei besteht aus
Datendefinitions- und Manipulationsbefehlen sowie den Daten
selbst. So sind bereits vor der eigentlichen Dateierstellung
Variablennamen festzulegen, denen anschließend die abzuspei-
chernden Daten zugeordnet werden können. Für den Inhalt von Tabelle 1-1 heißt das, die Spalten dieser Tabelle mit den Namen

NAT bis BEV zu belegen. Das geschieht in SPSS/PC+ über den Befehl DATA LIST, so daß die für Tabelle 1-1 grundlegende Systemdatei wie Befehlsfolge 1-2 aufgebaut ist.

```
Befehlsfolge 1-2: Inhalt einer Systemdatei
                  DATA LIST FREE
                  /NAT(A2o) BSP LWS ERN LS2 BEV.
                  BEGIN DATA.
                  benin 113 o.497 -o.997 -1.367 o.8o9
                        .

                        .

                  jugoslawien 1126 o.222 1.152 o.576 -1.143
                  END DATA.
```

In der Befehlsfolge 1-2 kennzeichnet das Schlüsselwort FREE
eine formatfreie Dateneingabe. Die Spezifikation A2o zeigt für
die qualitative Variable NAT an, daß Ländernamen zwanzig Spalten ausfüllen dürfen. Mit der Übertragung des abschließenden
Punktes vom Befehl END DATA beginnt das System, die 1o2 beobachteten Fälle zusammen mit ihrer Datendefinition in die aktive
Datei von SPSS/PC+ einzulesen. Dort vorhanden, erfolgt bei
einem Aufruf der Prozedur REGRESSION ihre automatische Verarbeitung.

Die aktive Datei ist jedoch nach Beendigung einer Sitzung mit
SPSS/PC+ nicht mehr verfügbar. Es bietet sich also an, den Inhalt dieser Datei permanent zu machen und nur im Bedarfsfall in
die aktive Datei zurückzuholen. SPSS-Systemdateien sind permanent. Die notwendigen Befehle zu ihrer Erstellung und zu ihrem
Aufruf sind in der Befehlsfolge 1-3 zusammengefaßt.

```
Befehlsfolge 1-3: Erstellung und Aufruf einer Systemdatei
                  SAVE OUTFILE = "LAND.SYS".
                  sowie
                  GET FILE = "LAND.SYS".
```

Durch den Befehl SAVE wird in der Befehlsfolge 1-3 der Inhalt
der aktiven Datei zu einer SPSS-Systemdatei mit dem Namen LAND.
SYS. Diese Datei ist binär und damit nicht länger editierbar.

Editierbare Dateien lassen sich als Alternative zu Systemdateien mit dem zu SPSS/PC+ gehörenden Editor REVIEW erstellen. Hier reicht es jedoch aus, die Systemdatei LAND.SYS zu betrachten. Diese Datei wird durch den Befehl SAVE der Gruppe derjenigen Dateien zugeordnet, die das Programmpaket SPSS/PC+ ausmachen. Sie bleibt solange erhalten, wie sie nicht durch einen gesonderten Befehl gelöscht wird. Der Aufruf der Datei LAND.SYS über GET FILE bewirkt, daß in der aktiven Datei von SPSS/PC+ eine Kopie von LAND.SYS erscheint. Dort vorhandene Daten der Datei LAND.SYS werden, wie bereits oben erwähnt, durch die Prozedur REGRESSION automatisch verarbeitet.

Das gilt auch für den Befehl LIST, der zu einer Auflistung aller in der aktiven Datei von SPSS/PC+ vorhandenen Fälle führt und mit dem Tabelle 1-1 angefertigt wurde. Dabei galt es, über einen FORMATS-Befehl das Schreibformat F8.2 der formatfreien Dateneingabe zu überschreiben und für einen Ausdruck der Variable $CASENUM mit ihren Fallnummern zu sorgen. Diese Variable wird bei der Erstellung von SPSS-Systemdateien jeweils systemseitig definiert. Zu Einzelheiten einer solchen Tabellenerstellung sei auf das Handbuch von Norusis (1986) verwiesen.

1.3   Das lineare Regressionsmodell

1.3.1 Einfache und mehrfache lineare Regression

Nachdem in Abschnitt 1.1 Regressionsbeziehungen verbal beschrieben wurden, gilt es jetzt, den zugehörigen formalen Rahmen abzustecken. Begonnen werden soll mit dem Regressionsmodell, das die Grundlage von Bild 1-1 (vgl. Abschnitt 1.1.2) bildet. Dort findet sich das Ergebnis einer Regressionsanalyse zwischen der exogenen Variable ERN (Ernährungsindex) und der endogenen Variable BSP (BSP/Kopf). Die Prozedur REGRESSION hat für diese quantitativen Variablen eine lineare Beziehung ermittelt. Eine derartige funktionale Form erscheint nach einem Blick auf den Standardausdruck von Bild 1-3 durchaus angemessen.

In Bild 1-3 findet sich das Streudiagramm der 1o2 Beobachtungspaare für die Variablen ERN und BSP. Das Streudiagramm wurde in

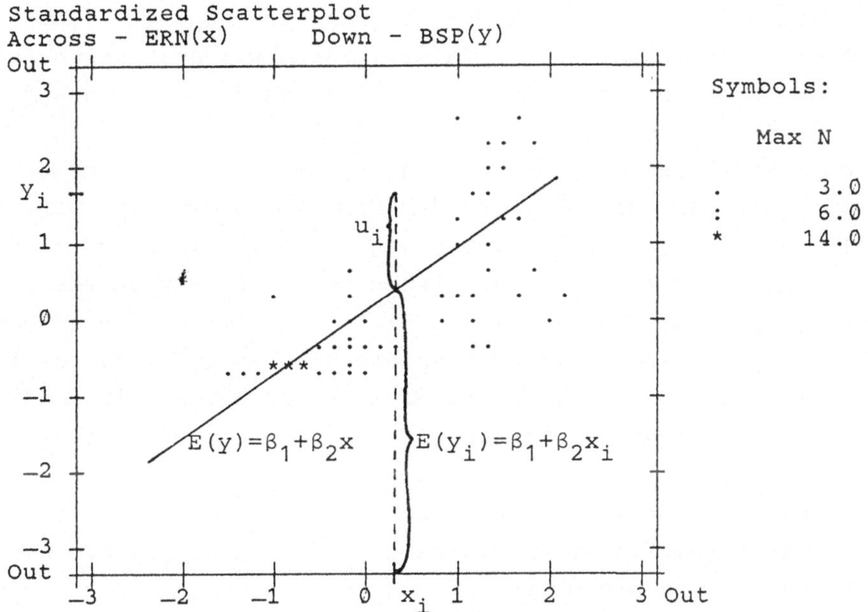

Bild 1-3: Streudiagramm und Regressionsmodell

SPSS/PC+ über den Befehl SCATTERPLOT = (BSP,ERN), angehängt als
vierte Zeile an die Befehlsfolge 1-1 (vgl. Abschnitt 1.1.2),
erstellt. Es verdeutlicht, daß für ansteigende Werte des Ernährungsindex ERN auch das hier standardisierte BSP/Kopf tendenziell ansteigt. Diese Tendenz läßt sich durch die eingezeichnete
Gerade beschreiben. Es bietet sich also auch für die nicht
standardisierte zufallsabhängige Variable BSP an, eine lineare
Abhängigkeit ihrer Beobachtungen von denjenigen der Variable
ERN zu erwarten. Ergebnis ist ein einfaches lineares Regressionsmodell, formuliert als Modell 1-1.

Modell 1-1: Einfache lineare Regression

$$y_i = \beta_1 + \beta_2 x_i + u_i \quad \text{für } i=1,\ldots,n > k=2$$

$$\text{mit } E(\,u_i\,) = o \,,$$
$$\text{Var}(\,u_i\,) = \sigma^2 \,,$$
$$\text{Cov}(\,u_i\,,\,u_j\,) = o \quad \text{für } i \neq j.$$

In der allgemeinen Darstellung von Modell 1-1 steht y_i für die

Beobachtung mit der Nummer i des quantitativen Regressanden y, im Beispiel BSP. Die Variable y ist zufallsabhängig. y_i bezeichnet damit sowohl eine Zufallsvariable wie auch deren Realisation. Wie hier soll auch nachfolgend in der Bezeichnung nicht zwischen einer Zufallsvariable und ihrer Realisation unterschieden werden. Zwischen dem quantitativen Regressor x, im Beispiel der Variable ERN, und dem Erwartungswert E(y) wird in Modell 1-1 eine lineare Beziehung unterstellt. Im Beispiel soll gelten: $E(BSP)=\beta_1+\beta_2 ERN$. Hier stehen β_1 und β_2 für unbekannte konstante Parameter einer wie in Bild 1-3 eingezeichneten Gerade. β_1 und β_2 heißen Regressionskoeffizienten und sind in einer Regressionsanalyse zu schätzen. Wie die mit E(BSP) als abhängiger Variable angegebene Geradengleichung zeigt, soll in einfachen linearen Regressionsmodellen der Regressor x als deterministisch aufgefaßt werden. Es wird angenommen, daß für vorgegebene x-Werte sämtliche n Koordinatenpaare $(x_i, E(y_i))$ auf der durch $E(y)=\beta_1+\beta_2 x$ beschriebenen Regressionsgerade liegen. Die tatsächlichen Beobachtungspaare (x_i, y_i) streuen nach Bild 1-3 um eine solche Gerade. Ihre in y-Richtung gemessenen Abweichungen von der Gerade werden durch eine mit u bezeichnete Störgröße verursacht. Diese gilt als zufallsabhängig, so daß sich - auch nach Bild 1-3 - die Beobachtung y_i in eine deterministische Komponente $\beta_1+\beta_2 x_i$ und einen stochastischen Bestandteil u_i zerlegen läßt. Da β_1 und β_2 unbekannt sind, bleibt u_i unbeobachtbar.

Die Aufnahme der Störgröße u in Modell 1-1 läßt sich unterschiedlich begründen. Eine Standardargumentation ist folgende: Neben dem Regressor x gibt es viele, teilweise unabhängige Einflußgrößen auf den Regressanden y. Diese Einflußgrößen werden in der Störgröße u gesammelt. Im Beispiel sammelt u_i die neben dem Ernährungsindex vorhandenen Bestimmungsgrößen für den Wert des BSP/Kopf für das Land mit der Nummer i. Zu diesen Bestimmungsgrößen kann z.B. auch ein zufallsabhängiger Meßfehler der Variable BSP gehören und damit u als Zufallsvariable erklären. Zufällige Meßfehler schwanken um Null und verdeutlichen damit die Annahme $E(u_i)=o$ für alle beobachteten Fälle i. Für die Zufallsvariablen u_i wird daneben eine konstante Varianz $Var(u_i)=\sigma^2$ gefordert. σ^2 gehört zu den unbekannten Modellparametern und ist wie die Koeffizienten β_1 und β_2 aus dem Datensatz (x_i, y_i), $i=1,\ldots,n$ zu schätzen. Der Umfang n des Datensatzes soll dafür größer als die Anzahl k unbekannter Regressionskoeffizienten sein. Schließlich sollen wegen $\text{Cov}(u_i, u_j)=o$ für $i\neq j$ die Zufallsvariablen u_i und u_j unkorreliert sein. Die daneben insbesondere für Parametertests benötigte Normalverteilungsannahme der Störgröße u ist in Modell 1-1 nicht explizit aufgeführt.

Das in Modell 1-1 spezifizierte lineare Regressionsmodell heißt linear, weil es in den Regressionskoeffizienten β_1 und β_2 linear ist. Es heißt einfach, weil zur Erklärung von zufälligen Schwankungen des Regressanden nur ein Regressor erscheint. Die Erweiterung auf mehrere Regressoren führt unmittelbar auf ein mehrfaches lineares Regressionsmodell, hier formuliert als Modell 1-2.

Modell 1-2: Mehrfache lineare Regression

$$y_i = \beta_1 + \beta_2 x_{i2} + \ldots + \beta_k x_{ik} + u_i \qquad \text{für } i=1,\ldots,n>k$$
$$\text{mit } E(u_i) = o \ , \ \text{Var}(u_i) = \sigma^2 \ ,$$
$$\text{Cov}(u_i, u_j) = o \text{ für } i \neq j.$$

In Modell 1-2 bezeichnen x_2 bis x_k insgesamt k-1 verschiedene quantitative Regressoren. Das können nach Tabelle 1-1 (vgl. Abschnitt 1.2.1) für k=5 z.B. die vier Variablen LWS, ERN, LS2 und BEV sein, die zur Erklärung des quantitativen Regressanden BSP benutzt werden sollen. Zwischen den Regressoren und $E(y)$ wird in Modell 1-2 eine lineare Beziehung unterstellt, die natürlich nicht mehr graphisch zu veranschaulichen ist. Die Regressoren werden wiederum als deterministisch vorausgesetzt. Sie sollen linear unabhängig sein, d.h. unter anderem: Ihre paarweise Korrelation soll jeweils absolut kleiner als Eins sein, da ansonsten auf mindestens einen der betrachteten Regressoren verzichtet werden kann. Wie Bild 1-2 (vgl. Abschnitt 1.2.1) zeigt, erfüllen die dort betrachteten Variablen diese Bedingung. Die absoluten Korrelationen zwischen den Variablen LWS, ERN, LS2 und BEV sind jeweils kleiner als Eins.

In Modell 1-2 sammelt die Störgröße u alle neben den aufgenommenen Regressoren noch vorhandenen Einflußgrößen auf die endogene Variable y. Die stochastischen Annahmen bezüglich u entsprechen denen von Modell 1-1. Neben der Varianz σ^2 gibt es jetzt aber mit β_1 bis β_k gleich k unbekannte konstante Regressionskoeffizienten als Modellparameter. Selbstverständlich liefert Modell 1-2 für k=2 das Modell 1-1 als Spezialfall.

Modell 1-2 bietet die theoretische Grundlage für Kapitel 4, Modell 1-1 dagegen für die nachfolgenden Kapitel 2 und 3. Bevor jedoch Regressionsanalysen auf der Basis dieser Modelle im Detail vorgestellt werden, soll eine kurze Modellkritik erfolgen.

1.3.2 Modellkritik

Hier geht es vor allem darum, sich noch einmal einige strenge Modellannahmen des vorangehenden Abschnitts, d.h. von Modell 1-1 und Modell 1-2, zu vergegenwärtigen und daraus Konsequenzen für eine Modelldiagnose zu ziehen. Es sollen insbesondere diejenigen Annahmen hervorgehoben werden, deren Überprüfung vor eventuellen Intervallschätzungen oder Parametertests wichtig erscheint.

Da ist einmal die grundlegende Annahme, daß das jeweils betrachtete Regressionsmodell korrekt spezifiziert ist. D.h., es sind die richtigen Regressoren zur Erklärung des Regressanden ausgewählt und die Beziehung zwischen Regressoren und Regressand ist tatsächlich linear in den Regressionskoeffizienten. Die Regressoren oder auch der Regressand dürfen dabei selbst nichtlinear sein. So ist z.B. eine lineare Regressionsbeziehung des natürlichen Logarithmus für das BSP/Kopf in Abhängigkeit von einem Ernährungsindex denkbar. In fehlspezifizierten Regressionsmodellen ist die Modellannahme $E(u_i)=o$ für i=1,...,n in der Regel verletzt. Als statistische Konsequenz von Fehlspezifikation ist daneben festzuhalten, daß diese in der Regel auf verzerrte Schätzungen der Regressionskoeffizienten führt (vgl. z.B. Frohn (198o) und Abschnitt 4.2). Konsequenterweise ist die Annahme erwartungsgemäß verschwindender Störgrößen im Rahmen einer Modelldiagnose vorrangig zu überprüfen. Eine solche Überprüfung kann z.B. dazu führen, daß Nichtlinearitäten erkannt werden. Sie kann aber auch die Erkenntnis liefern, daß die Regressionskoeffizienten nicht konstant, sondern abhängig vom jeweils beobachteten Fall sind. Hier liegt dann ebenfalls Fehlspezifikation vor (vgl. Abschnitt 4.5).

In der Regel weniger wichtig erscheint die Annahme, daß sämtliche Regressoren deterministisch und damit auch frei von zufälligen Beobachtungsfehlern sind. Selbstverständlich können solche Beobachtungsfehler nur in Laborexperimenten ausgeschlossen werden. Ihr Einfluß auf die Schätzung von Regressionskoeffizienten bleibt in einfachen linearen Regressionen aber solange vernachlässigbar klein, wie die Varianz dieser Fehler im Verhältnis zur Varianz des fehlerfrei erfaßten Regressors klein bleibt. Da diese beiden Varianzen bei vorliegenden Beobachtungsfehlern aber unbeobachtbar sind, ist hier guter Rat teuer. So sei zum Problem der Fehler in den exogenen Variablen auf Judge et.al. (1982) verwiesen.

Entscheidender ist da schon, daß neben $E(u_i)=o$ für $i=1,\ldots,n$ in Modell 1-1 und Modell 1-2 auch die anderen Annahmen bezüglich der Störgröße u als erfüllt gelten können, daneben für u die genannte Normalverteilungsannahme zutrifft. Hier sind aber jeweils entsprechende Fragezeichen anzumelden. Warum soll im Rahmen von Modell 1-1 oder Modell 1-2 z.B. die Störgröße und damit auch z.B. das BSP/Kopf als endogene Variable für unterschiedliche Länder die gleiche Varianz aufweisen? Warum sollen die Störgrößen und damit auch das BSP/Kopf für ein Land mit dem jedes anderen unkorreliert sein? Sind diese Annahmen jedoch nicht erfüllt, kommt es über die SPSS-Prozedur REGRESSION zu ineffizienten Schätzungen der Regressionskoeffizienten. Selbst wenn die Störgrößen u_i normalverteilt sind, genügen Teststatistiken für Parametertests dann nicht länger von der Normalverteilung abgeleiteten Stichprobenverteilungen (vgl. z.B. Judge et.al. (1982)). Intervallschätzungen und Testbestandteile der Prozedur REGRESSION werden somit unbrauchbar. Es erscheint also unbedingt notwendig, eine Modelldiagnose auf die Annahmen konstanter Varianzen (Homoskedastie) sowie der Unkorreliertheit (keine serielle Korrelation) der Störgrößen zu erstrecken, zusätzlich aber auch die Normalverteilungsannahme zu überprüfen.

Die entsprechenden Diagnosen finden sich für Modell 1-1 in Kapitel 3, für Modell 1-2 in Abschnitt 4.4.

2 Einfache lineare Regression

In diesem Kapitel wird eine einfache lineare Regressionsanalyse als aggregierte Analyse durchgeführt. Die Analyse basiert auf dem in Kapitel 1 vorgestellten Datensatz. Sie geht vom einfachen linearen Regressionsmodell aus und erfolgt durch den Aufruf der SPSS-Prozedur REGRESSION. Diese Prozedur benutzt zur Schätzung der Regressionskoeffizienten die Methode der kleinsten Quadrate. Das zugehörige Schätzprinzip wird in Abschnitt 2.1 beschrieben. Die Anwendung dieses Prinzips führt auf eine geschätzte Regressionsgerade. Wie gut sich diese Gerade den Beobachtungen im Streudiagramm anpaßt, zeigt in Abschnitt 2.2 eine Zerlegung der Stichprobenvarianz für die endogene Modellvariable. Als Maße für die Anpassungsgüte werden in Abschnitt 2.2 Bestimmtheitsmaße eingeführt.

Abschnitt 2.3 beschäftigt sich mit den Schätzungen einzelner Modellparameter, insbesondere der Regressionskoeffizienten. Es werden Punkt- und Intervallschätzungen vorgestellt, daneben Auswirkungen unterschiedlicher Skalierungen der Modellvariablen auf Punktschätzungen behandelt. Im Rahmen von Modellvergleichen schließt sich in Abschnitt 2.4 eine Diskussion von Parametertests an. Intervallschätzungen und Tests erfordern strenge Modellannahmen.

Sämtliche Ausführungen der Abschnitte 2.1 - 2.4 nutzen Standardausdrucke der Prozedur REGRESSION. Abschnitt 2.5 bietet dagegen Informationen zu Berechnungsgrundlagen für diese Prozedur. In diesem Abschnitt wird eine Matrizendarstellung für lineare Regressionsanalysen vorgestellt. Diese Darstellung soll nachfolgende Modelldiagnosen erleichtern sowie als Vorbereitung auf mehrfache lineare Regressionsanalysen dienen.

2.1 Die Methode der kleinsten Quadrate

2.1.1 Regressionsgeraden

Einfache lineare Regressionsanalysen beginnen mit der Schätzung einer Regressionsgerade. Das dazu verwandte Schätzverfahren ist

in der Regel die Methode der kleinsten Quadrate. Ihre Anwendung
setzt voraus, daß Beobachtungen zweier quantitativer Variablen
vorliegen. Eine dieser Variablen ist als abhängig von der anderen zu spezifizieren. Als Regressand und damit abhängige Variable soll in diesem Kapitel jeweils die Variable BSP, das BSP/
Kopf für einzelne Länder dienen. Unabhängige Variable und damit
Regressor soll jeweils die Variable ERN, ein Ernährungsindex
für diese Länder sein. Die n=1o2 Beobachtungspaare dieser Variablen finden sich in Tabelle 1-1 (vgl. Abschnitt 1.2.1). Das
diesen Querschnittdaten zugehörige Streudiagramm standardisierter Beobachtungen läßt sich als Standardausdruck der SPSS-Prozedur REGRESSION über den Befehl SCATTERPLOT erzeugen. Es ist
in Bild 2-1 wiedergegeben.

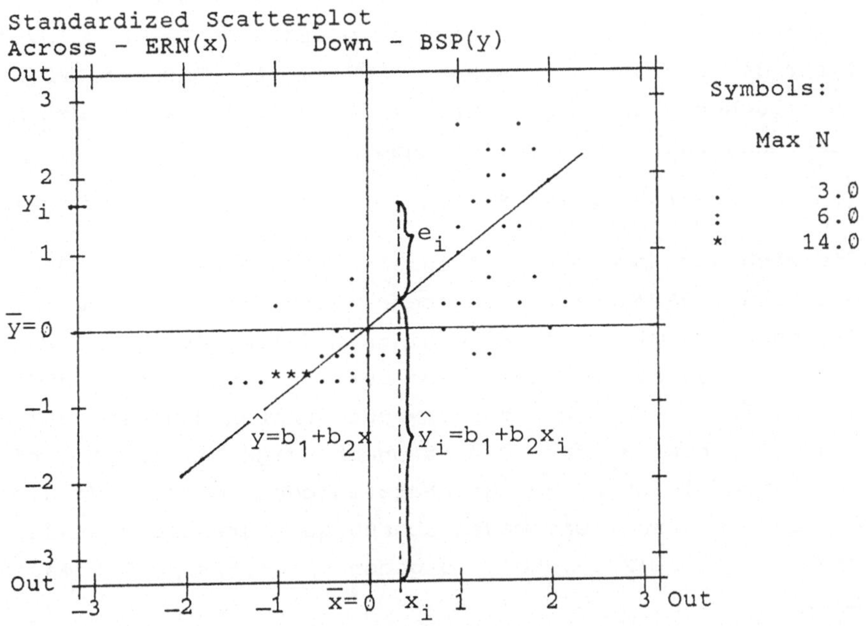

Bild 2-1: Streudiagramm und geschätzte Regressionsgerade

Bild 2-1 ist bezüglich des Streudiagramms mit Bild 1-3 (vgl.
Abschnitt 1.3.1) identisch. Im Gegensatz zu Bild 1-3 zeigt Bild
2-1 jedoch zusätzlich die über die Methode der kleinsten Quadrate ermittelte Regressionsgerade. Diese Gerade beschreibt datenabhängig die tendenzielle Höhe des BSP/Kopf für gegebene

Werte des Ernährungsindex. Wird die abhängige Variable mit y und ihre tendenzielle Höhe mit $\hat{y}$ bezeichnet, die unabhängige Variable dagegen mit x, dann gibt

$$\hat{y} = b_1 + b_2 x \qquad\qquad (2\text{-}1)$$

die Gleichung der in Bild 2-1 eingezeichneten Regressionsgerade an. Da diese Gleichung für gegebenes x zur Vorhersage für y genutzt werden kann, heißt $\hat{y}$ auch Vorhersagevariable. Die Koeffizienten b_1 und b_2 aus Gl. (2-1) sind abhängig von den Beobachtungspaaren (x_i, y_i) für i=1,...,n über die Methode der kleinsten Quadrate festzulegen. Die Regressionsgerade in Bild 2-1 liefert insoweit eine Beschreibung des dort vorliegenden Streudiagramms.

Dieses Streudiagramm hat in Abschnitt 1.3 aber auch zur Spezifikation von Modell 1-1 als einfachem linearen Regressionsmodell für die Beziehung zwischen den Variablen BSP und ERN und damit zwischen y und x geführt. Die in Bild 1-3 aufgenommene Regressionsgerade mit der Gleichung

$$E(\,y\,) = \beta_1 + \beta_2 x \qquad\qquad (2\text{-}2)$$

ergibt sich aus Modell 1-1. Auch sie beschreibt die tendenzielle Höhe des BSP/Kopf für gegebene Werte des Ernährungsindex, im Gegensatz zu Gl. (2-1) allerdings modellabhängig. Daraus ergibt sich folgende Interpretation der Koeffizienten b_1 und b_2: Diese stellen Schätzungen für die unbekannten Regressionskoeffizienten β_1 bzw. β_2 dar. Die datenabhängige Gl. (2-1) wird deshalb auch Gleichung der geschätzten oder empirischen Regressionsgerade genannt. Die modellabhängige Regressionsgerade, beschrieben in Gl. (2-2), heißt dagegen theoretische Regressionsgerade.

Im betrachteten Beispiel wurde die theoretische Regressionsbeziehung $E(BSP)=\beta_1+\beta_2 ERN$ explorativ aus dem Datensatz abgeleitet, der auch zur Schätzung ihrer Koeffizienten dient. Wie in der explorativen Datenanalyse üblich, bestimmt also die Struktur eines Streudiagramms das verwendete Regressionsmodell. Systematische Abweichungen zwischen der geschätzten Regressionsgerade, beschrieben durch $\widehat{BSP}=b_1+b_2 ERN$, und der für die Variablen BSP und ERN unterstellten theoretischen Regressionsbeziehung sind dann nicht zu erkennen. Solche offensichtlichen Abweichungen können immer dann auftreten, wenn Regressionsmodelle datenunabhängig, d.h. für die Variablen BSP und ERN z.B. über sozialwissenschaftliche Theorien, festgelegt werden. Die derartigen Modellen entsprechende geschätzte Regressionsbeziehung wird immer dann die Struktur des Streudiagramms nur unvollständig wiedergeben, wenn die darin vorhandenen Beobachtungspaare in Widerspruch zur aufgestellten Theorie stehen. Fragen der angemessenen Modellierung von Regressionsbeziehungen sollen vorläufig jedoch in den Hintergrund rücken und erst in Kapitel 3 wieder aufgenommen werden. Die nachfolgend untersuchte Schätzung der theoretischen Regressionsgerade erfolgt daher unter der Voraussetzung, daß Gl. (2-2) korrekt spezifiziert ist (vgl. Abschnitt 1.3.2). Zur Schätzung der Koeffizienten β_1 und β_2 dieser Gleichung und damit zur Festlegung der empirischen Regressionsgerade wird die SPSS-Prozedur REGRESSION herangezogen. Diese Prozedur schätzt Regressionskoeffizienten über die Methode der kleinsten Quadrate.

2.1.2 Schätzverfahren

Die Methode der kleinsten Quadrate geht als Schätzverfahren für Regressionskoeffizienten u.a. auf Carl Friedrich Gauss (1777-1855) zurück. Die Idee dieses Schätzverfahrens beruht auf dem Begriff des Residuums. Unter dem i-ten Residuum ist nach Bild 2-1 für einen gegebenen Wert x_i der unabhängigen Variable x die Differenz $e_i = y_i - \hat{y}_i$ zu verstehen. Darin gibt y_i wie oben die zu x_i gehörige Beobachtung der abhängigen Variable y an, $\hat{y}_i = b_1 + b_2 x_i$ den entsprechenden Funktionswert der abhängigen Variable auf der zu bestimmenden Regressionsgerade, also einen Vorhersagewert für y bei gegebenem x. Natürlich können Residuenwerte e_i danach nicht berechnet werden, bevor Werte für die Koeffizienten b_1 und b_2 und damit die Gleichung der empirischen Regressionsgerade bekannt ist. Die Residuen e_i, $i=1,\ldots,n$ lassen sich damit jedoch als abhängig von b_1 und b_2 einführen. Nach dem Prinzip der Methode der kleinsten Quadrate sind die Werte von b_1 und b_2 nun so festzulegen, daß die Summe der Residuenquadra-

te ein Minimum annimmt. Es gilt also, die empirische Regressionsgerade derart durch das Streudiagramm zu legen, daß

$$\sum_{i=1}^{n} e_i^2 = \sum_i (y_i - \hat{y}_i)^2 = \sum_i (y_i - b_1 - b_2 x_i)^2 \qquad (2-3)$$

für andere als die gefundenen Werte von b_1 und b_2 nicht länger
minimal bleiben muß.

Die gesuchten Werte von b_1 und b_2 sind wie folgt zu ermitteln:
Gl. (2-3) wird vorübergehend als Funktion der Variablen b_1 und
b_2 aufgefaßt. Für ein Minimum der Residuenquadratsumme sind
verschwindende partielle Ableitungen bezüglich dieser Variablen
notwendig. Die zugehörigen Gleichungen bilden Bestimmungsglei-
chungen für die Koeffizienten b_1 und b_2 und heißen Normalgleichungen. Eine detaillierte Herleitung dieser Gleichungen findet
sich z.B. bei Frohn (198o). Ihre Auflösung nach b_1 und b_2 und
anschließendes Einsetzen in Gl. (2-1) führt auf die durch

$$\hat{y} = \bar{y} + \sum_{i=1}^{n} (x_i - \bar{x})(y_i - \bar{y}) / \sum_{i=1}^{n} (x_i - \bar{x})^2 (x - \bar{x}) \qquad (2-4)$$

beschriebene empirische Regressionsgerade.

In Gl. (2-4) bezeichnen $\bar{x}$ bzw. $\bar{y}$ die arithmetischen Mittel der
für die Variablen x bzw. y beobachteten Werte. Der Term
$\Sigma(x_i - \bar{x})(y_i - \bar{y})/\Sigma(x_i - \bar{x})^2$ erinnert an den Korrelationskoeffizienten r_{xy} für die Variablen x und y. Er besteht aus der empiri-
schen Kovarianz $s_{xy} = \Sigma(x_i - \bar{x})(y_i - \bar{y})/(n-1)$ im Zähler und der
Stichprobenvarianz $s_x^2 = \Sigma(x_i - \bar{x})^2/(n-1)$ im Nenner. Wenn hier wie
auch nachfolgend die Summationsgrenzen nicht explizit angegeben
sind, sollen sie sich immer auf 1 und n belaufen. Da der Korrelationskoeffizient als $r_{xy} = s_{xy}/(s_x s_y)$ definiert ist, kann der
fragliche Term von r_{xy} ausgehend bestimmt werden, wenn die empirischen Standardabweichungen s_x und s_y zusätzlich bekannt
sind.

Das ist aber für das Beispiel einer Regression der Variable BSP
auf die Variable ERN mit den zugehörigen Länderdaten auch ohne
einen Aufruf der SPSS-Prozedur REGRESSION der Fall. Die für die
Bestimmung von b_1 und b_2 und damit der Gleichung $\widehat{BSP} = b_1 + b_2 ERN$
der empirischen Regressionsgerade benötigten Größen finden sich
als $\bar{x} = \overline{ERN} = o$, $\bar{y} = \overline{BSP} = 1693,941$, $r_{xy} = o,798$, $s_x = 1$ und $s_y = 2o1o,761$
bereits in Bild 1-2 (vgl. Abschnitt 1.2.1). Die Prozedur RE-

GRESSION verarbeitet diese Größen, um die Werte der Koeffizienten b_1 und b_2 direkt angeben zu können. Für das Beipiel sollen b_1 und b_2 aber erst in Abschnitt 2.3 mit Hilfe des zugehörigen SPSS-Standardausdrucks definiert und diskutiert werden. Vorher geht es darum, aus einem solchen Ausdruck zu entnehmen, wie gut sich die nach der Methode der kleinsten Quadrate ermittelte Regressionsgerade den Beobachtungen im Streudiagramm anpaßt. Dabei kann, wie in Abschnitt 2.3 nachträglich zu begründen sein wird, unberücksichtigt bleiben, daß die Variable BSP im Beispiel unstandardisiert, in das Streudiagramm von Bild 2-1 jedoch standardisiert eingeht.

2.2   Die Zerlegung der Stichprobenvarianz

2.2.1 Summen von Abweichungsquadraten

Wiederum von Bild 2-1 in Abschnitt 2.1 ausgehend, soll hier eine erste Beurteilung geschätzter Regressionsgeraden erfolgen. Ergebnis dieser Beurteilung sollen Maßzahlen sein, die für geschätzte einfache lineare Regressionen den Einfluß der erklärenden Variable x auf Schwankungen der zu erklärenden Variable y erfassen. Solche Maßzahlen lassen sich auf der Basis einer Zerlegung der Stichprobenvarianz von y entwickeln.

Ein Blick auf Bild 2-1 (vgl. Abschnitt 2.1.1) zeigt, daß die eingezeichnete geschätzte Regressionsgerade $\hat{y}=b_1+b_2x$ durch den Punkt $(\bar{x},\bar{y})$ verläuft. Der zugehörige formale Nachweis ist nach Gl. (2-4) offensichtlich. Gl. (2-4) zeigt auch, daß sich für die Vorhersagewerte $\hat{y}_i=b_1+b_2x_i$ ein arithmetisches Mittel $\hat{\bar{y}} = \bar{y}$ ergibt. Damit bietet sich zur Beurteilung der geschätzten Regressionsgerade ein Vergleich der Stichprobenvarianzen von y und $\hat{y}$ an. Um auf den darin jeweils auftauchenden Nenner n-1 verzichten zu können, beschränkt sich die hier gewählte Darstellung auf die zugehörigen Summen von Abweichungsquadraten. Nach Bild 2-1 läßt sich für einen gegebenen Wert x_i die Abweichung $y_i-\bar{y}$ offensichtlich wie folgt zerlegen:

$$y_i - \bar{y} = (\hat{y}_i - \bar{y}) + (y_i - \hat{y}_i) \ . \qquad (2\text{-}5)$$

In Gl. (2-5) findet sich auf der rechten Seite zuerst die Abweichung des Vorhersagewertes $\hat{y}_i$ von $\overline{y}$, danach das bereits eingeführte Residuum $e_i = y_i - \hat{y}_i$. Wird nun auf der linken Seite quadriert und über alle n Beobachtungen aufsummiert, ergibt sich die folgende Zerlegung der Summe von Abweichungsquadraten für die endogene Variable y:

$$\Sigma \ (y_i - \overline{y})^2 = \Sigma \ (\hat{y}_i - \overline{y})^2 + \Sigma \ e_i^2 \ . \tag{2-6}$$

Daß in Gl. (2-6) auf der rechten Seite kein Produktterm der Form $\Sigma(\hat{y}_i - \overline{y})e_i$ auftaucht, läßt sich durch Einsetzen von Gl. (2-4) an der Stelle $x = x_i$ und damit über die Normalgleichungen begründen. Danach ist der fragliche Term gleich Null. Gl. (2-6) zeigt, daß die Stichprobenvarianz von y diejenige von $\hat{y}$ immer dann übersteigt, wenn nicht alle Beobachtungspaare im Streudiagramm auf der geschätzten Regressionsgerade liegen. Ist letzteres ausnahmsweise der Fall, müssen abweichend von Bild 2-1 alle Residuenwerte gleich Null sein. Dann sind Schwankungen in y aber wegen $\Sigma(y_i - \overline{y})^2 = \Sigma(\hat{y}_i - \overline{y})^2$ und $\hat{y}_i = b_1 + b_2 x_i$ vollständig durch Schwankungen in x bestimmt. Daher heißt $\Sigma(\hat{y}_i - \overline{y})^2$ auch allgemein der durch die Regression von y auf x erklärte Teil von $\Sigma(y_i - \overline{y})^2$. Ein Vergleich von $\Sigma(\hat{y}_i - \overline{y})^2$ mit der Summe der Residuenquadrate Σe_i^2 läßt danach erkennen, wie gut sich die geschätzte Regressionsgerade den Beobachtungspaaren im Streudiagramm anpaßt.

Ein solcher Vergleich kann für das Beispiel einer Regression der Variable BSP auf die Variable ERN dem Standardausdruck der SPSS-Prozedur REGRESSION entnommen werden. Dieser Ausdruck findet sich als Bild 1-1 in Kapitel 1 (vgl. Abschnitt 1.1.2). Sein für die hier diskutierten Aspekte einfacher linearer Regressionen wichtiger erster Abschnitt soll als Bild 2-2 erneut aufgeführt werden.

Die untere Hälfte von Bild 2-2 ist unter dem Stichwort Analysis of Variance einer Zerlegung der Stichprobenvarianz von BSP als Regressand y gewidmet. Die zur Stichprobenvarianz s_y^2 gehörige Summe von Abweichungsquadraten ergibt sich aus den dort in der mit Sum of Squares überschriebenen Spalte aufgeführten Werten. Der durch die Regression von BSP auf ERN erklärte Teil dieser Summe ist in der zugehörigen ersten Zeile mit Regression be-

```
Equation Number 1      Dependent Variable..    BSP


Variable(s) Entered on Step Number
   1..     ERN


Multiple R                 .79770
R Square                   .63633
Adjusted R Square          .63269
Standard Error    1218.63910

Analysis of Variance
                        DF       Sum of Squares        Mean Square
Regression               1      259850983.18530   259850983.18530
Residual               100      148508126.46176     1485081.26462

F =      174.97425        Signif F =   .0000
```

Bild 2-2: Zerlegung der Stichprobenvarianz von BSP

zeichnet. Er beträgt $\Sigma(\hat{y}_i-\overline{y})^2$= 259 850 983,18530 und ist damit fast doppelt so hoch wie der mit Residual in der zweiten Zeile gekennzeichnete restliche Teil Σe_i^2= 148 508 126,46176. Die Variable ERN ist damit für die n=1o2 im Beispiel betrachteten Länder in der Lage, über eine einfache lineare Regression weit mehr als die Hälfte der gesamten Stichprobenvarianz von BSP zu erklären.

2.2.2 Bestimmtheitsmaße

Bestimmtheitsmaße erlauben es, die Anpassung einer geschätzten Regressionsgerade an die Beobachtungspaare im Streudiagramm durch eine einzige Größe zu kennzeichnen. Das Bestimmtheitsmaß R^2 basiert auf den gerade betrachteten Summen von Abweichungsquadraten. Es bezieht den durch die Regression erklärten Teil auf die gesamte Summe und ist definiert als

$$R^2 = \Sigma(\hat{y}_i-\overline{y})^2/\Sigma(y_i-\overline{y})^2 = 1 - \Sigma e_i^2/\Sigma(y_i-\overline{y})^2 \ . \qquad (2-7)$$

Das Bestimmtheitsmaß R^2 gibt damit den Prozentsatz der Stichprobenvarianz von y an, der durch die Regression auf x erklärt wird. Wie nach Gl. (2-6) offenkundig, ist dieser Prozentsatz gleich Eins vermindert um den durch die Regression auf x unerklärt gebliebenen Restanteil. R^2 nimmt also seinen maximalen

Wert von Eins an, wenn alle Residuen verschwinden.

Wie Bild 2-2 ausweist, liegt für die betrachtete Regression von BSP auf ERN das mit R Square bezeichnete Bestimmtheitsmaß bei R^2=o,63633. Die Variable ERN erklärt somit etwas mehr als 63% der Stichprobenvarianz von BSP. Im Beispiel gilt also R^2>o,5 , so daß es sich nach einer häufig genannten Faustregel lohnt, die geschätzte Regressionsgerade wegen ihres hohen Erklärungsgehalts einer näheren Betrachtung zu unterziehen.

Das Bestimmtheitsmaß R^2 mißt die Anpassungsgüte einer geschätzten linearen Regressionsbeziehung. Wie für Korrelationskoeffizienten r bedeutet also auch ein Wert von Null für das Bestimmtheitsmaß R^2 lediglich, daß zwischen den in der geschätzten Regression verknüpften Variablen keine aus den zugehörigen Beobachtungen ersichtliche lineare Beziehung besteht. Mögliche nichtlineare Beziehungen werden durch das Bestimmtheitsmaß nicht erfaßt. Sie können bei korrekter Spezifikation des zugehörigen Regressionsmodells und damit von Gl. (2-2) aber auch nicht vorliegen.

Der Zusammenhang zwischen Bestimmtheitsmaß und Korrelation verdeutlicht sich am multiplen Korrelationskoeffizienten. Dieser Koeffizient mißt die Korrelation zwischen den Beobachtungen der Variablen y und $\hat{y}$. Er ist demzufolge definiert als

$$r_{y\hat{y}} = \Sigma (y_i - \overline{y})(\hat{y}_i - \overline{y}) / (\Sigma (y_i - \overline{y})^2 \Sigma (\hat{y}_i - \overline{y})^2)^{1/2}. \qquad (2-8)$$

Einsetzen von Gl. (2-5) führt unter Berücksichtigung von Gl. (2-4) und damit der Normalgleichungen auf die Beziehung $R^2 = r^2_{y\hat{y}}$. Das Bestimmtheitsmaß R^2 stimmt also mit dem Quadrat des multiplen Korrelationskoeffizienten überein.

Dieser ist für das untersuchte Beispiel in Bild 2-2 als Multiple R mit dem Wert $r_{y\hat{y}}$=o,7977o ausgewiesen. Das ist bei positiver Korrelation zwischen x und y aber gerade der Wert des Korrelationskoeffizienten r_{xy}, wie er sich für ERN als x und BSP als y in Bild 1-2 (vgl. Abschnitt 1.2.1) findet. Dieser neuerliche Zusammenhang zwischen Korrelation und Regression gilt nur für einfache lineare Regressionen. Er läßt sich nachweisen, indem in Gl. (2-8) die Abweichung $\hat{y}_i - \overline{y}$ gemäß Gl. (2-4) ersetzt wird.

Schließlich ist auf das häufig mit $\overline{R}^2$ bezeichnete korrigierte Bestimmtheitsmaß hinzuweisen. Dieses Maß besitzt im Gegensatz zu R^2 auch die Eigenschaft, daß sein Wert sich bei Aufnahme beliebiger zusätzlicher Regressoren vermindern kann (vgl. Abschnitt 4.3.1). Mit $\overline{R}^2$ läßt sich eine ansonsten durch viele Regressoren immer erreichbare und mit einem hohen R^2-Wert verbundene gute Anpassung nicht länger vorspiegeln. Offensichtlich tragen zusätzliche Regressoren immer dazu bei, Teile der Stichprobenvarianz der endogenen Variablen zu erklären, die ohne diese Regressoren unerklärt geblieben wären. Das Maß $\overline{R}^2$ ergibt sich nun aus R^2, indem darin für Summen von Abweichungsquadraten deren Anzahl von Freiheitsgraden berücksichtigt wird. Unter der Anzahl von Freiheitsgraden ist für eine Summe von Abweichungsquadraten zu verstehen, wieviel einzelne Informationen ihre Berechnung unbedingt erfordert. Für die n Summanden in $\Sigma(y_i-\overline{y})^2$ sind das lediglich n-1 Informationen, da die Abweichungen $y_i-\overline{y}$ sich zu Null addieren müssen. Die Berechnung von $\Sigma(y_i-\overline{y})^2$ erfolgt also unter einer Nebenbedingung. Die zugehörige Anzahl von Freiheitsgraden beträgt n-1. Analog sind bei der Berechnung von Σe_i^2 als Summe der Residuenquadrate k Normalgleichungen zu berücksichtigen. k soll wie in Modell 1-2 (vgl. Abschnitt 1.3.1) die Anzahl zu schätzender Regressionskoeffizienten bezeichnen und beläuft sich für einfache lineare Regressionen somit auf k=2. Die Summe der Residuenquadrate mit n Summanden besitzt daher n-k Freiheitsgrade. Werden die genannten Summen von Abweichungsquadraten durch die jeweilige Anzahl von Freiheitsgraden dividiert, ergibt sich das korrigiert Bestimmtheitsmaß als

$$\overline{R}^2 = 1 - (\Sigma e_i^2/(n-k))/(\Sigma(y_i-\overline{y})^2/(n-1)) \ . \qquad (2-9)$$

Definitionsgemäß kann der Wert von $\overline{R}^2$ den Wert von R^2 nicht überschreiten. Problematisch am korrigierten Bestimmtheitsmaß ist, daß es für eine im Vergleich zur Beobachtungsanzahl n große Anzahl k von zu schätzenden Regressionskoeffizienten negative Werte annehmen kann und damit nicht mehr interpretierbar bleibt.

In Bild 2-2 erscheint für die Beispielregression der Wert $\overline{R}^2 =$ o,63269 als Adjusted R Square. Die darunter aufgeführte Tabelle der Analysis of Variance zeigt in der Spalte DF (Degrees of Freedom) die zu den einzelnen Summen von Abweichungsquadraten gehörenden Anzahlen von Freiheitsgraden. Für die Summe der Residuenquadrate liegt diese bei n-k=1o2-2=1oo. Wegen Gl. (2-6) müssen sich mit den Summen von Abweichungsquadraten auch deren Anzahlen von Freiheitsgraden addieren. Für den durch die Regression erklärten Teil bleibt im Beispiel somit nur (n-1) - (n-2) = 1 Freiheitsgrad. Die jeweiligen Quotienten aus Summen von Abweichungsquadraten und den zugehörigen Anzahlen von Freiheitsgraden bilden in Bild 2-2 die Spalte Mean Square. Der in das korrigierte Bestimmtheitsmaß eingehende Term hat dort den Wert $\Sigma e_i^2/(n-k)$= 1 485 o81,26462.

2.3   Die Schätzung der Modellparameter

2.3.1 Punktschätzungen

In Abschnitt 2.1 wurde die Methode der kleinsten Quadrate zur Schätzung der Regressionskoeffizienten β_1 und β_2 aus Gl. (2-2) vorgestellt. Die zugehörigen Punktschätzungen b_1 und b_2 für β_1 bzw. β_2 ergeben sich aus einem Koeffizientenvergleich der empirischen Regressionsgeraden mit den Gln. (2-1) und (2-4) als

$$b_1 = \overline{y} - b_2\overline{x} \qquad\qquad (2\text{-}1o)$$

sowie

$$b_2 = \Sigma(x_i-\overline{x})(y_i-\overline{y})/\Sigma(x_i-\overline{x})^2 \ . \qquad\qquad (2\text{-}11)$$

Wie bereits oben erläutert, kann die Steigung der geschätzten Regressionsgerade auch als $b_2=s_{xy}/s_x^2$ bzw. in Abhängigkeit vom Korrelationskoeffizienten r_{xy} als $b_2=r_{xy}s_y/s_x$ geschrieben werden.

Für die Regression der Variable BSP auf die Variable ERN sind die Werte von b_1 und b_2 dem zweiten Abschnitt von Bild 1-1 (vgl. Abschnitt 1.1.2) zu entnehmen. Dieser Standardausdruck enthält jedoch nicht alle hier bezüglich geschätzter Regressionskoeffizienten zu diskutierenden Größen. Er wird deshalb dadurch ergänzt, daß in die Befehlsfolge 1-1 (vgl. Abschnitt 1.1.2) als zweite Zeile der Befehl STATISTICS = DEFAULTS BCOV

CI SES eingefügt wird. Es ergibt sich als neuer Abschnitt eines Standardausdrucks der SPSS-Prozedur REGRESSION das Bild 2-3.

```
        Equation Number 1     Dependent Variable..    BSP


          Var-Covar Matrix of Regression Coefficients (B)
          Below Diagonal:  Covariance     Above:   Correlation

                          ERN

          ERN           14704.3360


-------------------- Variables in the Equation ----------------------

Variable            B         SE B        95% Confdnce Intrvl B        Beta

ERN           1604.02001   121.26144   1363.44076   1844.59925       .79770
(Constant)    1693.94118   120.66325   1454.54871   1933.33364


----- Variables in the Equation ------

Variable     SE Beta        T   Sig T

ERN           .06031    13.228   .0000
(Constant)              14.039   .0000
```

Bild 2-3: Schätzung der Modellparameter

In Bild 2-3 ist die geschätzte Regressionsgerade unter der Überschrift Variables in the Equation beschrieben. Darunter gibt die Spalte B die gesuchten Schätzwerte an. In der ersten Zeile findet sich der Koeffizient des Regressors ERN als b_2 = 16o4,o2oo1 , in der zweiten Zeile dann der häufig als Regressionskonstante bezeichnete Koeffizient b_1=1693,94118. Die geschätzte Regressionsgerade ist also durch $\hat{BSP}$=1693,94118 + 16o4,o2oo1ERN zu beschreiben. Die Koeffizienten dieser Geradengleichung lassen sich leicht interpretieren: Wegen $\overline{ERN}$=o gilt b_1=$\overline{BSP}$. Der Wert der Regressionskonstante b_1 ist gleich dem arithmetischen Mittel der Beobachtungen für die Variable BSP, wie es bereits in Bild 1-2 (vgl. Abschnitt 1.2.1) ausgewiesen wurde. Die Steigung als Wert von b_2 zeigt danach an, um wieviel der Wert der Variable BSP tendenziell von $\overline{BSP}$ abweicht, wenn der Wert der Variable ERN sich, von $\overline{ERN}$ ausgehend, um eine Einheit nach unten oder oben verschiebt. Da der Regressor x=ERN standardisiert ist, d.h. es gilt $s_x^2=1$, stimmt der Wert von b_2 zudem mit der empirischen Kovarianz s_{xy} zwischen Regressor und Regressand überein. Für nach Tabelle 1-1 (vgl. Abschnitt 1.2.1) vorgegebene Werte des Ernährungsindex ERN liefert die Gleichung der empirischen Regressionsgerade die zugehörige tendenzielle Höhe des BSP/Kopf als Wert der Vorhersagevariable $\hat{BSP}$. Die jeweilige Abweichung zwischen den Werten von BSP und $\hat{BSP}$ ist schließlich eine z.B. für die Berechnung des Bestimmtheitsmaßes R^2 genutzte Beobachtung des länderspezifischen Residums e.

Die Residuen $e_i=y_i-\hat{y}_i$, $i=1,\ldots,n$ stellen, wie ein Vergleich von Bild 1-3 (vgl. Abschnitt 1.3.1) mit Bild 2-1 (vgl. Abschnitt 2.1.1) zeigt, Schätzungen für unbeobachtbare Werte der Störgröße u dar. Die Varianz σ^2 der Zufallsvariablen u_i gehört zu den unbekannten Parametern von Modell 1-1 (vgl. Abschnitt 1.3.1). Zur Punktschätzung von σ^2 bietet sich daher die Stichprobenvarianz der Residuen an. Für die Residuenwerte ist aus Gl. (2-4) ersichtlich, daß ihr arithmetisches Mittel verschwindet. Die Summe der Abweichungsquadrate im Zähler der Stichprobenvarianz von e stimmt danach mit der Summe der Residuenquadrate selbst überein. Diese Summe weist aber nach dem vorhergehenden Abschnitt lediglich n-k und nicht, wie z.B. die Stichprobenvarianz von y, n-1 Freiheitsgrade auf. Es liegt daher nahe, den Parameter σ^2 über

$$s^2 = \Sigma\ e_i^2/(n - k) \tag{2-12}$$

zu schätzen.

Im Beispiel ist der Schätzwert $s^2 = 1\ 485\ 081{,}26462$ als in das korrigierte Bestimmtheitsmaß $\bar{R}^2$ eingehender Term angesprochen worden. Ebenso wie s^2 findet sich auch deren mit Standard Error bezeichnete Quadratwurzel $s=1218{,}63910$ in Bild 2-2 (vgl. Abschnitt 2.2.1). Da nach Modell 1-1 auch $Var(y)=\sigma^2$, darf s nicht mit der empirischen Standardabweichung $s_y=2010{,}761$ gemäß Bild 1-2 (vgl. Abschnitt 1.2.1) verwechselt werden.

Die Gln. (2-1o) bis (2-12) zeigen, daß die Schätzungen b_1, b_2 und s^2 von Beobachtungen der endogenen Variable y abhängen. Diese ist aber nach Modell 1-1 zufallsabhängig. Als Konsequenz müssen auch die angegebenen Punktschätzungen zufallsbehaftet

sein. Wie schon y, so stehen damit auch b_1, b_2 und s^2 sowohl
für eine Zufallsvariable als auch für deren Realisation. Als
zufallsabhängige Schätzfunktionen für die Parameter β_1, β_2
bzw. σ^2 besitzen b_1, b_2 und s^2 unter den strengen Annahmen von
Modell 1-1 die folgenden Eigenschaften:

(i) b_1, b_2 und s^2 sind erwartungstreu (unverzerrt), d.h.
     $E(b_1)=\beta_1$, $E(b_2)=\beta_2$, $E(s^2)=\sigma^2$.

(ii) b_1 und b_2 weisen unter allen in y linearen erwartungstreu-
     en Schätzfunktionen für β_1 und β_2 die kleinste Varianz
     auf.

Die Eigenschaft (ii) zeigt eine charakteristische Optimaleigen-
schaft von Schätzungen über die Methode der kleinsten Quadrate.
Sie ist als Gauss-Markow-Theorem bekannt und wie Eigenschaft
(i) sowie die nachfolgend angegebenen Varianzbeziehungen z.B.
bei Frohn (1980) hergeleitet. Es gilt danach

$$\text{Var}(\,b_1\,) = \sigma^2 \Sigma x_i^2 / (n\Sigma (x_i-\bar{x})^2) \qquad (2\text{-}13)$$

sowie

$$\text{Var}(\,b_2\,) = \sigma^2 / \Sigma (x_i-\bar{x})^2 \; . \qquad (2\text{-}14)$$

Die Gln. (2-13) und (2-14) verdeutlichen die Abhängigkeit der
jeweiligen Varianz vom unbekannten Modellparameter σ^2. Schätzungen von Var(b_1) und Var(b_2) ergeben sich sofort dadurch, daß
für σ^2 deren Schätzung aus Gl. (2-12) eingesetzt wird. Die Qua-
dratwurzeln aus diesen Varianzschätzungen liefern für b_1 und b_2
deren geschätzte Standardabweichungen, hier nachfolgend mit s_{b_1}
bzw. s_{b_2} bezeichnet.

Geschätzte Varianzen und Standardabweichungen für b_1 und b_2
sind aus Bild 2-3 zu entnehmen. Die dort ausgedruckte Varianz-
Kovarianz-Matrix beschränkt sich unter Var-Covar Matrix of Regression Coefficients (B) auf die Koeffizienten der Regressoren
und läßt b_1 unberücksichtigt. So findet sich dort mit der Varianzschätzung $s_{b_2}^2=14704,3360$ lediglich ein Element. Die zugehörige Standardabweichung $s_{b_2}=121,26144$ ist in der mit SE (Standard Error) B bezeichneten Spalte direkt neben b_2 selbst angegeben. Darunter steht dann mit $s_{b_1}=120,66325$ die geschätzte
Standardabweichung der Zufallsvariable b_1. Für das betrachtete
Beispiel ergibt sich der Wert von s_{b_1} auf einfache Weise: Die

Variable ERN ist als Regressor x standardisiert und damit zentriert, d.h. es gilt $\bar{x}=o$. Damit fällt Gl. (2-13) auf $\text{Var}(b_1) = \sigma^2/n$ zusammen und die zugehörige Varianzschätzung beläuft sich auf $s_{b_1}^2 = s^2/n$.

Auch wenn die Beobachtungen des Regressors einer einfachen linearen Regression nicht zentriert sind, lassen sich b_1 und b_2 als Punktschätzungen für die Regressionskoeffizienten β_1 und β_2 formal auf zentrierte Daten beziehen. Dazu ist Gl.(2-1) der geschätzten Regressionsgerade lediglich in der Form

$$\hat{y} = a + b_2(x - \bar{x}) \quad \text{für } a = b_1 + b_2\bar{x} \tag{2-15}$$

zu schreiben. Hier zeigt sich, daß die Steigung der geschätzten Regressionsgerade beim Übergang von unzentrierten auf zentrierte Beobachtungen der unabhängigen Variable unverändert bleibt. Der Achsenabschnitt dieser Gerade verändert sich aufgrund der neuen Skalierung des Regressors dagegen von b_1 auf a.

Ähnliches gilt, wenn zusätzlich zum Regressor auch der Regressand zentriert wird. Die Gleichung der geschätzten Regressionsgerade verändert sich hier zu

$$\hat{y} - \bar{y} = b_2(x - \bar{x}) \; . \tag{2-16}$$

Für Gl. (2-16) ist zu beachten, daß bei $\hat{\bar{y}}=\bar{y}$ die Vorhersage von $y-\bar{y}$ auf $\hat{y}-\bar{y}$ führt. Wegen $a-\bar{y}=o$ verschwindet der Achsenabschnitt, d.h., die geschätzte Regressionsgerade geht durch den Ursprung des Koordinatensystems. Da die Steigung dieser Gerade aber weiterhin bei b_2 liegt, läßt sich nach deren Bestimmung der ursprüngliche Achsenabschnitt b_1 gemäß Gl. (2-1o) problemlos berechnen.

Wie im betrachteten Beispiel können die in einer linearen Regression verknüpften Variablen x und y unterschiedliche Dimensionen aufweisen. Die jeweiligen Dimensionen bleiben bei einer Zentrierung gemäß Gl. (2-16) erhalten. Sie erschweren insbesondere die Interpretation von b_2 als Schätzung für die Steigung der theoretischen Regressionsgerade. Eine Dimensionsangleichung läßt sich aber einfach dadurch vornehmen, daß die beobachteten Modellvariablen standardisiert werden. Für Gl. (2-16) der geschätzten Regressionsgerade heißt das: Sie ist so umzuformen, daß nur durch die jeweilige empirische Standardabweichung dividierte zentrierte Beobachtungen eingehen. Mit den Standardabweichungen s_x und s_y ergibt sich

$$(\hat{y} - \bar{y})/s_y = (b_2 s_x/s_y)(x - \bar{x})/s_x \ . \qquad (2-17)$$

Gl. (2-17) beschreibt eine geschätzte Regressionsgerade, die durch den Ursprung geht. Auf der linken Seite dieser Gleichung steht die tendenzielle Höhe der Variable $(y-\bar{y})/s_y$, die sich empirisch für einen gegebenen Wert der Regressorvariable $(x-\bar{x})/s_x$ ergibt. Durch die vorgenommene Standardisierung sind beide Variablen dimensionslos und ihre Einheiten damit direkt vergleichbar. Der geschätzte Regressionskoeffizient $b_2 s_x/s_y$ gibt datenbezogen an, um wieviel sich der Wert der standardisierten endogenen Variable tendenziell verändert, wenn sich der Wert der standardisierten exogenen Variable um eine Einheit nach oben oder unten verschiebt. $b_2 s_x/s_y$ wird allgemein als geschätzter Beta-Koeffizient bezeichnet. Dieser Koeffizient zeigt wegen des genannten Zusammenhangs zwischen b_2 und dem Korrelationskoeffizienten $r_{xy}=b_2 s_x/s_y$, daß Korrelationskoeffizienten Schätzungen für Regressionskoeffizienten bilden können.

In Bild 2-1 (vgl. Abschnitt 2.1.1) ist für die standardisierten Variablen BSP und ERN die durch Gl. (2-17) beschriebene Regressionsgerade eingezeichnet. Deren Steigung $b_2 s_x/s_y=o,7977o$ findet sich als geschätzter Beta-Koeffizient für die Variable ERN unter der Rubrik Beta in Bild 2-3. Bild 2-3 gibt, wie mehrfach beschrieben, das Ergebnis einer Regressionsanalyse mit ERN als standardisiertem Regressor und BSP als weder zentriertem noch standardisiertem Regressanden wieder. Der ausgedruckte Beta-Koeffizient beläuft sich wegen $s_x=1$ damit auf b_2/s_y. Die geschätzte Standardabweichung der Zufallsvariable b_2/s_y ist unter SE Beta mit dem Wert o,o6o31 ausgewiesen. Da es sich bei b_2/s_y um einen Quotienten von Zufallsvariablen handelt, macht deren Varianzbestimmung jedoch Schwierigkeiten. Auf die nach Mayer/ Younger (1976) im Rahmen der SPSS-Prozedur REGRESSION erfolgende Berechnung von SE Beta soll deshalb hier nicht weiter eingegangen werden.

Interessant erscheint dagegen der Vorschlag dieser Autoren, die endogene Variable y über s gemäß Gl. (2-12) statt über s_y zu standardisieren und damit $b_2 s_x/s$ als geschätzten Beta-Koeffizienten zu betrachten. Trotz günstiger statistischer Eigenschaften ist diese Alternative aber bisher nicht in Regressionsprozeduren wie der SPSS-Prozedur REGRESSION implementiert.

Unterschiedliche Skalierungen der Modellvariablen können sich nicht nur auf geschätzte Regressionskoeffizienten, sondern auch auf die Varianzschätzung s^2 aus Gl. (2-12) auswirken. Da die darin eingehenden Residuen in Richtung der abhängigen Variable y gemessen werden, bleiben Skalenänderungen der unabhängigen Variable x ohne Einfluß auf den Wert von s^2. Gleiches gilt offensichtlich für eine Zentrierung von y, weil diese die Zerlegung der Summe von Abweichungsquadraten in Gl. (2-6) unverändert läßt. Wird y jedoch wie in Gl. (2-17) standardisiert, führt dies zu einer Division der einzelnen Summen von Abweichungsquadraten und damit auch von s^2 durch s_y^2.

Als Konsequenz für das Bestimmtheitsmaß R^2 ergibt sich aus diesen Überlegungen: Der Wert von R^2 bleibt von Skalenänderungen bezüglich x oder y unbeeinflußt. Damit ist nachgewiesen, daß die geschätzte Regressionsgerade im Streudiagramm von Bild 2-1 (vgl. Abschnitt 2.1.1) mit der standardisierten endogenen Variable BSP dieselbe Anpassung von R^2=o,63633 zeigt wie in Bild 2-2 (vgl. Abschnitt 2.2.1) mit BSP als nicht standardisierter endogener Variable.

2.3.2 Intervallschätzungen

Ausgehend von den Punktschätzungen b_1 und b_2 aus dem vorangehenden Abschnitt sind jetzt Intervallschätzungen für die Regressionskoeffizienten β_1 und β_2 zu entwickeln. Dazu ist erstmals auf die strenge Annahme unabhängig identisch normalverteilter Störgrößen u_i, i=1,...,n in Modell 1-1 (vgl. Abschnitt 1.3.1) zurückzugreifen. Die dort genannte Forderung unkorrelierter Störgrößen u_i ist unter der Normalverteilung zur hier geforderten Unabhängigkeit äquivalent (vgl. z.B. Frohn (198o)). Gilt für die unabhängigen Zufallsvariablen u_i aber die Normalverteilungsannahme, d.h. insbesondere $u_i \sim N(o, \sigma^2)$, dann folgt daraus nach Modell 1-1 für die Zufallsvariablen y_i neben deren Unabhängigkeit, daß $y_i \sim N(\beta_1 + \beta_2 x_i, \sigma^2)$ für $i=1,\ldots,n$. Die Beobachtungen der endogenen Variable y stellen danach für gegebene Werte der exogenen Variable x Realisationen unabhängiger normalverteilter Zufallsvariablen dar. Da die Punktschätzungen b_1 und b_2 nun aber lineare Funktionen von y sind, überträgt sich das Normalverteilungsmodell auch darauf. Mit den im vorigen Abschnitt angegebenen Eigenschaften gilt für die Schätzfunktionen b_1 und b_2 also, daß

$$b_1 \sim N(\beta_1, \sigma^2 \Sigma x_i^2 / (n \Sigma (x_i - \overline{x})^2)) \ , \qquad (2\text{-}18)$$

$$b_2 \sim N(\beta_2, \sigma^2 / \Sigma (x_i - \overline{x})^2) \ . \qquad (2\text{-}19)$$

Die unbekannten Regressionskoeffizienten β_1 und β_2 sind als Parameter der theoretischen Regressionsgerade nach Gl. (2-18) bzw. Gl. (2-19) Erwartungswerte normalverteilter Zufallsvariablen. Zur Intervallschätzung von β_1 und β_2 ist es demnach erforderlich, Konfidenzintervalle für unbekannte Erwartungswerte unter der Normalverteilungsannahme aufzustellen.

Dabei ist jedoch zu berücksichtigen, daß die Varianzen in den Gln. (2-18) und (2-19) vom unbekannten Modellparameter σ^2 abhängen. Wird σ^2 jeweils nach Gl. (2-12) durch die Schätzung s^2 ersetzt, zeigen sich die Zufallsvariablen $(b_1 - \beta_1)/s_{b_1}$ und $(b_2 - \beta_2)/s_{b_2}$ jeweils als t-verteilt mit $n-k=n-2$ Freiheitsgraden. s_{b_1} und s_{b_2} bezeichnen hier wieder die geschätzten Standardabweichungen von b_1 und b_2. Der vorgenommene Übergang von der Normal- zur t-Verteilung ist in Anhang A näher erläutert. Mit den Prozentpunkten $t_{n-k,1-\alpha/2}$ der t-Verteilung ergeben sich zum Niveau $1-\alpha$ damit für b_1 und b_2 die folgenden Wahrscheinlichkeitsaussagen:

$$P(b_1 - t_{n-k,1-\alpha/2} s_{b_1} \leq \beta_1 \leq b_1 + t_{n-k,1-\alpha/2} s_{b_1}) = 1-\alpha \ , \qquad (2\text{-}2o)$$

$$P(b_2 - t_{n-k,1-\alpha/2} s_{b_2} \leq \beta_2 \leq b_2 + t_{n-k,1-\alpha/2} s_{b_2}) = 1-\alpha \ . \qquad (2\text{-}21)$$

Die in den Gln. (2-2o) und (2-21) angegebenen zufallsabhängigen Grenzen schließen die Koeffizienten β_1 bzw. β_2 mit der Wahrscheinlichkeit $1-\alpha$ ein und definieren somit Konfidenzintervalle für β_1 bzw. β_2. Werden für b_1 und s_{b_1} bzw. b_2 und s_{b_2} die jeweils gefundenen Schätzwerte eingesetzt, sind durch diese Grenzen Intervallschätzungen für β_1 bzw. β_2 festgelegt.

Für die Regression von BSP auf ERN finden sich solche Intervallschätzungen in Bild 2-3. Das Konfidenzniveau ist durch die SPSS-Prozedur REGRESSION dort als $1-\alpha=0,95$ vorgegeben. Unter der Überschrift 95% Confdnce Intrvl B ist zuerst die Intervallschätzung $|\overline{1}363,44076$, $1844,5992\overline{5}|$ für den Koeffizienten β_2 des Regressors ERN aufgeführt. Die Untergrenze dieses Intervalls ergibt sich nach Gl. (2-21) als $b_2-t_{n-k,1-\alpha/2}s_{b_2}$ mit $b_2=16o4,o2$, $s_{b_2}=121,26$ und $t_{1oo,\,o,975}=1,984o$ als 97,5%-Punkt der t-Verteilung bei 1oo Freiheitsgraden. Eine Tabelle dieser Prozentpunkte ist Bestandteil des Programmpakets SPSS. Der hier genannte Prozentpunkt wurde einer entsprechenden Tabelle bei Frohn (198o) entnommen. Die zum angegebenen Konfidenzintervall gehörige Obergrenze ergibt sich entsprechend als $b_2+t_{n-k,1-\alpha/2}s_{b_2}$. Das gilt analog natürlich auch mit Bezug auf die Grenzen der Intervallschätzung $|\overline{1}454,54871$, $1933,3336\overline{4}|$ für den Regressionskoeffizienten β_1. Diese Grenzen sind nach Gl. (2-2o) festgelegt und ebenfalls Bild 2-3 zu entnehmen.

Mit Rückblick auf eine Modellkritik (vgl. Abschnitt 1.3.2) ist hier aber nochmals zu betonen, daß für die vorgenommene Interpretation von Intervallschätzungen sämtliche Annahmen aus Modell 1-1 (vgl. Abschnitt 1.3.1) erfüllt sein müssen. Diese Annahmen sollten also vor Beginn einer Intervallschätzung überprüft worden sein (vgl. Kapitel 3 und Anhang C).

2.3.3 Folgerungen für die Vorhersage

Aus den vorgestellten Punkt- und Intervallschätzungen für die Regressionskoeffizienten β_1 und β_2 sowie der Varianzschätzung s^2 lassen sich umgehend Punkt- und Intervallschätzungen für den Erwartungswert $E(y)$ sowie für den Wert der endogenen Variable y bei gegebenem Wert x_o der exogenen Variable x herleiten. Die entsprechenden Schätzungen basieren auf Eigenschaften der Vorhersagevariable $\hat{y}$. Diese Variable ist nach Gl. (2-1) der geschätzten Regressionsgerade als $\hat{y}=b_1+b_2x$ definiert. Da b_1 und b_2 als Schätzfunktionen für β_1 und β_2 zufallsabhängig sind, überträgt sich die Zufallsabhängigkeit auch auf $\hat{y}$. Nach Modell

1-1 (vgl. Abschnitt 1.3.1) und den daraus mit der Normalverteilungsannahme für die Störgröße u abgeleiteten Gln. (2-18) und
(2-19) ergibt sich sofort

$$\hat{y} \sim N(\beta_1+\beta_2 x, \sigma^2 (1/n + (x-\bar{x})^2 / \Sigma (x_i-\bar{x})^2)) \; . \qquad (2-22)$$

Für festes $x=x_o$ gilt nach Gl. (2-22), daß $E(\hat{y})=\beta_1+\beta_2 x_o=E(y)$.
Der Erwartungswert der Vorhersagevariable $\hat{y}$ stimmt mit dem Er-
wartungswert des Regressanden y überein. Die Zufallsvariable $\hat{y}$
stellt somit eine erwartungstreue Schätzung für E(y) dar. Zur
Punktschätzung von E(y) an der Stelle $x=x_o$ kann demnach der
Wert $\hat{y}=b_1+b_2 x_o$ dienen.

Als Zufallsvariable weist $\hat{y}$ die in Gl. (2-22) angegebene Varianz auf. Zur Berechnung dieser Varianz ist neben den Varianzen
$Var(b_1)$ und $Var(b_2)$ aus den Gln. (2-13) und (2-14) auch die Ko-
varianz $Cov(b_1,b_2)=-\sigma^2 \bar{x}/\Sigma (x_i-\bar{x})^2$ heranzuziehen. Letztere ergibt
sich leicht aus der in Abschnitt 2.5 einzuführenden Matrizen-
darstellung der Regression. Wie Gl. (2-22) zeigt, ist die Größe
der $Var(\hat{y})$ abhängig von x und minimal für $x=\bar{x}$. Die Länge von
Intervallschätzungen für E(y) variiert damit je nach gegebenem
Wert $x=x_o$. Solche Intervallschätzungen sind direkt aus der folgenden, analog zu den Gln. (2-2o) und (2-21) abgeleiteten Wahrscheinlichkeitsaussage zu entnehmen:

$$P(\hat{y}-t_{n-k,1-\alpha/2} s_{\hat{y}} \leq E(y) \leq \hat{y}+t_{n-k,1-\alpha/2} s_{\hat{y}}) = 1-\alpha \; . \qquad (2-23)$$

In Gl. (2-23) bezeichnet $1-\alpha$ wieder ein gegebenes Konfidenzniveau, $n-k=n-2$ die für eine einfache lineare Regression in der
t-Verteilung zu berücksichtigende Anzahl von Freiheitsgraden
und $s_{\hat{y}}$ die geschätzte Standardabweichung von y. $s_{\hat{y}}$ ergibt sich
als Quadratwurzel der Varianz aus Gl. (2-22), wenn dort für x
der gegebene Wert x_o und für σ^2 die Schätzung s^2 eingesetzt
wird. Gl. (2-23) definiert ein zufallsabhängiges Konfidenzintervall für E(y). Realisationen der Grenzen dieses Intervalls
legen eine Intervallschätzung für E(y) fest.

Da die SPSS-Prozedur REGRESSION keine Intervallschätzungen für
E(y) berechnet, soll hier ein einfaches Beispiel als Ersatz für
einen möglichen Standardausdruck dienen. Für die Regression von
BSP als y auf ERN als x soll eine Intervallschätzung für E(BSP)

an der Stelle $x_o=\overline{ERN}$ gefunden werden. Wie Gl. (2-22) zeigt, reduziert sich die geschätzte Standardabweichung von $\widehat{BSP}$ als Vorhersagevariable $\hat{y}$ in diesem Fall auf $s_{\hat{y}}=s/n^{1/2}$. Mit $\hat{y}=\overline{y}=1693,94$ nach Bild 1-2 (vgl. Abschnitt 1.2.1), $s=1218,64$ nach Bild 2-2 (vgl. Abschnitt 2.2.1) sowie $n=1o2$, $\alpha=o,o5$ und $t_{1oo,\ o,975} =$ 1,984o liegt die Untergrenze einer Intervallschätzung für $E(BSP)$ an der Stelle $\overline{ERN}$ also bei $\hat{y}-t_{1oo,\ o,975}s_{\hat{y}}=1454,5451$. Die Obergrenze ergibt sich nach Gl. (2-23) entsprechend als $\hat{y}$ + $t_{1oo,\ o,975}s_{\hat{y}}=1933,3369$. Weicht x_o von $\overline{ERN}$ ab, vergrößert sich nach Gl. (2-22) die Länge einer Intervallschätzung für $E(BSP)$ mit zunehmender Abweichung.

Offensichtlich stellt die Vorhersagevariable $\hat{y}$ als erwartungstreue Punktschätzung für $E(y)$ auch eine Punktschätzung für den Wert von y bereit. In der Regressionsanalyse geht es ja gerade darum, den Beobachtungen y_i, $i=1,\ldots,n$ über die geschätzte Regressionsbeziehung Punktschätzungen $\hat{y}_i$ gegenüberzustellen. Aber auch wenn $x=x_o$ nicht zu den Beobachtungswerten x_i, $i=1,\ldots,n$ des Regressors x gehört, liefert $\hat{y}=b_1+b_2x_o$ eine Punktschätzung des zugehörigen Wertes für den Regressanden y. Eine Intervallschätzung für diesen Wert läßt sich analog zur Intervallschätzung für $E(y)$ nach Gl. (2-23) angeben. Dabei ist jedoch zu berücksichtigen, daß nach Modell 1-1 (vgl. Abschnitt 1.3.1) $Var(y)=\sigma^2=Var(y-E(y))$. Die Varianz der Abweichung $y-E(y)=u$ ist zur $Var(\hat{y})$ nach Gl. (2-22) zu addieren. Für großes n und $x=x_o$ nahe bei $\overline{x}$ bleibt letztere jedoch vernachlässigbar klein. Die für eine Vorhersage von y über $\hat{y}$ vorhandene Varianz liegt dann ungefähr bei σ^2. Da dies unabhängig vom jeweiligen x-Wert gilt, erklärt sich für die Größe s gemäß Gl. (2-12) dadurch die Bezeichnung Standardfehler der Schätzung $\hat{y}$.

Eine Intervallschätzung für y an der Stelle $x=x_o$ ist danach aus der folgenden Wahrscheinlichkeitsaussage abzuleiten:

$$P(\hat{y}-t_{n-k,1-\alpha/2}(s_{\hat{y}}^2+s^2)^{1/2} \leq y \leq$$
$$\hat{y}+t_{n-k,1-\alpha/2}(s_{\hat{y}}^2+s^2)^{1/2})=1-\alpha. \quad (2-24)$$

In Gl. (2-24) findet sich $s_{\hat{y}}^2+s^2$ als Schätzung für $Var(\hat{y})+\sigma^2$. Soll für die endogene Variable BSP der Beispielregression deren Wert an der Stelle $\overline{ERN}$ in Form einer Intervallschätzung eingegrenzt werden, ergeben sich also dafür die Grenzen $\hat{y}$ +/- $t_{n-2,1-\alpha/2}\,s(1+1/n)^{1/2}$. Für $\alpha=0,o5$ und die oben aufgeführten sonstigen Werte findet sich z.B. eine Obergrenze von 4123,5439. Die Untergrenze ist wegen des hohen Wertes von s sogar negativ. Entsprechende Intervallschätzungen können mit Hilfe des in Bild 2-4 wiedergegebenen Standardausdrucks der Prozedur REGRESSION auch für die bereits vorliegenden Werte des Regressanden vorgenommen werden.

```
Equation Number 1      Dependent Variable..    BSP

Casewise Plot of Standardized Residual

*: Selected    M: Missing

              -3.0        0.0        3.0
    Case #     O:..........:..........:O     BSP        *PRED       *SEPRED
       1       .            *          .     113        94.7332     170.8094
       2       .            *          .     189       269.5714     161.7240
       3       .            *          .      99        93.1292     170.8953
       4       .         *  .          .     278      1365.1171     123.1973
       5       .            *          .      98       267.9674     161.8047
       6       .            *          .     422       556.6910     148.1594
       7       .           *.          .     644      1195.0910     126.4193
       8       .           *.          .     222       497.3422     150.8072
       9       .         *  .          .     123      1506.2708     121.4945
      10       .            . *         .     424      -314.2919     193.9297
      11       .            .      *    .    5236      2358.0055     130.6900

    Case #     O:..........:..........:O     BSP        *PRED       *SEPRED
      87       .            . *        .    4773      3791.9993     199.2906
      88       .            .   *      .    5833      4180.1722     223.3535
      89       .        *   .          .    1577      3153.5994     163.5123
      90       .            .     *    .    6886      4425.5873     239.1762
      91       .            .          *    7335      3305.9813     171.4974
      92       .        *   .          .    2117      3318.8134     172.1881
      93       .        *   .          .    2428      3469.5913     180.4966
      94       .            .     *    .    6470      4075.9109     216.7625
      95       .           *.          .    4401      4278.0174     229.6129
      96       .           .*          .     543       211.8267     164.6628
      97       .  *         .          .    2180      5072.0073     282.4479
      98       .     *      .          .    2510      4465.6878     241.7985
      99       .  *         .          .    1100      3862.5762     203.5626
     100       .     *      .          .    2845      4703.0827     257.5067
     101       .  *         .          .    1853      4871.5048     268.8210
     102       .     *      .          .    1126      3541.7722     184.5909
    Case #     O:..........:..........:O     BSP        *PRED       *SEPRED
              -3.0        0.0        3.0
```

Bild 2-4: Vorhersage

Bild 2-4 ist Ausschnitt einer fallweisen Darstellung der Ergebnisse für die Regression von BSP auf ERN. Diese läßt sich dadurch erhalten, daß an die Befehlsfolge 1-1 (vgl. Abschnitt 1.1.2) als vierte Zeile der Befehl CASEWISE = ALL DEPENDENT PRED SEPRED angehängt wird. Im linken Teil von Bild 2-4 sind länderweise die standardisierten Residuenwerte eingezeichnet. Daneben finden sich die jeweiligen Beobachtungen der Variable BSP. Die mit PRED und SEPRED bezeichneten Spalten beziehen sich auf die Vorhersage. Der angefügte Stern zeigt jeweils an, daß es sich bei diesen Variablen um von der Prozedur REGRESSION temporär erzeugte Größen handelt. PRED gibt als Vorhersagevariable für $i=1,\ldots,n$ die Werte $\widehat{BSP}_i = b_1 + b_2 ERN_i$ an. Dabei fällt für Liberia (Fallnummer 1o) der nicht interpretierbare negative Vorhersagewert auf. Ein solcher Wert verdeutlicht die Heterogenität der untersuchten Länder. SEPRED entspricht der oben mit $s_{\widehat{y}}$ bezeichneten geschätzten Standardabweichung von $\widehat{BSP}$ und variiert somit abhängig vom Wert des Regressors ERN.

2.4 Der Vergleich einzelner Modelle

2.4.1 Regression ohne expliziten Regressor

Die in Abschnitt 2.2 vorgenommene Zerlegung der Stichprobenvarianz und die in Abschnitt 2.3 vorgestellten Punkt- und Intervallschätzungen sollen jetzt für Modellvergleiche genutzt werden. Solche Modellvergleiche beziehen sich vorrangig auf den Einfluß des Regressors in einfachen linearen Regressionen. Um festzustellen, ob die Aufnahme des Regressors x Schwankungen des Regressanden y erklären kann, sei von der Regressionsbeziehung $y_i = \beta_1 + \beta_2 x_i + u_i$ für $i=1,\ldots,n$ aus Modell 1-1 (vgl. Abschnitt 1.3.1) ausgegangen. Ist x hier ohne Einfluß auf y, dann muß für den Regressionskoeffizienten β_2 gelten: $\beta_2 = o$. Damit steht der Regressionsbeziehung aus Modell 1-1 aber die Regressionsbeziehung $y_i = \beta_1 + u_i$ für $i=1,\ldots,n$ einer Regression ohne expliziten Regressor gegenüber. Der Vergleich des zugehörigen reduzierten Modells mit Modell 1-1 entspricht also einem Test von

$$H: \beta_2 = o \quad \text{gegen} \quad G: \beta_2 \neq o . \tag{2-25}$$

Dieser Test kann formal auf unterschiedliche Weise erfolgen. Der erste Ansatz besteht in einem Vergleich der Summen von Residuenquadraten unter H bzw. G. Unter H ist über die Methode der kleinsten Quadrate lediglich der Regressionskoeffizient β_1 zu schätzen. Als Spezialfall von Gl. (2-1o) für $\bar{x}=o$ ergibt sich bezüglich β_1 die Schätzfunktion

$$b_1 = \bar{y} \qquad (2\text{-}26)$$

und damit die geschätzte Regressionsbeziehung $\hat{y}=\bar{y}$. Die Summe der Residuenquadrate beläuft sich unter H danach auf

$$\Sigma \, e_i^2 = \Sigma \, (y_i - \bar{y})^2 \; . \qquad (2\text{-}27)$$

Wie ein Blick auf die Definition des Bestimmtheitsmaßes R^2 in Gl. (2-7) zeigt, gilt in diesem Fall $R^2=o$. Im reduzierten Modell einer Regression ohne expliziten Regressor bleibt die Stichprobenvarianz der endogenen Variable y vollständig unerklärt. Im Gegensatz dazu wird unter G durch die Aufnahme des Regressors x der in der Regel nicht verschwindende Teil $\Sigma(\hat{y}_i-\bar{y})^2$ von $\Sigma(y_i-\bar{y})^2$ erklärt. Die zugehörige Summe der Residuenquadrate verkleinert sich gegenüber H nach Gl. (2-6) gerade um diesen Teil. Als Differenz der Summen von Residuenquadraten unter H bzw. G ergibt sich somit $\Sigma(\hat{y}_i-\bar{y})^2$ oder nach Gl. (2-4) s_{xy}^2/s_x^2. Diese Größe verfügt nach Abschnitt 2.2 über lediglich einen Freiheitsgrad. Ist ihr Wert hoch, kann auf einen signifikanten Einfluß des Regressors auf den Regressanden geschlossen und damit die Hypothese H abgelehnt werden.

Was hoch letztendlich bedeutet, zeigt ein Vergleich von $\Sigma(\hat{y}_i-\bar{y})^2$ mit der Schätzung s^2 aus Gleichung (2-12) für den Modellparameter σ^2. Unter den strengen Modellannahmen von Modell 1-1 (vgl. Abschnitt 1.3.1) und der Normalverteilungsannahme gilt nämlich im Falle von H, daß die Zufallsvariable

$$F = \Sigma(\hat{y}_i - \bar{y})^2/s^2 \sim F_{n-k}^1 \, , \qquad (2\text{-}28)$$

also einer F-Verteilung mit einem Zähler und $n-k=n-2$ Nennerfreiheitsgraden genügt. Eine Herleitung dieses Ergebnisses findet sich mit Bezug auf Anhang A am Ende dieses Abschnitts. Aus Gl. (2-28) läßt sich sofort die folgende Entscheidungsregel gewinnen: Die Hypothese H ist zugunsten der Alternative G bei

einem gegebenen Signifikanzniveau α zu verwerfen, wenn für die
Realisation von F gilt, daß

$$F > F_{n-k,1-\alpha}^1 \cdot \qquad (2-29)$$

Überschreitet der Wert von F den $100(1-\alpha)\%$-Punkt der F-Verteilung bei den gegebenen Anzahlen von Freiheitsgraden, dann liegt
ein signifikanter Einfluß des Regressors x vor. Wie die Definitionen von s^2 und R^2 zeigen, kann der Wert der Teststatistik F
für einfache lineare Regressionen auch über

$$F = (R^2/(k-1))/((1-R^2)/(n-k)) \qquad (2-3o)$$

mit k=2 berechnet werden.

Im Beispiel einer Regression von BSP auf ERN ist der berechnete
Wert von F in Bild 2-2 (vgl. Abschnitt 2.2.1) aufgeführt. Dort
liefert die vorgenommene Analysis of Variance in der Spalte
Mean Square zuerst den Zähler, darunter dann den Nenner von F.
Der Quotient dieser Größen führt auf den angegebenen F-Wert von
F=174,97425. Daneben findet sich die Eintragung Signif F=o,oooo.
Dabei handelt es sich um das zugehörige Signifikanzniveau oder
den p-Wert als sogenannten prob-value. Dieser Wert ist wie
folgt zu interpretieren: Er gibt das Signifikanzniveau an, für
das die Ungl. (2-29) in eine Gleichung übergeht. Im Beispiel
liegt α,d.h. die Wahrscheinlichkeit dafür, daß F unter H Werte
größer als den ausgedruckten annimmt, unterhalb von o,oooo5.
Die ausgewiesene Wahrscheinlichkeit wurde von der Prozedur RE-
GRESSION mit Hilfe einer in SPSS enthaltenen Tabelle von Prozentpunkten der F-Verteilung berechnet. Je kleiner diese Wahrscheinlichkeit ausfällt, umso eher kann die in Gl. (2-25) aufgestellte Hypothese H zugunsten von G abgelehnt werden. Für das
Beispiel folgt: Jedes gegebene Signifikanzniveau $\alpha \geq o,oooo5$,
z.B. also das Niveau $\alpha = o,o5$, führt auf eine Entscheidung gegen
H. Der Einfluß des Ernährungsindex ERN auf die Variable BSP ist
damit zum Niveau $\alpha = o,o5$ statistisch gesichert.

Dasselbe Ergebnis zeigt sich, wenn für den Test aus Gl. (2-25)
ein zweiter möglicher Ansatz gewählt wird. Anstatt die zu H
bzw. G gehörenden Summen von Residuenquadraten zu vergleichen,
kann die Schätzung b_2 für β_2 unter G mit dem unter H festgeleg-
ten Wert von Null verglichen werden. Weicht b_2 hinreichend weit

von Null ab, dann ist die Hypothese H zu verwerfen. Eine entsprechende Entscheidungsregel ergibt sich unter den Annahmen
von Modell 1-1 (vgl. Abschnitt 1.3.1) mit Hilfe der bereits für
die Bildung von Konfidenzintervallen genutzten t-Verteilung
(vgl. Abschnitt 2.3.2). Danach gilt bei normalverteilten Störgrößen unter H, daß die Zufallsvariable

$$T_2 = b_2/s_{b_2} \sim t_{n-k} \, ,\qquad (2\text{-}31)$$

also einer t-Verteilung mit n-k=n-2 Freiheitsgraden genügt. In
Gl. (2-31) bezeichnet s_{b_2} wieder die in Abschnitt 2.3 definier-
te geschätzte Standardabweichung der Zufallsvariable b_2. Wird
das Signifikanzniveau α vorgegeben, ist H zugunsten von G zu
verwerfen, wenn

$$|T_2| > t_{n-k,1-\alpha/2} \, . \qquad (2\text{-}32)$$

Liegt der Wert der Teststatistik T_2 also dem Betrage nach oberhalb des 1oo(1-α/2)%-Punktes der t-Verteilung, so ist ein signifikanter Einfluß von x auf y angezeigt. Dies ist aber gerade
dann der Fall, wenn das in Gl. (2-21) eingeführte Konfidenzintervall für β_2 eine Intervallschätzung liefert, die den hypothetischen Wert β_2=o nicht einschließt.

Diese Parallele zwischen Intervallschätzung und zweiseitigem
Test verdeutlicht für die Beispielregression das Bild 2-3 (vgl.
Abschnitt 2.3.1). Die dort zum Konfidenzniveau 1-α=o,95 angegebene Intervallschätzung von β_2 umfaßt nicht den Wert Null. Der
ausgedruckte T-Wert von T_2=13,228 für den Koeffizienten des Regressors ERN übersteigt demnach den bei einem Signifikanzniveau
von α=o,o5 mit dem Wert der Teststatistik im Beispiel zu vergleichenden Prozentpunkt $t_{1oo,\,o,975}$=1,984o. Dieses Ergebnis
zeigt sich in Bild 2-3 am unter Sig T ausgedruckten Signifikanzniveau bzw. p-Wert von Sig T=o,oooo. Dieser p-Wert kennzeichnet dasjenige Signifikanzniveau, bei dem die Ungl. (2-32)
zu einer Gleichung wird. Da der ausgedruckte p-Wert unterhalb
von α=o,o5 liegt, ist die aufgestellte Hypothese zu diesem Signifikanzniveau abzulehnen.

Daß die eingeführten F- bzw. t-Tests zum selben Ergebnis führen, ist nicht verwunderlich. So ist nicht nur nach Definition

ın Anhang A das Quadrat einer t-verteilten Zufallsvariable F-verteilt, auch für die Werte der genutzten Teststatistiken gilt

$$T_2^2 = F \ . \tag{2-33}$$

Gl. (2-33) läßt sich leicht nachprüfen, indem einmal für den Zähler von F nach Gl. (2-4) s_{xy}^2/s_x^2 eingesetzt und zum anderen für T_2 die Definition von b_2 und s_{b_2} herangezogen wird. Der F-Test mit der Entscheidungsregel in Ungl. (2-29) und der t-Test mit der Entscheidungsregel in Ungl. (2-32) sind damit äquivalent.

Diese Äquivalenz verdeutlicht sich im Beispiel daran, daß die jeweiligen p-Werte unter Signif F bzw. Sig T übereinstimmen. Die angegebene Interpretation dieser Werte hängt jedoch entscheidend davon ab, daß die einschränkenden Voraussetzungen aus Modell 1-1 (vgl. Abschnitt 1.3.1) erfüllt sind. Im Ablauf einer Regressionsanalyse sollten diese Voraussetzungen also überprüft werden, bevor F- oder t-Tests erfolgen (vgl. Kapitel 3 und Anhang C).

2.4.2 Homogene Regression

Analog zum Test der Hypothese $\beta_2 = o$ kann im einfachen linearen Regressionsmodell auch die Hypothese

$$H: \beta_1 = o \qquad \text{gegen} \qquad G: \beta_1 \neq o \tag{2-34}$$

getestet werden. Unter H geht die Regressionsbeziehung $y_i = \beta_1 + \beta_2 x_i + u_i$ für $i=1,\ldots,n$ aus Modell 1-1 (vgl. Abschnitt 1.3.1) in die Beziehung $y_i = \beta_2 x_i + u_i$ einer homogenen einfachen linearen Regression über. Ein Test der Hypothese $\beta_1 = o$ ist damit zu einem Modellvergleich zwischen dem reduzierten Modell einer homogenen Regression und Modell 1-1 äquivalent. Das Modell der homogenen Regression ist zugunsten von Modell 1-1 zu verwerfen, wenn die unter G erhaltene Schätzung b_1 für β_1 hinreichend weit vom hypothetischen Wert abweicht. Nun gilt aber mit den zur Bildung eines Konfidenzintervalls für β_1 (vgl. Abschnitt 2.3.2) genutzten Voraussetzungen, daß unter H die Zufallsvariable

$$T_1 = b_1/s_{b_1} \sim t_{n-k} \ , \tag{2-35}$$

also einer t-Verteilung mit n-k=n-2 Freiheitsgraden genügt. In Gl. (2-35) steht s_{b_1} wiederum für die geschätzte Standardabweichung von b_1. Für ein vorgegebenes Signifikanzniveau α ist die Hypothese H danach zugunsten der Alternative G zu verwerfen, wenn analog zu Ungl. (2-32)

$$|T_1| > t_{n-k,1-\alpha/2} \ . \tag{2-36}$$

Schließt also eine aus dem in Gl. (2-2o) angegebenen Konfidenzintervall für β_1 erhaltene Intervallschätzung den hypothetischen Wert $\beta_1=o$ nicht ein, kann die aufgestellte Hypothese abgelehnt werden.

Für das Beispiel einer Regression von BSP auf ERN findet sich das entsprechende Testergebnis in Bild 2-3 (vgl. Abschnitt 2.3.1). Der für die Regressionskonstante dort als Quotient der Eintragungen unter B und SE B ausgewiesene T-Wert liegt bei $T_1=$ 14,o39. Das zugehörige Signifikanzniveau beträgt Sig T=o,oooo. Dieser p-Wert unterhalb von o,oooo5 läßt erkennen, daß das Modell der homogenen Regression für ein Signifikanzniveau von $\alpha=$ o,o5 verworfen werden kann. Der hypothetische Wert $\beta_1=o$ liegt außerhalb der Grenzen einer zum Konfidenzniveau $1-\alpha=o,95$ gewonnenen Intervallschätzung für β_1. Die Beziehung zwischen BSP und ERN ist deshalb als inhomogene lineare Regressionsbeziehung aufzufassen.

Wie im vorangehenden Abschnitt läßt sich dieses Ergebnis auch über einen zu dem vorgestellten t-Test äquivalenten F-Test erzielen. Die zugehörige Teststatistik F weist im Zähler die Differenz der Summen von Residuenquadraten unter H bzw. G aus, im Nenner die Schätzung s^2 für σ^2. Mit einem Zähler- und n-k Nennerfreiheitsgraden genügt sie unter H und für die sonstigen Annahmen aus Modell 1-1 (vgl. Abschnitt 1.3.1) dem Verteilungsmodell aus Gl. (2-28). Daraus ergibt sich sofort die Entscheidungsregel aus Ungl. (2-29). Daß für die Werte der Teststatistiken F und T_1 die Beziehung $T_1^2=F$ parallel zu Gl. (2-33) gilt, soll nicht formal nachgewiesen, sondern nur an der Beispielregression gezeigt werden.

Für die Beziehung zwischen BSP und ERN ist danach zuerst unter H eine homogene Regressionsgerade zu schätzen. Die SPSS-Proze-

dur REGRESSION sieht dafür den Befehl ORIGIN vor. Wird dieser
Befehl als zweite Zeile in die Befehlsfolge 1-1 (vgl. Abschnitt
1.1.2) eingefügt, ergibt sich der Standardausdruck von Bild 2-5.


```
Equation Number 1      Dependent Variable..   BSP


Variable(s) Entered on Step Number
   1..     ERN


Multiple R               .60882
R Square                 .37066
Adjusted R Square        .36443
Standard Error     2090.02978

Analysis of Variance
                     DF       Sum of Squares        Mean Square
Regression            1       259850983.18530   259850983.18530
Residual            101       441190670.81470     4368224.46351

F =        59.48664       Signif F =   .0000


------------------ Variables in the Equation ------------------

Variable              B         SE B        Beta        T  Sig T

ERN          1604.02001   207.96970       .60882     7.713  .0000
```

Bild 2-5: Homogene Regression von BSP auf ERN

In Bild 2-5 findet sich als Teil der Analysis of Variance-Tabel-
le die Residuenquadratsumme 441 19o 67o,8147o. Für den betrachteten F-Test ist diese Summe mit der entsprechenden Summe
148 5o8 126,46176 aus Bild 2-2 (vgl. Abschnitt 2.2.1) zu vergleichen. Die einzelnen Summen besitzen 1o1 bzw. 1oo Freiheitsgrade. Ihre Differenz verfügt damit über lediglich einen Freiheitsgrad. Mit s^2=1 485 o81,26462 nach Bild 2-2 läßt sich der
gesuchte F-Wert sofort berechnen. Das Ergebnis stimmt aber gerade mit dem Wert von T_1^2 für T_1=14,o39 nach Bild 2-3 (vgl. Abschnitt 2.3.1) überein.

Bild 2-5 verdeutlicht von der genannten Summe von Residuenquadraten ausgehend weitere Aspekte homogener Regressionen. Die
Residuenwerte ergeben sich nach der Schätzung des einzigen Koeffizienten β_2 über die Methode der kleinsten Quadrate. Als

Spezialfall von Gl. (2-11) für $\bar{x}=o$ findet sich hier bezüglich β_2 die Schätzfunktion

$$b_2 = \Sigma x_i y_i / \Sigma x_i^2 \qquad (2-37)$$

und damit die geschätzte Regressionsbeziehung $\hat{y}=b_2 x$. Im Gegensatz zur inhomogenen linearen Regression verschwindet nun die Summe der Residuenwerte $e_i=y_i-b_2 x_i$ für $i=1,\ldots,n$ nicht mehr notwendig. Als Folge bleibt die Zerlegung der Summe von Abweichungsquadraten aus Gl. (2-6) nicht mehr allgemeingültig. Das hat aber Konsequenzen für das Bestimmtheitsmaß R^2. Dessen Wertebereich bleibt nach der Definition in Gl. (2-7) nicht mehr auf das Intervall $|\bar{o},\bar{1}|$ beschränkt. Für homogene Regressionen bietet es sich daher an, das Bestimmtheitsmaß R^2 neu zu definieren. Wenn nun die Gleichheit $\bar{y}=\overset{\approx}{y}$ nicht mehr gewährleistet ist, kann dies z.B. über

$$R^2 = \Sigma(\hat{y}_i-\overset{\approx}{y})^2/(\Sigma(\hat{y}_i-\overset{\approx}{y})^2 + \Sigma e_i^2) \qquad (2-38)$$

geschehen. Im Gegensatz zu Gl. (2-7) werden in Gl. (2-38) Abweichungen bezüglich $\overset{\approx}{y}$ betrachtet, die von Abweichungen bezüglich $\bar{y}$ verschieden sein können. Im Falle von $\bar{y}=\overset{\approx}{y}$ stimmen wegen Gl. (2-6) die Bestimmtheitsmaße R^2 aus den Gln. (2-7) und (2-38) jedoch überein. Da das Bestimmtheitsmaß R^2 in Gl. (2-38) nicht auf einer Zerlegung der Stichprobenvarianz von y beruht, weicht sein Wert in der Regel vom Quadrat des multiplen Korrelationskoeffizienten $r_{\overset{\approx}{y}\hat{y}}$ ab, auch wenn in diesem nun $\hat{y}_i$ auf das arithmetische Mittel $\overset{\approx}{y}$ statt auf $\bar{y}$ bezogen wird. Ein direkter Zusammenhang zwischen Bestimmtheitsmaß und Korrelation liegt daher nicht mehr vor.

Ein solcher Zusammenhang wird in Bild 2-5 aber vorgespiegelt, wenn sich dort unter Multiple R als multipler Korrelationskoeffizient die Quadratwurzel o,60882 aus dem nach Gl. (2-38) berechneten Bestimmtheitsmaß R Square, d.h. R^2=o,37o66, findet. Der tatsächliche multiple Korrelationskoeffizient muß stattdessen bei $r_{y\hat{y}}$=o,7977o liegen und mit dem multiplen Korrelationskoeffizienten der zugehörigen inhomogenen Regression aus Bild 2-2 (vgl. Abschnitt 2.2.1) übereinstimmen. Dieses Resultat ergibt sich aus der anschließenden Diskussion von geschätzten Beta-Koeffizienten.

Denn es verwundert in Bild 2-5 daneben, daß als geschätzter Beta-Koeffizient der scheinbare multiple Korrelationskoeffizient o,6o882 nochmals auftaucht. Da der Regressor ERN in die betrachtete Regression zentriert eingeht, stimmt der Schätzwert b_2=16o4,o2oo1 für β_2 mit der geschätzten Steigung der inhomogenen Regressionsgerade in Bild 2-3 (vgl. Abschnitt 2.3.1) überein. Die Vorhersagewerte im homogenen Fall sind damit lineare Transformationen der Vorhersagewerte im inhomogenen Fall. Nach Definition geschätzter Beta-Koeffizienten müssen dann auch deren Werte im homogenen und inhomogenen Fall gleich sein. Wie Bild 2-3 müßte also auch Bild 2-5 unter Beta den Wert o,7977o und damit den Wert des tatsächlichen multiplen Korrelationskoeffizienten ausweisen.

Dagegen sind die Testergebnisse der Prozedur REGRESSION für eine homogene Regression analog zur inhomogenen Regression zu interpretieren. t- und F-Test sind danach wiederum äquivalent. Weil nur ein Regressionskoeffizient zu schätzen ist, beträgt die Anzahl zu berücksichtigender Freiheitsgrade hier aber lediglich n-k=n-1.

So gehen n-1 Freiheitsgrade z.B. in die Schätzung s_{b_2}=2o7,97 der Standardabweichung von b_2 ein (vgl. Bild 2-5).

Mit $s^2=\Sigma e_i^2/(n-1)$ als Schätzung für σ^2 nach Gl. (2-12) und $Var(b_2)=\sigma^2/\Sigma x_i^2$ für $\bar{x}$=o nach Gl. (2-14) ergibt sich $s_{b_2}^2=s^2/\Sigma x_i^2$. Aber auch für homogene Regressionen bleibt zu betonen, daß vor t- bzw. F-Tests die dafür notwendigen Modellannahmen überprüft werden sollten. Für einfache lineare Regressionen soll dies in Kapitel 3 geschehen. Als Vorbereitung dafür wird in Abschnitt 2.5 eine Matrizendarstellung der Regression vorgestellt.

2.5 Die Matrizendarstellung der Regression

2.5.1 Regressionsmodell

Mit der Behandlung von Parametertests in Abschnitt 2.4 ist die klassische aggregierte Analyse einfacher linearer Regressionen abgeschlossen. Im Rahmen dieser Analyse sind viele Ergebnisse diskutiert worden, die auf den strengen Annahmen einfacher linearer Regressionsmodelle beruhen. Es erscheint daher angebracht, sich am Schluß dieses Kapitels noch einmal Modell 1-1 (vgl. Abschnitt 1.3.1) zu vergegenwärtigen. Dieses Modell soll hier in einer Matrizendarstellung erneut aufgenommen werden. Eine solche Darstellung bildet die Grundlage für Regressionsanalysen über die SPSS-Prozedur REGRESSION.

Für Modell 1-1 wird von den Beobachtungspaaren (x_i, y_i), $i = 1, \ldots, n$ ausgegangen. Die Beobachtungen des Regressors x werden als deterministisch, diejenigen des Regressanden y als stochastisch aufgefaßt. y_i hängt als Zufallsvariable von der unbeobachtbaren zufälligen Störgröße u_i ab. Die Beziehung zwischen y und x wird als linear in den unbekannten konstanten Regressionskoeffizienten β_1 und β_2 angenommen. Auf alle n beobachteten Fälle übertragen, läßt sich diese einfache lineare Regressionsbeziehung in Vektorform wie folgt schreiben:

$$
\begin{bmatrix} y_1 \\ \cdot \\ \cdot \\ y_i \\ \cdot \\ \cdot \\ y_n \end{bmatrix} = \begin{bmatrix} 1 \\ \cdot \\ \cdot \\ 1 \\ \cdot \\ \cdot \\ 1 \end{bmatrix} \beta_1 + \begin{bmatrix} x_1 \\ \cdot \\ \cdot \\ x_i \\ \cdot \\ \cdot \\ x_n \end{bmatrix} \beta_2 + \begin{bmatrix} u_1 \\ \cdot \\ \cdot \\ u_i \\ \cdot \\ \cdot \\ u_n \end{bmatrix} . \tag{2-39}
$$

Mit dem Vektor $y=(y_1, \ldots, y_n)' \sim (n,1)$ der endogenen Variable, für $k=2<n$ dem Vektor $\beta=(\beta_1\ \beta_2)' \sim (k,1)$ von Regressionskoeffizienten, dem Vektor $u=(u_1, \ldots, u_n)' \sim (n,1)$ der Störgröße und der deterministischen Regressormatrix

$$
X = \begin{bmatrix} 1 & x_1 \\ \cdot & \cdot \\ \cdot & \cdot \\ 1 & x_n \end{bmatrix} \sim (n,k) \tag{2-4o}
$$

ist die kompakte Darstellung

$$
y = X\beta + u \tag{2-41}
$$

zu Gl. (2-39) äquivalent. Hier wie auch nachfolgend verdeutlicht der jeweilige Zusammenhang, wann Variablenbezeichnungen wie y und u auch Vektoren kennzeichnen.

Ebenso kompakt wie die Regressionsbeziehung lassen sich die zu

Modell 1-1 gehörenden Annahmen bezüglich der Störgröße u darstellen. Dazu ist einmal für den Vektor u die Annahme verschwindender Erwartungswerte, d.h.

$$E(\,u\,) = \begin{bmatrix} E(u_1) \\ \cdot \\ \cdot \\ E(u_n) \end{bmatrix} = \begin{bmatrix} o \\ \cdot \\ \cdot \\ o \end{bmatrix} = O \sim (n,1) \qquad (2\text{-}42)$$

zu fordern. Die weiteren Annahmen konstanter Varianz und Unkorreliertheit lassen sich für die Störgrößen u_i, i=1,...,n in deren Varianz-Kovarianz-Matrix zusammenfassen. Diese Matrix ist
nach Modell 1-1 als

$$\text{Cov}(u) = \begin{bmatrix} \text{Var}(u_1) & & \text{Cov}(u_i,u_j) \\ & \cdot & \\ & \cdot & \\ \text{Cov}(u_j,u_i) & \cdot & \\ & & \text{Var}(u_n) \end{bmatrix} \begin{bmatrix} \sigma^2 & & & \\ & \cdot & & O \\ & & \cdot & \\ O & & & \cdot \\ & & & \sigma^2 \end{bmatrix} = \sigma^2 I \qquad (2\text{-}43)$$

einzuführen. Cov(u) ist eine symmetrische Matrix mit Varianzen
auf der Hauptdiagonale und Kovarianzen als sonstigen Elementen.
In Gl. (2-43) bezeichnet I die n-reihige Einheitsmatrix. Im
Falle unkorrelierter Störgrößen mit konstanten Varianzen bildet
Cov(u) also eine Diagonalmatrix mit konstanten Hauptdiagonalelementen. Das vollständige Modell 1-1 ist damit zu den Gln.
(2-41) bis (2-43) äquivalent.

Für die Beispielregression von BSP auf ERN liegen nach Tabelle
1-1 (vgl. Abschnitt 1.2.1) n=1o2 Beobachtungspaare vor. Die
zwischen diesen beiden Variablen unterstellte theoretische Regressionsbeziehung kann nach Gl. (2-41) als Vektorgleichung

$$\begin{bmatrix} BSP_1 \\ \cdot \\ \cdot \\ BSP_n \end{bmatrix} = \begin{bmatrix} 1 & ERN_1 \\ \cdot & \cdot \\ \cdot & \cdot \\ 1 & ERN_n \end{bmatrix} \begin{bmatrix} \beta_1 \\ \beta_2 \end{bmatrix} + \begin{bmatrix} u_1 \\ \cdot \\ \cdot \\ u_n \end{bmatrix}$$

dargestellt werden. In dieser Gleichung sind mit n=1o2 mehr Beobachtungsfälle vereinigt als Regressionskoeffizienten, nämlich
k=2, zu schätzen sind. Diese implizite Voraussetzung für Regressionsanalysen wird häufig ebensowenig genannt wie die weitere, daß die Spalten der Regressormatrix linear unabhängig
sein müssen. Letzteres ist im Beispiel dadurch gewährleistet,

daß die Beobachtungen des Regressors ERN eine nicht verschwin-
dende Standardabweichung aufweisen (vgl. Bild 1-2 in Abschnitt
1.2.1). Die Regressormatrix und der Vektor BSP sammeln vorlie-
gende Beobachtungswerte und bilden die Grundlage für eine
Schätzung der Regressionskoeffizienten und der Varianz σ^2. Die
Eigenschaften dieser Schätzungen beruhen entscheidend auf den
Gln. (2-42) und (2-43) sowie der an einigen Stellen benötigten
Normalverteilungsannahme für u.

2.5.2 Parameterschätzung

Nachdem im vorangehenden Abschnitt das einfache lineare Regressionsmodell in Matrizenform eingeführt wurde, kann jetzt eine
darauf aufbauende Schätzung der zugehörigen Modellparameter erfolgen. Insbesondere soll eine Matrizenschreibweise der in Abschnitt 2.3 behandelten Punktschätzungen vorgestellt werden.
Dabei geht es vor allem darum, mit k=2 einen Schätzvektor b =
$(b_1\ b_2)'\sim(k,1)$ für den Vektor β der Regressionskoeffizienten
aus Gl. (2-41) zu finden. Der Schätzvektor b legt die Gl. (2-1)
einer empirischen Regressionsgerade fest. Für gegebenes $\tilde{x}' =$
$(1\ x)\sim(1,k)$ liefert diese Gleichung, jetzt in der Form

$$\hat{y} = \tilde{x}'b \sim (1,1) \tag{2-44}$$

geschrieben, mit der Vorhersage $\hat{y}$ sowohl eine Punktschätzung
für den Erwartungswert E(y) als auch für den Wert der endogenen
Variable y an der Stelle x (vgl. Abschnitt 2.3.3). Durchläuft
$\tilde{x}'$ nacheinander alle Zeilen der Regressormatrix X aus Gl.(2-4o),
dann ergibt sich aus Gl. (2-44) der zum Beobachtungsvektor y
gehörende Vorhersagevektor $\hat{y}=(\hat{y}_1,\ldots,\hat{y}_n)'$ als

$$\hat{y} = Xb \sim (n,1) \ . \tag{2-45}$$

Als Differenz zwischen den Vektoren y und $\hat{y}$ ist der Residuenvektor $e=y-\hat{y}$ definiert. Die Summe der Residuenquadrate, also
das innere Produkt

$$e'e = (y - \hat{y})'(y - \hat{y}) \ , \tag{2-46}$$

bildet nach Gl. (2-3) den Ausgangspunkt für die Methode der
kleinsten Quadrate zur Schätzung von β. Ergebnis einer Anwendung dieses Schätzverfahrens ist als Lösung des Systems der k

Normalgleichungen X'Xb=X'y die Schätzfunktion

$$b = (X'X)^{-1}X'y \sim (k,1) \ .$$ (2-47)

Zur Herleitung von Gl. (2-47) sind Vektordifferentiationen erforderlich (vgl. z.B. bei Frohn (1980)). Auf der rechten Seite
dieser Gleichung steht zuerst die Inverse des Produkts der
transponierten Regressormatrix mit dieser Matrix selbst. Diese
Inverse ist von rechts mit dem Vektor X'y als Produkt aus tran-
sponierter Regressormatrix und dem Vektor y aus Gl. (2-41) zu
multiplizieren. Für k=2 gilt

$$(X'X)^{-1}=1/\Sigma\,(x_i-\bar{x})^2 \begin{bmatrix} \Sigma x_i^2/n & -\bar{x} \\ -\bar{x} & 1 \end{bmatrix} \quad \text{und} \quad X'y= \begin{bmatrix} \Sigma y_i \\ \Sigma x_i y_i \end{bmatrix} \ .$$

Danach faßt Gl. (2-47) die Schätzungen b_1 und b_2 aus den Gln.
(2-10) und (2-11) zusammen. Zu beachten ist, daß $(X'X)^{-1}$ nur
für $n \geq k$ existiert.

Nachdem der Schätzvektor b gefunden ist, kann der Residuenvektor e und damit auch die Schätzung s^2 aus Gl. (2-12) als

$$s^2 = e'e/(n-k)$$ (2-48)

ermittelt werden. Diese Schätzung wird nach Abschnitt 2.3 für
die Bildung von Konfidenzintervallen und nach Abschnitt 2.4 für
Parametertests benötigt. Sie ersetzt dort jeweils die unbekannte Varianz σ^2. Von σ^2 hängt auch die Varianz-Kovarianz-Matrix
des Schätzvektors b ab. Diese Matrix ergibt sich nach den Mo-
dellgln. (2-41) bis (2-43) als

$$\text{Cov}(\,b\,) = \sigma^2(X'X)^{-1} \sim (k,k) \ .$$ (2-49)

Zu einem Beweis sei wieder auf Frohn (1980) verwiesen. Wie die
obige Zerlegung der Inversen $(X'X)^{-1}$ für k=2 zeigt, enthält
Cov(b) auf der Hauptdiagonale die beiden Varianzen $\text{Var}(b_1)$ und
$\text{Var}(b_2)$ aus den Gln. (2-13) und (2-14). Außerhalb der Hauptdiagonale dieser symmetrischen Matrix findet sich jeweils die bereits in Abschnitt 2.3 angegebene Kovarianz der beiden Schätz-
funktionen b_1 und b_2. Diese beläuft sich auf $\text{Cov}(b_1,b_2) = -\sigma^2\bar{x}/\Sigma\,(x_i-\bar{x})^2$.

Sämtliche Elemente von Cov(b) gehen in die Varianz von Vorhersagen ein. So läßt sich die Varianz der Vorhersagevariable $\hat{y}$

aus Gl. (2-44) als

$$\mathrm{Var}(\hat{y}) = \tilde{x}'\mathrm{Cov}(b)\tilde{x} = \sigma^2\tilde{x}'(X'X)^{-1}\tilde{x} \qquad (2\text{-}5o)$$

berechnen. Einsetzen der für k=2 vorgenommenen Zerlegung von $(X'X)^{-1}$ führt hier auf die bereits in Gl. (2-22) eingeführte Varianz von $\hat{y}$. Wird der Schätzvektor b auch in Gl. (2-45) eingesetzt, ergibt sich als Beziehung zwischen dem Beobachtungsvektor y und dem Vorhersagevektor $\hat{y}$ die Gleichung

$$\hat{y} = X(X'X)^{-1}X'y = Hy \; . \qquad (2\text{-}51)$$

Die in Gl. (2-51) auftauchende Matrix $H=X(X'X)^{-1}X' \sim (n,n)$ sorgt, von y ausgehend, für das Dach oder den Hut in der Bezeichnung $\hat{y}$. Sie heißt in der englischsprachigen Literatur deshalb auch hat matrix. Wie die Modelldiagnose in Kapitel 3 zeigt, spielt die Hutmatrix H darin eine besondere Rolle.

3 Modelldiagnose

In diesem Kapitel wird eine, auch auf einzelne Beobachtungsfälle bezogene Diagnose einfacher linearer Regressionsmodelle vorgenommen. Diese Modelldiagnose basiert auf der in Kapitel 2 durchgeführten aggregierten Regressionsanalyse. Deren Ergebnisse gilt es hier explorativ zu analysieren und über Diagnosestatistiken zu kennzeichnen. Die SPSS-Prozedur REGRESSION sieht dafür den Befehl RESIDUALS vor. So wird dieser Befehl in Abschnitt 3.1 vorgestellt und damit eine Einführung in die Modelldiagnose gegeben.

Die beiden anschließenden Abschnitte sind dann unterschiedlichen Aspekten einer Modelldiagnose gewidmet. In Abschnitt 3.2 erfolgt eine eingehende explorative Residuenanalyse, um die strengen Annahmen einfacher linearer Regressionsmodelle zu überprüfen. Abschnitt 3.3 enthält die eigentliche Falldiagnose und geht davon aus, daß die genannten Annahmen größtenteils erfüllt sind. Hier wird untersucht, inwieweit einzelne Beobachtungsfälle Ausreißer enthalten oder entscheidenden Einfluß auf das Ergebnis einfacher linearer Regressionen haben. Als Diag-

nosestatistiken werden dabei extern studentisierte Residuen
sowie Cook-Abstände eingeführt.

Abschnitt 3.4 beschäftigt sich mit Modelltransformationen als
notwendiger Konsequenz von Modelldiagnosen. Solche Transformationen dienen vorrangig dazu, die Anpassung spezifizierter Modelle an gegebene Datensätze zu verbessern. Insbesondere gilt
es dabei, offensichtliche Widersprüche zu Modellannahmen zu
bereinigen. Im Rahmen von Variablentransformationen kann es
auch zu Modellerweiterungen kommen.

Die Modelldiagnose dieses Kapitels erfolgt am Beispiel der zuvor behandelten aggregierten Regression zwischen Indikatoren
für Entwicklung bzw. Unterentwicklung.

3.1   Der Befehl RESIDUALS

3.1.1 Residuen und REGRESSION

Wenn die in Kapitel 2 diskutierten Ergebnisse einer aggregierten Regressionsanalyse vorliegen, kann die zugehörige Modelldiagnose beginnen. Diese Diagnose besteht zu großen Teilen aus
einer fallweisen Analyse der über die Methode der kleinsten
Quadrate erzeugten Residuen. Eine Residuenanalyse ist insbesondere erforderlich, um die in Kapitel 2 für Intervallschätzungen und Tests benötigten Modellannahmen zu überprüfen. In der
SPSS-Prozedur REGRESSION heißt der Befehl zum Aufruf einer Modelldiagnose deshalb auch RESIDUALS. Wird dieser Befehl an die
Befehlsfolge 1-1 (vgl. Abschnitt 1.1.2) angehängt, liefert die
Prozedur REGRESSION neben der aggregierten Regressions- auch
die zugehörige, auf einzelne Beobachtungsfälle bezogene Residuenanalyse. Als neue Befehlsfolge für eine Regression der Variable BSP auf die Variable ERN ergibt sich Befehlsfolge 3-1.

Befehlsfolge 3-1: Aufruf einer Regressions- und Residuenanalyse
```
REGRESSION VARIABLES = BSP ERN
/DEPENDENT = BSP
/METHOD = ENTER
/RESIDUALS.
```

Hier ist zu beachten, daß der Befehl RESIDUALS direkt dem ME-
THOD-Befehl folgen muß. Sollen die in der Regressionsbeziehung
verknüpften Variablen zusätzlich über den Befehl DESCRIPTIVES
(vgl. Abschnitt 1.2.1) beschrieben oder soll in der Regressionsanalyse der Befehl STATISTICS (vgl. Abschnitt 2.3.1) ausge-
führt werden, lassen sich diese Befehle im Anschluß an die erste Zeile von Befehlsfolge 3-1 einfügen.

Wenn die Befehlsfolge 3-1 interaktiv eingegeben ist, führt
SPSS/PC+ eine kombinierte Regressions- und Residuenanalyse
durch. Diese liefert zusätzlich zu Bild 1-1 (vgl. Abschnitt
1.1.2) den Standardausdruck von Bild 3-1.

Bild 3-1 ist in fünf Abschnitte unterteilt. Der erste Abschnitt
enthält unter der Überschrift Residuals Statistics eine statistische Kennzeichnung von Vorhersagevariablen und Residuen. Die
angegebenen Werte beziehen sich auf die n=1o2 betrachteten Fälle der Beispielregression. Dort ist BSP die endogene Variable y

```
Equation Number 1      Dependent Variable..   BSP


Residuals Statistics:

                  Min           Max       Mean     Std Dev      N

*PRED           -601.4114    5072.0073 1693.9412 1603.9894     102
*RESID         -3018.5049    4029.0188    -.0000 1212.5912     102
*ZPRED            -1.4310       2.1060     .0000    1.0000     102
*ZRESID           -2.4769       3.3062    -.0000     .9950     102

Total Cases =        102


Durbin-Watson Test =    1.45839


Outliers - Standardized Residual

   Case #        *ZRESID

       91        3.30616
      101       -2.47695
       97       -2.37315
       11        2.36165
       99       -2.26694
       51        2.23411
       90        2.01898
      102       -1.98235
       94        1.96456
       83        1.84858
```

```
Histogram - Standardized Residual

NExp N          (* = 1 Cases,      . : = Normal Curve)
1  .08    Out  *
0  .16   3.00
0  .40   2.67
2  .91   2.33  :*
4 1.86   2.00  *:**
3 3.41   1.67  **:
3 5.60   1.33  ***     .
3 8.23   1.00  ***        .
4 10.8    .67  ****          .
* 12.8    .33  ***********:
* 13.5   0.0   ************:**************
* 12.8   -.33  ************:*****
5 10.8   -.67  *****      .
* 8.23  -1.00  *******:**
2 5.60  -1.33  **      .
2 3.41  -1.67  **.
1 1.86  -2.00  *.
3  .91  -2.33  :**
0  .40  -2.67
0  .16  -3.00
0  .08    Out
```

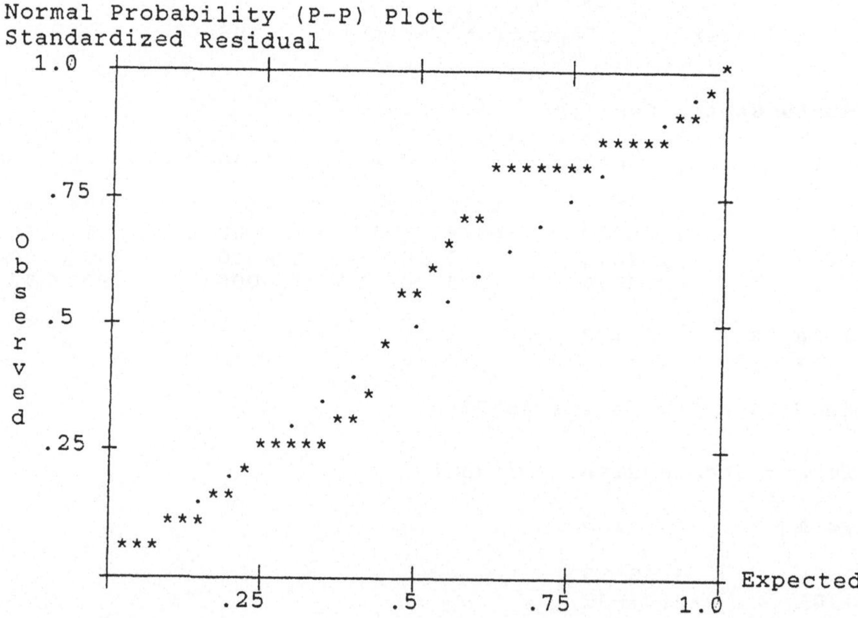

Bild 3-1: Residuenanalyse einer Regression von BSP auf ERN

und damit PRED die zugehörige Vorhersagevariable $\hat{y}$ (vgl. Bild 2-4 in Abschnitt 2.3.3) mit Werten $\hat{y}_i = b_1 + b_2 x_i$ nach Gl. (2-1).

Wie ein Vergleich mit Bild 1-2 (vgl. Abschnitt 1.2.1) zeigt, liegt die empirische Standardabweichung der Vorhersagevariable $\hat{BSP}$ beträchtlich unterhalb der von BSP. Die jeweiligen arithmetischen Mittel stimmen naturgemäß überein (vgl. Abschnitt 2.2.1). Neben der Variable PRED sind auch für die Variablen ZPRED, RESID und ZRESID deren minimale bzw. maximale Werte angegeben. Das negative Minimum der Vorhersagewerte zeigt, daß die geschätzte Regressionsbeziehung wenigstens für eines der betrachteten Länder nicht interpretierbar bleibt. ZPRED ist die standardisierte Vorhersagevariable. Ihre Werte gehen aus denen der Variable PRED durch Standardisierung mittels $\hat{y}=1693,9412$ und $s_{\hat{y}}=16o3,9894$ hervor. Bei identischer Bezeichnung darf diese Standardabweichung nicht mit der geschätzten Standardabweichung für die Vorhersagevariable $\hat{y}$ an einer bestimmten Stelle $x=x_o$ aus Gl. (2-23) verwechselt werden (vgl. auch die Variable SEPRED in Bild 2-4). Auch wenn Rechenungenauigkeiten leichte Abweichungen erkennen lassen, muß für die Beispielregression mit standardisiertem Regressor hier $s_{\hat{y}}=b_2$ gelten (vgl. Gl. (2-11) und den Zähler der Teststatistik F in Gl. (2-28)). Analog zu ZPRED ist auch die Variable ZRESID standardisiert. ZRESID weist als Werte standardisierte Residuenwerte auf (vgl. Bild 2-4). Die Residuenwerte selbst sind Beobachtungen der Variable RESID, also Differenzen $e_i=y_i-\hat{y}_i$, $i=1,\ldots,n$ zwischen Werten von BSP und $\hat{BSP}$. Deren arithmetisches Mittel liegt nach obigen Aussagen notwendig bei Null. Die empirische Standardabweichung der Residuen $s_e=1212,5912$ ist im Gegensatz zum Standardfehler $s=1218,6391o$ in Bild 2-2 (vgl. Abschnitt 2.2.1) auf die um Eins verminderte Beobachtungsanzahl bezogen.

Während der dritte Abschnitt von Bild 3-1 die zehn Fälle, d.h. im Beispiel Länder, mit den absolut größten standardisierten Residuenwerten enthält, zeigt der zweite Abschnitt nur den Wert einer einzigen Teststatistik. Der Durbin-Watson-Test gibt Auskunft darüber, ob die Annahme unkorrelierter Störgrößen u_i in Modell 1-1 (vgl. Abschnitt 1.3.1) aufrechterhalten werden kann. Der ausgedruckte Wert 1,45839 für die zugehörige Teststatistik hängt allein von den Residuenwerten ab. Er soll erst interpretiert werden, wenn im nachfolgenden Abschnitt 3.2 wichtige Annahmen von Modell 1-1 zu überprüfen sind.

In den beiden letzten Abschnitten von Bild 3-1 finden sich graphische Darstellungen der berechneten Residuen. Diese sollen anschließend wegen ihrer großen Bedeutung für eine explorative Modelldiagnose zusammen mit weiteren Diagrammen vorgestellt werden.

3.1.2 Residuendiagramme

Residuendiagramme stellen wichtige Hilfsmittel für jede Modelldiagnose dar. Dabei lassen sich vier grundlegende Typen von Diagrammen unterscheiden. Das einfachste Residuendiagramm entsteht, wenn wie in Bild 2-4 (vgl. Abschnitt 2.3.3) Residuenwerte fallweise in ein Koordinatensystem eingetragen werden. Die SPSS-Prozedur REGRESSION liefert eine solche fallweise Darstellung, wenn an die Befehlsfolge 3-1 der Befehl CASEWISE ALL angehängt wird. Dieser Befehl bewirkt, daß die standardisierten Residuenwerte in der durch die Fallnummer gegebenen Reihenfolge graphisch dargestellt werden. So kennzeichnet in Bild 2-4 ein Stern die jeweilige Lage des standardisierten Residuums auf einer von -3,o bis 3,o laufenden Skala. Der in Bild 3-1 ausgewiesene absolut größte standardisierte Residuenwert von 3,30616 für die Schweiz (Fallnummer 91) liegt als einziger außerhalb der Skalengrenzen. Da die Fallnummern in Tabelle 1-1 (vgl. Abschnitt 1.2.1) jedoch nahezu willkürlich vergeben wurden, ist das Residuendiagramm in Bild 2-4 für Querschnittdaten nur bedingt aussagefähig.

Einen interessanteren Einblick in die Verteilung der standardisierten Residuenwerte gewährleistet dagegen das entsprechende Histogramm in Bild 3-1. In diesem Diagramm sind die vorliegenden Werte standardisierter Residuen klassiert. Der Befehl RESIDUALS bewirkt eine Standardeinteilung möglicher Werte auf 21 Klassen, darunter zwei mit Out gekennzeichnete Ausreißerklassen. Die übrigen 19 Klassen mit den Klassenmitten von -3,oo bis 3,oo verfügen jeweils über eine Breite von 1/3. Für jede Klasse ist in der ersten Spalte die tatsächlich darauf entfallende Beobachtungszahl angegeben und im Histogramm durch eine entsprechende Anzahl von Sternen gekennzeichnet. Das Histogramm selbst wird durch die stilisierte Dichtefunktion einer standardisiert normalverteilten Zufallsvariable überlagert. Dem arithmetischen Mittel von Null und der empirischen Standardabweichung von Eins der standardisierten Residuenwerte stehen also der Erwartungswert von Null und die theoretische Standardabweichung von Eins für die normalverteilte Zufallsvariable gegenüber. Für die genannten Klassen lassen sich damit Beobachtungszahlen ermitteln, die unter der Normalverteilungsannahme als Besetzungszahlen zu erwarten sind. Diese Zahlen sind zum direkten Vergleich mit den tatsächlichen Besetzungszahlen unter Exp N in der zweiten Spalte angegeben. Ihre Berechnung erfolgt mit Hilfe einer im Programmpaket SPSS enthaltenen Tabelle von Prozentpunkten der standardisierten Normalverteilung.

Einen Vergleich vorliegender standardisierter Residuenwerte mit dem Modell der Normalverteilung bietet insbesondere auch der Normal Probability (P-P) Plot als abschließendes Residuendiagramm in Bild 3-1. Dieses Diagramm entsteht wie folgt: Die vorliegenden standardisierten Residuenwerte werden der Größe nach geordnet, um auf der vertikalen Achse die zugehörigen Werte ihrer empirischen Verteilungsfunktion abtragen zu können. Dem stehen auf der horizontalen Achse ebenfalls Funktionswerte einer Verteilungsfunktion gegenüber. Diese Verteilungsfunktion geht von der standardisierten Normalverteilung aus. Sie ist die empirische Verteilungsfunktion der Erwartungswerte von n Ordnungsstatistiken. Letztere ergeben sich aus der größenmäßigen Anordnung von n unabhängigen standardisiert normalverteilten Zufallsvariablen. Prozentpunkte deren Verteilung liefern die angesprochenen Erwartungswerte (vgl. Cook/Weisberg (1982) und Atkinson (1985)). Entscheidend für die Interpretation von Normal Probability Plots ist dann: Nach Konstruktion sind alle Koordinatenpaare immer dann gemäß Bild 3-1 auf der stilisierten Gerade liegend zu erwarten, wenn die eingehenden Beobachtungen Realisationen unabhängig standardisiert normalverteilter Zufallsvariablen darstellen. Wie in Abschnitt 3.2 zu zeigen sein wird, ist das für Residuenwerte in der Regel aber nicht möglich. So finden sich in Bild 3-1 entsprechend auch Abweichungen zwischen eingezeichneten Sternen und der stilisierten Gerade.

Schließlich ist noch auf eine weitere Art der Residuendarstellung hinzuweisen. Diese besteht darin, ein Streudiagramm vorliegender Residuenwerte mit den Werten einer anderen Variable anzufertigen. Die SPSS-Prozedur REGRESSION sieht dafür den Befehl SCATTERPLOT vor (vgl. auch Abschnitt 1.3.1 und Abschnitt 2.1.1). Sollen z.B. die Residuenwerte in standardisierter Form den Werten der Vorhersagevariable gegenübergestellt werden, kann dies über den Befehl SCATTERPLOT = (*RESID,*PRED) geschehen, angehängt an die Befehlsfolge 3-1. Hier ist zu beachten, daß im SCATTERPLOT-Befehl die Variablen RESID und PRED zur Bezeichnung unstandardisierter Residuen- bzw. Vorhersagewerte auftauchen, der Befehl SCATTERPLOT andererseits aber immer Streudiagramme der standardisierten Werte erstellt. Die Befehle SCATTERPLOT = (*RESID,*PRED) und SCATTERPLOT = (*ZRESID , *ZPRED) mit den Variablen ZRESID und ZPRED zur Bezeichnung standardisierter Residuen- bzw. Vorhersagewerte liefern damit identische Diagramme. Für die Beispielregression von BSP auf ERN zeigt Bild 3-2 das entsprechende Streudiagramm.

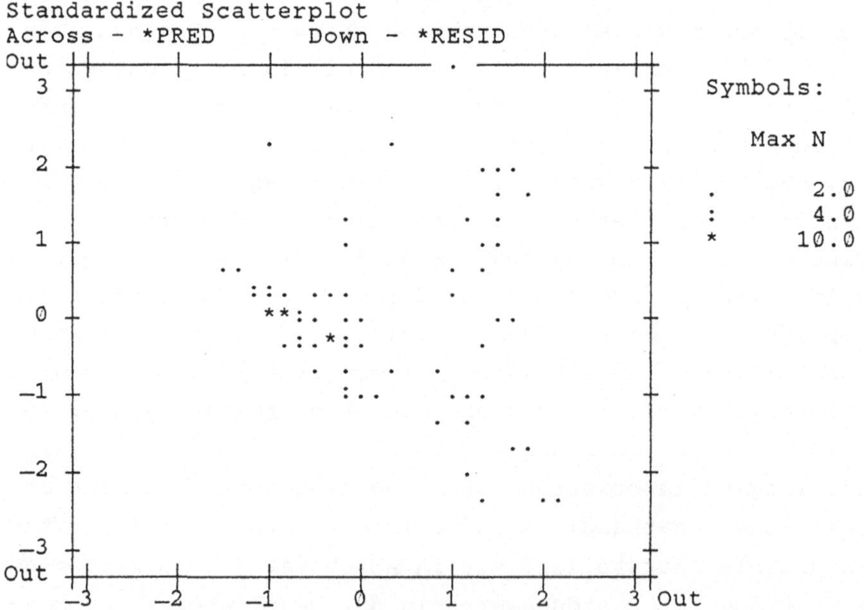

Bild 3-2: Residuen- versus Vorhersagewerte für die Regression
          von BSP auf ERN

3.2 Residuen und Modellannahmen

3.2.1 Verteilung der Residuen

Sollen die Annahmen einfacher linearer Regressionsmodelle durch
eine Residuenanalyse überprüft werden, dann sind dafür Kenntnisse über die Verteilung der Residuen erforderlich. Wie die
Verteilung der Residuen unter den Annahmen von Modell 1-1 (vgl.
Abschnitt 1.3.1) bzw. bei Gültigkeit der Gln. (2-41) bis (2-43)
aussieht, soll jetzt untersucht werden. Dazu ist auf die Matrizendarstellung der Regression im vorangehenden Kapitel zurückzugreifen.

Der Residuenvektor $e=y-\hat{y}$ kann mit Hilfe von Gl. (2-51) in der
Form

$$e = (I - X(X'X)^{-1}X')y = (I - H)y \qquad (3-1)$$

und damit abhängig von der deterministischen Hutmatrix H und
dem zufallsabhängigen Vektor y angegeben werden. Wird in Gl.
(3-1) für y die modellierte Regressionsbeziehung aus Gl. (2-41)
eingesetzt und daneben Gl. (2-42) ausgenutzt, ergibt sich e =
(I-H)u und daraus die Beziehung

$$E(e) = 0 . \qquad (3-2)$$

Wie für den Vektor u der Störgröße im Regressionsmodell gilt
daher auch für den Residuenvektor e, daß jedes einzelne Residuum e_i, i=1,...,n erwartungsgemäß verschwindet. Analog findet
sich mit Gl. (2-43) für die Varianz-Kovarianz-Matrix von e:

$$\text{Cov}(e) = \sigma^2(I - H) . \qquad (3-3)$$

Für die Herleitung von Gl. (3-3) ist von Bedeutung, daß es sich
bei der Matrix H und damit auch bei der Differenz I-H um idem-
potente Matrizen handelt, d.h. z.B. HH=H gilt. Mit k=2 und $\tilde{x}'_i =$
$(1\ x_i)\sim(1,k)$ ist $h_{ii}=\tilde{x}'_i(X'X)^{-1}\tilde{x}_i$ das i-te Hauptdiagonalelement
der Matrix H. Das Residuum e_i besitzt nach Gl. (3-3) damit die
Varianz

$$\text{Var}(e_i) = \sigma^2(1 - h_{ii}) \qquad \text{für } i=1,...,n . \qquad (3-4)$$

Da nicht davon ausgegangen werden kann, daß die Matrix H identische Hauptdiagonalelemente aufweist, sind die Residuen e_i

nach Gl. (3-4) heteroskedastisch. D.h., im Gegensatz zu den unbeobachtbaren Störgrößen u_i im linearen Regressionsmodell besitzen deren Schätzungen e_i keine konstante Varianz σ^2. $\text{Var}(e_i)$ ist jeweils kleiner als σ^2. Das zeigt sich, wenn die für einfache lineare Regressionsmodelle vorgenommene Zerlegung der Matrix $(X'X)^{-1}$ (vgl. Abschnitt 2.5.2) in h_{ii} eingesetzt wird. Es ergibt sich für h_{ii} danach eine positive Untergrenze von $1/n$. Wegen der Idempotenz von H liegt die Obergrenze für h_{ii} bei Eins. Zudem gilt $\Sigma h_{ii}=k$ mit $k=2$, wenn zwei Regressionskoeffizienten zu schätzen sind.

Neben der Annahme konstanter Varianzen ist für die Residuen e_i auch die bezüglich der Störgrößen u_i getroffene Unkorreliertheitsannahme in der Regel verletzt. Mit $h_{ij}=\tilde{x}_i'(X'X)^{-1}\tilde{x}_j$ als beliebigem Element von H außerhalb der Hauptdiagonale gilt nach Gl. (3-3), daß die Kovarianz

$$\text{Cov}(\,e_i\,,\,e_j\,) = \sigma^2 h_{ij} \qquad \text{für } i\neq j \text{ und } i,j=1,\ldots,n. \quad (3-5)$$

Die Residuen e_i und e_j sind für $h_{ij}\neq o$ danach im Gegensatz zu den Störgrößen u_i und u_j korreliert. Wie für die $\text{Var}(e_i)$ kann bis auf σ^2 auch der Wertebereich für die Kovarianz $\text{Cov}(e_i,e_j)$ eingegrenzt werden. Aus Idempotenz und Symmetrie der Hutmatrix H folgt $\sum_j h_{ij}^2=h_{ii}$, daneben für inhomogene Regressionsmodelle auch $\sum_i h_{ij}=\sum_j h_{ij}=1$. Das $\text{Cov}(e_i,e_j)$ bestimmende Element h_{ij} kann also absolut höchstens den Wert Eins erreichen. Der Fall $h_{ii}=1$ kann aber unbeachtet bleiben, da er in der Regel nur für hypothetische Datensätze auftritt. Kovarianzen und Varianzen der Residuen hängen jeweils vom unbekannten Modellparameter σ^2 ab. Wird für σ^2 die Schätzung s^2 aus Gl. (2-12) eingesetzt, ergeben sich entsprechende Varianz- bzw. Kovarianzschätzungen.

Diese Schätzungen können dazu dienen, die Residuenwerte e_i zu standardisieren. Standardisierte Residuenwerte gehen in die verschiedenen Residuendiagramme des vorangehenden Abschnitts ein. Sie ergeben sich, indem die Residuenwerte durch den Standardfehler s (oder s_e) dividiert werden. Nach Gl. (3-4) sind aber die Varianzen der Zufallsvariablen e_i/σ und damit auch e_i/s (e_i/s_e) unter Modell 1-1 für $i=1,\ldots,n$ nicht konstant. Standardisierte Residuen sind in diesem Sinne also gar nicht standardisiert. Um nach der Standardisierung konstante Varianzen vorliegen zu haben, müssen theoretisch die Residuen e_i durch ihre Standardabweichungen als Wurzeln aus der jeweiligen Varianz in Gl. (3-4) dividiert werden. Empirisch bedeutet dies, von den Residuenwerten e_i auf die Residuenwerte

$$r_i = e_i / (s^2 (1-h_{ii}))^{1/2} \quad \text{für } i=1,\ldots,n \qquad (3-6)$$

überzugehen. Voraussetzung dafür ist natürlich, daß h_{ii} kleiner als Eins ausfällt. Die Residuen r_i heißen intern studentisierte Residuen, intern, weil die Varianzschätzung s^2 auch vom Residuum e_i abhängt. Das Adjektiv studentisiert kennzeichnet die Tatsache, daß die Residuen r_i über eine Division der Residuen e_i durch deren geschätzte Standardabweichung gewonnen werden. Es soll nicht auf eine t-Verteilung der Zufallsvariable r_i hindeuten. Zwar gilt nach Gl. (3-1), daß bei normalverteiltem Störgrößenvektor u im linearen Regressionsmodell mit der endogenen Variable y auch der Residuenvektor e normalverteilt ist. Da die Zufallsvariablen e_i und s^2 jedoch naturgemäß korreliert sind, kann das studentisierte Residuum r_i keiner t-Verteilung genügen (vgl. dazu Anhang A). Die Verteilung der Zufallsvariablen r_i läßt sich unter Modell 1-1, u.a. wegen Gl. (3-2) und Gl. (3-4), wie folgt kennzeichnen:

$$E(r_i) = o, \quad Var(r_i) = 1 \quad \text{für } i=1,\ldots,n \qquad (3-7)$$

(vgl. Cook/Weisberg (1982)). Wie die Residuen e_i sind natürlich auch die studentisierten Residuen r_i untereinander korreliert. Im Gegensatz zu den Residuenwerten e_i muß die Summe der Residuenwerte r_i für $i=1,\ldots,n$ aber nicht mehr verschwinden.

Unkorrelierte Residuen können, vom Residuenvektor e ausgehend, auf unterschiedliche Weise erzeugt werden. Zu entsprechenden BLUS- bzw. rekursiven Residuen sei wiederum auf Cook/Weisberg (1982) verwiesen. Da die Elemente von e wegen der Normalgleichungen lediglich n-k Freiheitsgrade aufweisen, lassen sich z.B. auch nur n-k unkorrelierte rekursive Residuen konstruieren. Auf eine ausführliche Betrachtung rekursiver Residuen soll deshalb hier verzichtet werden. Das Prinzip der Rekursivität gilt es jedoch in Abschnitt 3.3 auszunutzen, um extern studentisierte Residuen einzuführen. Für diese Residuen gilt unter den Annah-

men von Modell 1-1 (vgl. Abschnitt 1.3.1) einschließlich der
Normalverteilungsannahme dann auch, daß sie im Gegensatz zu den
Residuen r_i einer t-Verteilung genügen.

3.2.2 Überprüfung der Modellannahmen

Die gewonnenen Ergebnisse über Residuenverteilungen sollen nun
in eine explorative Analyse der Annahmen einfacher linearer Regressionsmodelle eingehen. Wie die vorgenommene Modellkritik
(vgl. Abschnitt 1.3.2) gezeigt hat, sind einige der in Modell
1-1 (vgl. Abschnitt 1.3.1) eingeführten Annahmen durchaus in
Frage zu stellen. Besonders schwerwiegend erscheint, daß bei
verletzten Modellannahmen große Teile der aggregierten Analyse
aus Kapitel 2, insbesondere Intervallschätzungen und Parametertests, wertlos werden. So sind jetzt einzelne Annahmen von Modell 1-1 zu überprüfen. Dies soll an Hand der Beispielregression von BSP auf ERN geschehen. Dabei sind die in Abschnitt 3.1
vorgestellten Residuendiagramme als wichtige explorative Hilfsmittel heranzuziehen. Zur Rolle graphischer Darstellungen in
der explorativen Datenanalyse sei auf Tukey (1977), zur explorativen Regressionsanalyse auf Mosteller/Tukey (1977) verwiesen.

Insbesondere sollen alle die Störgrößen u_i betreffenden Annahmen von Modell 1-1 untersucht werden. Dazu gehört zuerst die
globale Annahme

(i) $E(u_i) = o$ für i=1,...,n .

Ist diese Annahme verletzt, muß von einer fehlspezifizierten
Regressionsbeziehung ausgegangen werden. Die vorliegende Fehlspezifikation kann z.B. darauf beruhen, daß falsche oder zu we-
nige Regressoren in das Regressionsmodell aufgenommen wurden.
Sie kann aber auch darauf zurückzuführen sein, daß die im Gegensatz zur spezifizierten richtige Regressionsbeziehung in den
verknüpften Variablen oder den Regressionskoeffizienten nichtlinear ist. Insoweit umfaßt eine Überprüfung von Annahme (i)
vor allem eine Untersuchung auf mögliche Nichtlinearitäten. Ist
Annahme (i) erfüllt, schwanken die unbeobachtbaren Werte der
Störgrößen u_i zufällig um Null. Gleiches muß dann wegen Gl.

(3-2) aber auch für die beobachteten Residuenwerte e_i gelten.

Mögliche Verletzungen von Annahme (i) schlagen sich danach in Residuendiagrammen nieder. Dabei ist allerdings zu berücksichtigen, daß neben Annahme (i) noch weitere Modellannahmen verletzt sein können. Eine Isolierung bestimmter Annahmeverletzungen in einem einzigen Residuendiagramm wird dadurch erschwert. Nun sind jedoch, wie bereits für die Zerlegung der Stichprobenvarianz gemäß Gl. (2-6) gezeigt wurde, die Residuenwerte e_i und die Vorhersagewerte $\hat{y}_i$ unkorreliert. Um diese Eigenschaft herzuleiten, werden lediglich die Normalgleichungen benötigt. D.h., es geht die als linear in den Regressionskoeffizienten spezifizierte Regressionsbeziehung ein, nicht aber etwaige Annahmen über die Störgrößen u_i. Fehlspezifikationen sind jedoch nach obigen Aussagen ursächlich für eine Verletzung von Annahme (i). Sie müssen sich dann in nichtlinearen Strukturen zwischen Residuen- und Vorhersagewerten zeigen. Dabei ist zu beachten, daß derartige Strukturen mit einer Korrelation von Null zwischen Residuen- und Vorhersagewerten vereinbar sind. Annahme (i) läßt sich also explorativ mit Hilfe eines Residuendiagramms überprüfen, in dem Residuen- und Vorhersagewerte gegenübergestellt werden.

Für die Beispielregression ist diesbezüglich auf Bild 3-2 (vgl. Abschnitt 3.1.2) zurückzugreifen. Darin findet sich das Streudiagramm standardisierter Residuen- und Vorhersagewerte aus einer Regression der Variable BSP auf die Variable ERN. Mit den unstandardisierten sind aber auch die standardisierten Werte unkorreliert. Bild 3-2 zeigt, daß die vertikal aufgetragenen Residuenwerte zufällig um Null schwanken. Eine nichtlineare Beziehung zwischen Residuen- und Vorhersagewerten ist offenkundig nicht erkennbar, wohl aber eine mit steigenden Vorhersagewerten ansteigende Streuung der Residuenwerte. Als Konsequenz kann Annahme (i) für die Beispielregression vorläufig nicht verworfen werden. Das ist aber auch nicht verwunderlich, weil die theoretische Regressionsbeziehung $E(BSP)=\beta_1+\beta_2 ERN$ in Kapitel 1 ausgehend vom Streudiagramm der Variablen BSP und ERN spezifiziert wurde (vgl. auch Abschnitt 2.1.1). Die genannte Regressionsbeziehung muß deshalb aber noch nicht die unbekannte richtige Regressionsbeziehung zwischen den Variablen BSP und ERN sein.

Andererseits bietet das Streudiagramm der in einfachen linearen Regressionsbeziehungen verknüpften Variablen immer dann eine Grundlage für neue Spezifikationen, wenn Residuendiagramme wie in Bild 3-2 Fehlspezifikationen anzeigen. Hinweise auf alternative Spezifikationen mit z.B. transformierten Variablen liefern natürlich auch in diesen Residuendiagrammen auftauchende nichtlineare Strukturen. Ist danach im Gegensatz zur spezifizierten die vermutlich richtige Regressionsbeziehung in den Koeffizienten nichtlinear, so bieten sich in der Regel linearisierende Transformationen an. Für den Erwartungswert des Regressanden als Potenzfunktion des Regressors ist dies z.B. eine doppelte Logarithmierung. Zu linearisierenden Transformationen sei allgemein auf Daniel/Wood (1980) verwiesen. Neben der Logarithmierung beschränken sich notwendige Transformationen einzelner Modellvariablen häufig auf Potenzbildungen mit Potenzen aus dem Intervall $|\overline{-2},\overline{2}|$. Da derartige Transformationen der endogenen Variable auch andere Annahmen für die Störgrößen u_i betreffen, sollen sie in Abschnitt 3.4.1 gesondert diskutiert werden. Über Modelltransformationen entstehende neue Spezifikationen bedeuten aber in jedem Fall, daß die Regressionsanalyse wieder mit der Schätzung von Regressionskoeffizienten beginnen muß. Demnach ist im Rahmen einer Modelldiagnose zuerst Annahme (i) zu untersuchen.

Wird nun umgekehrt Annahme (i) als gültig betrachtet, hat das für die aggregierte Regressionsanalyse aus Kapitel 2 die folgende Konsequenz: Zusätzlich zur Zerlegung der Stichprobenvarianz können jetzt auch die Punktschätzungen der Regressionskoeffizienten β_1 und β_2 interpretiert werden. Die zugehörigen Schätzfunktionen b_1 und b_2 aus den Gln. (2-10) und (2-11) sind erwartungstreu (vgl. Abschnitt 2.3.1). Bezüglich einer Interpretation von Intervallschätzungen und Tests ist aber weiterhin Vorsicht geboten. Hier sind zuvor weitere Modellannahmen zu überprüfen, u.a. die globale Annahme

(ii) $\text{Var}(\,u_i\,) = \sigma^2$ für $i=1,\ldots,n$.

Ist diese Annahme verletzt, sind die Störgrößen u_i nicht länger homoskedastisch. Ursache hierfür kann wiederum eine Art von

Fehlspezifikation sein. Wenn die Annahme (i) verschwindender Erwartungswerte für die Störgrößen u_i erfüllt ist, müssen in der theoretischen linearen Regressionsbeziehung die richtigen Variablen verknüpft sein. Fehlspezifikation kann dann nur noch bedeuten, daß diese Variablen gar nicht oder falsch transformiert worden sind. So können die Modellvariablen z.B. untransformiert in die gewählte Spezifikation eingegangen sein, während sie richtigerweise jeweils dividiert durch die Quadratwurzel des Regressors einzuführen gewesen wären. Damit sind zur Heteroskedastiebereinigung auch gleich Variablentransformationen angezeigt. Welche Transformationen das sein können, bleibt im Einzelfall zu untersuchen. Ist neben Annahme (i) auch Annahme (ii) erfüllt und sind die unbeobachtbaren Störgrößen u_i zusätzlich unkorreliert, dann gibt Gl. (3-4) die Varianz der Residuen e_i an. Diese ist abhängig vom Hauptdiagonalelement h_{ii} der Hutmatrix H und deshalb für verschiedene i nicht konstant. Im Gegensatz zu den Residuenwerten e_i können damit aber die studentisierten Residuenwerte r_i aus Gl. (3-6) Aufschluß über die Gültigkeit von Annahme (ii) geben.

Leider sind die studentisierten Residuenwerte r_i mit den Vorhersagewerten $\hat{y}_i$ leicht korreliert. Diese Korrelation stört jedoch nicht, wenn es gilt, die Varianzen der Zufallsvariablen r_i explorativ zu untersuchen. Ein Streudiagramm, in dem studentisierte Residuenwerte den Vorhersagewerten gegenüberstehen, kann damit zur Überprüfung von Annahme (ii) dienen. Ist diese Annahme neben den anderen genannten erfüllt, müssen nach Gl. (3-7) darin die Residuenwerte r_i mit konstanter Streuung zufällig um Null verteilt sein. Findet sich im Streudiagramm eine abhängig von den Vorhersagewerten variierende Streuung der studentisierten Residuen, deutet das auf eine Verletzung von Annahme (ii) hin. In einem solchen Fall bietet das Streudiagramm Anhaltspunkte für notwendige varianzstabilisierende Variablentransformationen.

Das interessierende Streudiagramm läßt sich über die SPSS-Prozedur REGRESSION erzeugen. Der Befehl RESIDUALS sorgt dort u.a. dafür, daß die intern studentisierten Residuenwerte r_i berechnet werden. Diese sind dann unter dem Variablennamen SRESID

verfügbar. Wird also der Befehl SCATTERPLOT = (*SRESID,*PRED)
an die Befehlsfolge 3-1 (vgl. Abschnitt 3.1.1) angehängt, erzeugt SPSS/PC+ ein Streudiagramm intern studentisierter Residu-
en- und Vorhersagewerte. Für die Beispielregression von BSP auf
ERN ist dieses Streudiagramm in Bild 3-3 wiedergegeben.

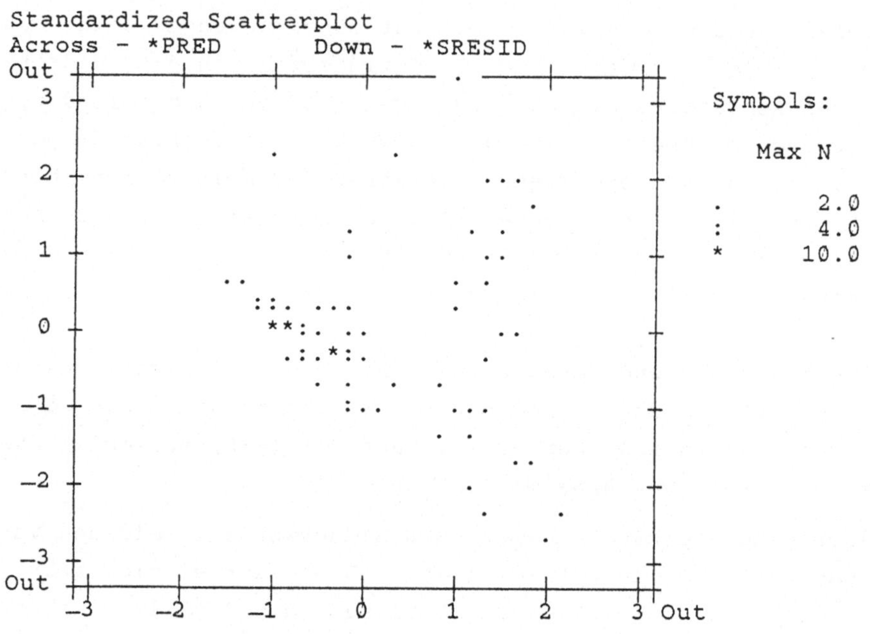

Bild 3-3: Intern studentisierte Residuen- versus Vorhersagewerte für die Regression von BSP auf ERN

Ein Vergleich von Bild 3-3 mit Bild 3-2 (vgl. Abschnitt 3.1.2)
zeigt, daß in beiden Streudiagrammen die Streuung der Residuenwerte mit steigenden Vorhersagewerten ansteigt. Die vorgenommene Studentisierung der Residuenwerte hat insoweit keine Auswirkungen auf die Gestalt des Streudiagramms gehabt. Notwendige
Konsequenz von Bild 3-3 ist nun, daß die Annahme konstanter Varianzen für die Störgrößen u_i im betrachteten Regressionsmodell
nicht aufrechterhalten werden kann. Dies ist aber auch nicht
verwunderlich, da sich die Beobachtungen auf verschiedene Länder mit unterschiedlich großem BSP/Kopf beziehen, die Varianzen
dieser Variable damit naturgemäß schwanken. Wie bei der Analyse
von Querschnittdaten üblich, stellt also Heteroskedastie auch
hier ein zu bereinigendes Problem dar.

Der für die Beispielregression beobachtete Varianzanstieg der Residuen $\hat{r}_i$ und damit der Störgrößen u_i kann über die Vorhersagewerte $\hat{y}_i$ von den Beobachtungen des Regressors x oder des Regressanden y abhängen. Mögliche funktionale Formen dieser Abhängigkeit und damit die varianzstabilisierende Variablentransformation ergeben sich unmittelbar aus dem betrachteten Streudiagramm. Wird z.B. $Var(u_i)=\sigma^2 x_i^2$ unterstellt, ist eine Division des betrachteten Regressionsmodells durch die exogene Variable varianzstabilisierend. Für $Var(u_i)$ proportional zu $E(y_i)^2$ gilt entsprechendes, wenn die endogene Variable y durch ihren Logarithmus ersetzt wird. Die jeweiligen Transformationen sind dann umgehend vorzunehmen. Bei alleiniger Transformation der endogenen Variable sind dabei Auswirkungen auf andere Modellannahmen zu beachten. Durch die Transformation entsteht jeweils eine neue Modellspezifikation, bei der wieder mit der Parameterschätzung und Modelldiagnose angesetzt werden muß. Erst wenn die Annahmen (i) und (ii) als erfüllt gelten können, darf ein solcher Spezifikationsprozeß beendet werden.

Eine detaillierte Untersuchung von Modelltransformationen, die heteroskedastiebereinigend wirken, soll in Abschnitt 3.4.1 erfolgen. Hier ist nochmals darauf hinzuweisen, daß die Schätzung s^2 für σ^2 aus Gl. (2-12) nur dann erwartungstreu ist, wenn u.a. konstante Varianzen für die Störgrößen u_i vorliegen. Ist das nicht der Fall, müssen Konfidenzintervalle für Regressionskoeffizienten verzerrt sein. Die Teststatistiken der in Kapitel 2 vorgestellten Parametertests genügen dann selbst unter der Normalverteilungsannahme nicht mehr den dort genannten Verteilungen (vgl. Abschnitt 1.3.2 und Abschnitt 2.3.1). Für die Beispielregression mit der angezeigten Heteroskedastie heißt das: Intervallschätzungen und Parametertests als Teil der aggregierten Analyse aus Kapitel 2 sind nachträglich in Zweifel zu ziehen. Gleiches gilt, wenn statt der Annahme (ii) die globale Annahme unkorrelierter Störgrößen u_i verletzt ist. Diese Annahme soll als nächste untersucht werden.

(iii) $Cov(\,u_i\,,\,u_j\,) = o$ für $i \neq j$ und $i,j = 1,\ldots,n$.

Ist diese Annahme verletzt, liegen korrelierte Störgrößen vor. Bei Zeitreihenanalysen wird häufig serielle Korrelation unter-

stellt, d.h., zeitlich aufeinander folgende Störgrößen u_i sind
gleich hoch korreliert. Bei der Analyse von Querschnittdaten
ist ein derartiger Korrelationstyp jedoch weniger naheliegend,
da die beobachteten Fälle in einer beliebigen Reihenfolge ange-
ordnet werden können. Das führt dazu, daß dort vorhandene Korrelationen kaum zu identifizieren sind. Ist tatsächlich serielle Korrelation erster Ordnung vorhanden, dann äußert sie sich
erwartungsgemäß wie folgt: Im Falle positiver Korrelation besitzen die Werte benachbarter Störgrößen übereinstimmende, im
Falle negativer Korrelation dagegen unterschiedliche Vorzeichen. Damit schwanken aber wie bei Fehlspezifikation die unbeobachtbaren Werte der Störgrößen u_i nicht mehr zufällig um
Null. Eine Verletzung der Annahme (iii) ist danach von einer
Verletzung der Annahme (i) kaum zu unterscheiden. Wird wie üblich zuerst Annahme (i) überprüft und als Ergebnis Fehlspezifikation ausgeschlossen, dann lassen sich in einem Residuendiagramm verbleibende nichtlineare Strukturen auf eine Verletzung
von Annahme (iii) zurückführen. Dabei ist allerdings zu berücksichtigen, daß die Residuen e_i nach Gl. (3-5) auch dann korreliert sind, wenn die unbeobachtbaren Störgrößen u_i unkorreliert
bleiben. So können die möglicherweise vorhandenen nichtlinearen
Strukturen allein Korrelationen zwischen den e_i zum Ausdruck
bringen und damit fälschlicherweise auf eine Verletzung von Annahme (iii) hindeuten. Da nach der Diskussion im vorangehenden
Abschnitt n unkorrelierte Residuen auch durch Transformationen
nicht zu gewinnen sind, stellt sich die Überprüfung von Annahme
(iii) somit als besonders schwierig dar.

Um festzustellen, ob die Annahme unkorrelierter Störgrößen aufrechtzuerhalten ist, wird für Zeitreihendaten häufig auf fallweise Darstellungen der Residuenwerte e_i zurückgegriffen (vgl.
Bild 2-4 in Abschnitt 2.3.3). Finden sich dort z.B. viele benachbarte Residuenwerte mit gleichem Vorzeichen, dann kann für
die Störgrößen u_i auf positive serielle Korrelation erster Ordnung geschlossen werden. Das ist aber gleichbedeutend damit,
daß der Wert der Teststatistik

$$d = \sum_{i=2}^{n} (e_i - e_{i-1})^2 / \sum_{i=1}^{n} e_i^2 \qquad (3-8)$$

eine kritische Grenze unterschreitet. d ist die Teststatistik des Durbin-Watson-Tests als Test gegen einen autoregressiven Prozeß erster Ordnung für die Störgrößen u_i (vgl. Abschnitt 3.4.2). Prozentpunkte der Verteilung von d unter Annahme (iii) und für normalverteilte Störgrößen u_i liegen tabelliert vor. Die Berechnung solcher Prozentpunkte gestaltet sich schwierig, weil die Residuen e_i ja korreliert sind (vgl. z.B. Frohn (198o)). Führt der Durbin-Watson-Test zur Ablehnung von Annahme (iii), ist eine Autokorrelationsbereinigung vorzunehmen. Dazu bedarf es wie zur Heteroskedastiebereinigung bestimmter Variablentransformationen. Ein Beispiel dafür soll in Abschnitt 3.4.2 vorgestellt werden. Jede Variablentransformation führt aber auf eine veränderte Modellspezifikation, deren Parameter erneut zu schätzen sind und für die eine neue Modelldiagnose erfolgen muß. Erst wenn die Annahmen (i)-(iii) als erfüllt gelten können, ist der zugehörige Spezifikationsprozeß beendet.

Für die Beispielregression von BSP auf ERN weist Bild 3-1 (vgl. Abschnitt 3.1.1) den Wert d=1,45839 für die Teststatistik des Durbin-Watson-Tests aus. Aus einer Tabelle von Prozentpunkten der Verteilung von d (vgl. z.B. bei Frohn (198o)) läßt sich danach ablesen, daß Annahme (iii) bei einem Signifikanzniveau von α=o,o5 zugunsten der genannten Alternative zu verwerfen ist. Es ist also eine positive Korrelation erster Ordnung angezeigt. So finden sich in Bild 2-4 (vgl. Abschnitt 2.3.3) auch viele aufeinander folgende positive bzw. negative Residuenwerte und damit eine nichtlineare Struktur im Residuendiagramm. Daraus aber auf eine Verletzung von Annahme (iii) zu schließen, erscheint problematisch, weil für die untersuchten Länder keine natürliche Reihenfolge gegeben ist. So variiert der berechnete Wert von d abhängig von der gewählten Länderreihenfolge. Andererseits finden sich für in Tabelle 1-1 (vgl. Abschnitt 1.2.1) benachbarte afrikanische Länder (Fälle 3-9) und osteuropäische Länder (Fälle 97-1o1) in Bild 2-4 jeweils gleiche Vorzeichen der Residuenwerte. Trotz ansonsten willkürlicher Anordnung der untersuchten Länder sind damit Hinweise auf vorliegende Korrelationen der Störgrößen u_i gegeben. Ein bestimmtes Korrelationsmuster ist in Bild 2-4 aber natürlich nicht erkennbar. So soll denn auch - wie bei hier vorliegenden Querschnittdaten, d.h. unterschiedlichen Merkmalträgern, üblich - das Problem

der Heteroskedastie höher als das Problem möglicher serieller
Korrelation gewichtet werden. Bei Zeitreihendaten ist die Ge-
wichtung entsprechend umgekehrt. Als Konsequenz wird davon ausgegangen, daß, wenn für die Beispielregression Annahme (iii)
verletzt ist, vorhandene Korrelationen vernachlässigbar klein
ausfallen.

Sind neben Annahme (iii) auch die Annahmen (i) und (ii) erfüllt,
dann ist die Schätzung s^2 für σ^2 aus Gl. (2-12) erwartungstreu
(vgl. Abschnitt 2.3.1). Damit bilden aber auch $s_{b_1}^2$ und $s_{b_2}^2$ als
empirische Varianzen erwartungstreue Schätzungen für die unbekannten Varianzen $Var(b_1)$ und $Var(b_2)$ der Schätzungen b_1 und b_2
in den Gln. (2-13) und (2-14). Bis auf die Bedingung normalverteilter Störgrößen sind damit alle notwendigen Voraussetzungen
für eine Interpretation von Intervallschätzungen und Parametertests gemäß Kapitel 2 gegeben. Als letzte der wichtigen Annahmen in Zusammenhang mit Modell 1-1 (vgl. Abschnitt 1.3.1) ist
somit die globale Annahme

(iv) u_i normalverteilt für i=1,...,n

zu überprüfen. Diese Annahme wird in der Regel verletzt sein,
weil exakte Normalverteilungen in der Realität kaum vorkommen.
Der zentrale Grenzwertsatz liefert aber die Argumentation dafür, daß die Störgrößen u_i im Regressionsmodell wenigstens als
näherungsweise normalverteilt gelten können. Weicht die Verteilung der u_i dagegen wegen z.B. zu stark besetzter Schwänze von
der Normalverteilung ab, kann dies auf einer falsch spezifizierten bzw. fälschlich transformierten endogenen Variable beruhen. In einem solchen Fall führen geeignete Variablentransformationen auf die Normalverteilung zurück.

Nach Gl. (3-1) hängen die beobachtbaren Residuen e_i über die
Beziehung $e=(I-H)u$ linear von den unbeobachtbaren Störgrößen u_i
ab und sind unter Annahme (iv) somit auch normalverteilt. Auf-
schlüsse über Annahme (iv) kann danach die Verteilung der Residuen e_i liefern. Dabei ist allerdings die sogenannte Supernor-
malität der Residuen zu berücksichtigen. Darunter ist folgendes
zu verstehen: Nach obiger Beziehung stellen die Residuen e_i gewichtete Summen der u_i dar. Diese Summen sind bei großen Stich-
probenumfängen aber auch dann annähernd normalverteilt, wenn

die einzelnen Störgrößen u_i nicht einer Normalverteilung genügen. Somit läßt die Verteilung der Residuen vorhandene Verletzungen von Annahme (iv) häufig nicht erkennen.

Trotzdem bleibt diese Verteilung das einzige Instrument zur Überprüfung der Normalverteilungsannahme, die für alle n Störgrößen u_i und damit n einzelne Verteilungen gelten soll. Mit den n Residuenwerten e_i steht aber pro Verteilung nur eine einzige Beobachtung zur Verfügung. Es bietet sich daher - wie hier vorgeschlagen - an, die Normalverteilungsannahme erst zu untersuchen, nachdem die Annahmen (i)-(iii) als gesichert gelten können. In einem solchen Fall sind die Störgrößen u_i unter Annahme (iv) unkorrelierte identisch verteilte Zufallsvariablen. Annahme (iv) reduziert sich damit auf ein einziges Verteilungsmodell, zu dessen Überprüfung n Residuenwerte vorliegen. Als Schätzungen der unbeobachtbaren Störgrößen sollten die Residuen dann nach Möglichkeit auch unkorrelierte identisch verteilte Zufallsvariablen darstellen. Dies ist explizit gefordert, wenn die Residuenwerte in einen Normal Probability Plot (vgl. Abschnitt 3.1.2) eingehen sollen. Dieses Residuendiagramm läßt Abweichungen von der Normalverteilungsannahme erkennen. Es ist für ein solches Residuendiagramm daher abzuwägen, ob korrelierte standardisierte Residuen mit ungleicher Varianz oder korrelierte intern studentisierte Residuen mit konstanter Varianz genutzt werden (vgl. Abschnitt 3.2.1).

Für die Beispielregression soll hier die empirische Verteilung der intern studentisierten Residuen r_i (vgl. Gl. (3-6)) betrachtet werden. Das zugehörige Histogramm und der Normal Probability Plot finden sich im Standardausdruck der SPSS-Prozedur REGRESSION von Bild 3-4. Bild 3-4 wird bei einem Aufruf der Prozedur REGRESSION erzeugt, wenn im Befehl RESIDUALS der Befehlsfolge 3-1 (vgl. Abschnitt 3.1.1) eine Erweiterung um HISTOGRAM (SRESID) NORMPROB(SRESID) erfolgt. Dabei bezeichnet SRESID wie oben als Variablenname intern studentisierte Residuen. Wie ein Vergleich von Bild 3-4 mit Bild 3-1 (vgl. Abschnitt 3.1.1) zeigt, sind die empirischen Verteilungen der standardisierten und der intern studentisierten Residuen nahezu identisch. Da bei der Überprüfung von Annahme (ii) jedoch Heteroskedastie

```
Histogram - Studentized Residual

NExp N          (* = 1 Cases,      . : = Normal Curve)
1  .08    Out  * ·
0  .16    3.00
0  .40    2.67
2  .91    2.33  :*
5 1.86    2.00  *:***
2 3.41    1.67  **.
3 5.60    1.33  ***   .
3 8.23    1.00  ***        .
4 10.8     .67  ****          .
* 12.8     .33  ************:
* 13.5    0.0   ************:**************
* 12.8    -.33  ************:*****
5 10.8    -.67  *****         .
* 8.23  -1.00   *******:**
2 5.60  -1.33   **    .
2 3.41  -1.67   **.
1 1.86  -2.00   *.
2  .91  -2.33   :*
1  .40  -2.67   *
0  .16  -3.00
0  .08    Out
```

Normal Probability (P-P) Plot
Studentized Residual

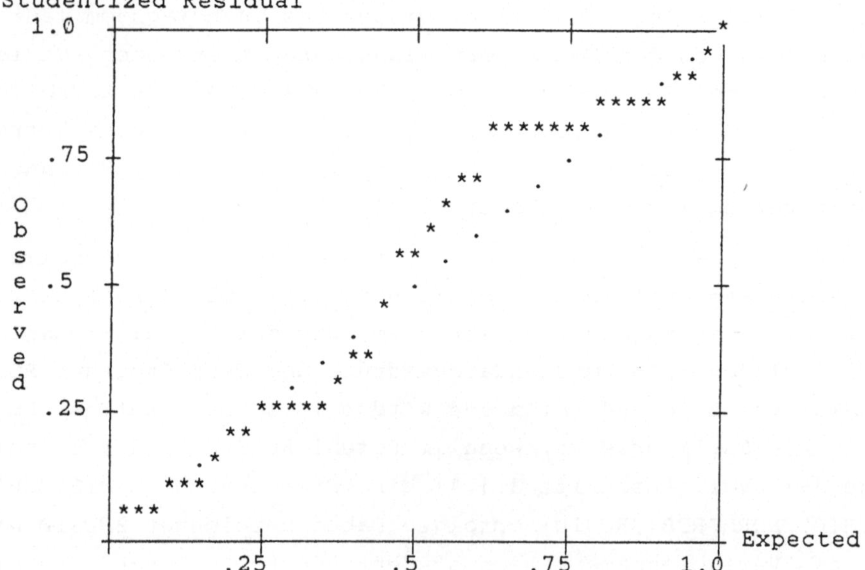

Bild 3-4: Intern studentisierte Residuenwerte für die Regression von BSP auf ERN

festgestellt und bisher noch nicht bereinigt wurde, muß hier

für standardisierte und studentisierte Residuen von variieren-
den Varianzen ausgegangen werden. Um so mehr erstaunt, daß im
Histogramm aus Bild 3-4 die Schwänze bis auf einen Ausreißer
nicht sehr viel stärker als im Normalverteilungsmodell besetzt
sind. Stattdessen sammeln sich mehr Residuenwerte als unter der
Normalverteilung zu erwarten um den Nullpunkt. Dieses Bild spiegelt sich auch im zugehörigen Normal Probability Plot durch
einen S-förmigen Verlauf der eingetragenen empirischen Verteilungsfunktion wider. Da konstante Varianzen der Residuen nach
obigen Untersuchungen nicht vorliegen, dürfen in diesem Residuendiagramm die Abweichungen von der stilisierten Gerade nicht
überinterpretiert werden. Die Entscheidung über Annahme (iv)
soll daher bis zu einer Heteroskedastiebereinigung in Abschnitt
3.4 offen bleiben.

Wird die Normalverteilungsannahme dagegen auf der Basis von Residuendiagrammen wie Bild 3-4 abgelehnt, muß eine Interpretation der in Kapitel 2 vorgestellten Intervallschätzungen und Parametertests entfallen. Einen Ausweg bieten aber auch hier an-
gezeigte Variablentransformationen. Folgen die Störgrößen u_i
und damit auch die endogenen Variablen y_i einem bestimmten
nicht normalverteilten Wahrscheinlichkeitsmodell, dann sind geeignete Transformationen der y_i gerade normalverteilt. Ein Beispiel dafür soll in Abschnitt 3.4.1 vorgestellt werden. Wird
der Regressand entsprechend transformiert, liegt danach eine
neue Modellspezifikation vor. Für diese sind dann erneut Parameterschätzungen vorzunehmen und die Annahmen (i)-(iv) zu überprüfen, ehe Intervallschätzungen und Parametertests interpretiert werden können. Zusätzlich ist hier festzuhalten, daß jede Transformation der endogenen Modellvariable sich auf die Annahme (ii) konstanter Varianzen der Störgrößen auswirkt. So
kann die Bereinigung von Nichtnormalität zu Heteroskedastie,
die Bereinigung von Heteroskedastie zur Nichtnormalität führen.
Die Annahmen (ii) und (iv) sind damit häufig nicht gleichzeitig
zu sichern (vgl. dazu die Heteroskedastiebereinigung in Abschnitt 3.4.1).

Mit der Überprüfung der Normalverteilungsannahme ist die globale Residuenanalyse, soweit sie direkte Rückwirkungen auf die

aggregierte Analyse in Kapitel 2 hat, abgeschlossen. Können danach die untersuchten Annahmen für die Störgrößen u_i als erfüllt gelten, lassen sich Konfidenzintervalle und Parametertests wie in Kapitel 2 interpretieren.

Hier hat für jede der Annahmen (i)-(iv) eine explorative Prüfung stattgefunden. Zu entsprechenden statistischen Tests, u.a. auch dem angesprochenen Durbin-Watson-Test, sei auf Krämer/ Sonnberger (1986) verwiesen. Hinzuweisen bleibt darauf, daß die Annahmen (i)-(iv) - wie gezeigt - nicht isoliert überprüfbar sind. So hat der hier vorgestellten Überprüfung eine bestimmte Reihenfolge mit Rückwirkungen auf die aggregierte Analyse und die Überprüfung weiterer Annahmen zugrunde gelegen. Wie die aggregierte Analyse und die nachfolgende, auch auf einzelne Beobachtungsfälle bezogene Residuenanalyse von Regressionsmodellen ineinander greifen, ist deshalb schematisch nochmals in Anhang C zusammengefaßt.

3.3   Einflußreiche Fälle und Ausreißer

3.3.1 Rekursive Parameterschätzung und Mahalanobis-Abstände

In diesem Abschnitt soll die Diagnose einfacher linearer Regressionsmodelle mit einer Untersuchung auf einflußreiche Fälle und Ausreißer fortgesetzt werden, damit also eine fallbezogene Modelldiagnose im engeren Sinne stattfinden. Einflußreiche Fälle sind Beobachtungspaare (x_i, y_i), deren Entfernung aus dem untersuchten Datensatz die Ergebnisse der betrachteten aggregierten Regressionsanalyse wesentlich verändert. Bei Ausreißern handelt es sich dagegen um außergewöhnlich große oder kleine Beobachtungen. Ausreißer können zu einflußreichen Fällen gehören, müssen es aber nicht. Sollen einflußreiche Fälle aufgespürt werden, dann sind die Schätzungen der Regressionskoeffizienten mit bzw. ohne Einbeziehung dieser Fälle miteinander zu vergleichen. Ein solcher Vergleich basiert entscheidend auf rekursiven Beziehungen zwischen den jeweiligen Schätzvektoren. Er ist natürlich nur angebracht, wenn wenigstens die im vorangehenden Abschnitt überprüfte Annahme erwartungsgemäß verschwindender Störgrößen als gültig betrachtet werden kann. Es sei daran erinnert, daß nur in diesem Fall die zu vergleichenden Schätzungen erwartungstreu sind.

Für die hier einzuführende rekursive Koeffizientenschätzung soll von folgender Schreibweise ausgegangen werden: Für k=2 bezeichne $X_{(i)} \sim (n-1,k)$ die Regressormatrix, in der im Vergleich zur Regressormatrix X aus Gl. (2-4o) die i-te Zeile $\tilde{x}'_i = (1\ x_i) \sim (1,k)$ fehlt. Analog sei mit $y_{(i)} \sim (n-1,1)$ der Beobachtungsvektor der endogenen Variable y bezeichnet, wenn die Beobachtung y_i fehlt. Ohne Einbeziehung von Fall i ergibt sich nach Gl. (2-47) damit der Schätzvektor

$$b_{(i)} = (X'_{(i)} X_{(i)})^{-1} X'_{(i)} y_{(i)} \sim (k,1) \qquad (3-9)$$

für die Regressionskoeffizienten im Vektor $\beta = (\beta_1\ \beta_2)'$ aus Modell 1-1 (vgl. Abschnitt 1.3.1). Die zugehörige Varianz-Kovarianz-Matrix beläuft sich bei unkorrelierten homoskedastischen Störgrößen nach Gl. (2-49) auf

$$\text{Cov}(\ b_{(i)}\ ) = \sigma^2 (X'_{(i)} X_{(i)})^{-1} \sim (k,k) \ . \qquad (3-1o)$$

Von $b_{(i)}$ ausgehend, lassen sich sofort der Vorhersagevektor $\hat{y}_{(i)} = X_{(i)} b_{(i)} \sim (n-1,1)$ und der Residuenvektor $e_{(i)} = y_{(i)} - \hat{y}_{(i)}$ ermitteln. Nach Abschnitt 2.2.2 verfügt der Vektor $e_{(i)}$ über lediglich n-k-1 Freiheitsgrade (k=2 bei $\beta \sim (2,1)$). Die Gl. (2-12) entsprechende erwartungstreue Schätzung für σ^2 ist damit

$$s^2_{(i)} = e'_{(i)} e_{(i)} / (n-k-1) \ . \qquad (3-11)$$

Hier wird implizit gefordert, daß die Beobachtungsanzahl n größer als k+1 ausfällt (vgl. Abschnitt 2.5.1).

Beziehungen zwischen den Schätzvektoren $b_{(i)}$ und b (vgl. Gl. (2-47)) sind nun ausgehend von der offensichtlichen Gleichung $X'_{(i)} X_{(i)} = X'X - \tilde{x}_i \tilde{x}'_i$ zu entwickeln. Ist das Hauptdiagonalelement $h_{ii} = \tilde{x}'_i (X'X)^{-1} \tilde{x}_i$ der Hutmatrix kleiner als Eins, dann besteht zwischen den Inversen $(X'_{(i)} X_{(i)})^{-1}$ und $(X'X)^{-1}$ die in Anhang B unter (i) angegebene Verknüpfung. Wird diese in Gl. (3-9) eingesetzt und dort zudem berücksichtigt, daß $X'_{(i)} y_{(i)} = X'y - \tilde{x}_i y_i$ gilt, folgt sofort die rekursive Beziehung

$$b = b_{(i)} + (X'X)^{-1} \tilde{x}_i e_i / (1 - h_{ii}) \ . \qquad (3-12)$$

Darin gibt $e_i = y_i - \hat{y}_i$ mit $\hat{y}_i = \tilde{x}_i' b$ (vgl. Gl. (2-44)) im Unterschied zum Vektor $e_{(i)}$ das i-te Residuum für den Fall an, daß das Beobachtungspaar (x_i, y_i) nicht ausgeschlossen wird. Mit den Schätzvektoren b und $b_{(i)}$ sind natürlich auch deren Varianz-Kovarianz-Matrizen rekursiv verknüpft. Die genannte Beziehung aus Anhang B liefert hier

$$Cov(b) = Cov(b_{(i)}) - \sigma^2 (X'X)^{-1} \tilde{x}_i \tilde{x}_i' (X'X)^{-1} / (1-h_{ii}) \ . \quad (3-13)$$

Da der Schätzvektor b gegenüber $b_{(i)}$ als zusätzliche Information den Fall i berücksichtigt, zeigt sich die Differenz $Cov(b_{(i)}) - Cov(b)$ als positiv semidefinit. Um eine rekursive Beziehung zwischen den Varianzschätzungen s^2 aus Gl. (2-12) und $s^2_{(i)}$ aus Gl. (3-11) aufzustellen, müssen die zugehörigen Summen von Residuenquadraten verglichen werden. Dazu sind die jeweiligen Normalgleichungen $X'Xb = X'y$ bzw. $X'_{(i)} X_{(i)} b_{(i)} = X'_{(i)} Y_{(i)}$ (vgl. Abschnitt 2.5.2) auszunutzen, daneben Gl. (3-12) und die Gleichung $y'y = y'_{(i)} Y_{(i)} + y_i^2$. Es ergibt sich

$$s^2 = s^2_{(i)} (n-k-1)/(n-k) + e_i^2 / ((n-k)(1-h_{ii})) \ . \quad (3-14)$$

Die Gln. (3-12) bis (3-14) zeigen die entscheidende Rolle von Residuen e_i und Hauptdiagonalelementen h_{ii} auch für diesen Teil der Modelldiagnose. Wie bei den intern studentisierten Residuen r_i aus Gl. (3-6) finden sich hier Quotienten mit Residuen im Zähler und Hauptdiagonalelementen im Nenner. Nach Gl. (3-1) ist aber auch das Residuum e_i vom Hauptdiagonalelement h_{ii} abhängig. Es gilt

$$e_i = (1-h_{ii}) y_i - \sum_{j \neq i} h_{ij} y_j \quad \text{für } i=1,\ldots,n \ . \quad (3-15)$$

Je näher nun h_{ii} am maximalen Wert von Eins liegt, desto größer fallen für gegebenes e_i die Abweichungen zwischen den Parameterschätzungen b und $b_{(i)}$ bzw. s^2 und $s^2_{(i)}$ aus. Desto geringer ist nach Gl. (3-15) aber auch die Auswirkung der Beobachtung y_i auf das Residuum e_i. Ausreißer unter den Beobachtungen der endogenen Variable müssen danach nicht auf Ausreißer unter den Residuenwerten führen. Im Extremfall $h_{ii} = 1$ müssen die Elemente h_{ij} für $j \neq i$ verschwinden (vgl. Abschnitt 3.2.1). Gl. (3-15) liefert dann $e_i = o$, d.h. $y_i = \hat{y}_i$. Damit bestimmt allein die Beobachtung y_i und damit der Fall i den Vorhersagewert $\hat{y}_i$. So nennt

Huber (1981) $1/h_{ii}$ die effektive Anzahl von Fällen, die $\hat{y}_i$ festlegen. Hoaglin/Welsch (1978) sprechen von h_{ii} als leverage oder Hebelkraft, die von y_i auf $\hat{y}_i$ ausgeht.

Beobachtungsfälle mit großen leverage-Werten sind nach diesen Überlegungen einflußreich, wenn es um die Schätzung von Regressionskoeffizienten oder Varianzen geht. Daß hohe leverage-Werte aber auch Ausreißer unter den Beobachtungen der exogenen Modellvariable kennzeichnen, soll jetzt gezeigt werden. So ist nach Definition von h_{ii} und Gl. (2-5o) $\mathrm{Var}(\hat{y}_i)=\sigma^2 h_{ii}$, wenn im betrachteten Regressionsmodell die Störgrößen u_i den für sie formulierten Standardannahmen genügen. Unter Zuhilfenahme der in Abschnitt 2.5.2 eingeführten Zerlegung von $(X'X)^{-1}$ läßt sich diese Varianz aber wie in Gl. (2-22) schreiben. Für die leverage-Werte h_{ii} gilt danach bei einfachen linearen Regressionen

$$h_{ii} = 1/n + (x_i-\bar{x})^2/\Sigma(x_i-\bar{x})^2 \qquad \text{für } i=1,\ldots,n \ . \qquad (3-16)$$

Je weiter also der Beobachtungswert x_i vom arithmetischen Mittel $\bar{x}$ abweicht, desto größer fällt der leverage-Wert h_{ii} aus. Hohe leverage-Werte sind damit aber gleichbedeutend mit großen Mahalanobis-Abständen

$$d_i = (x_i - \bar{x})^2/s_x^2 \qquad \text{für } i=1,\ldots,n \ . \qquad (3-17)$$

Der Abstand d_i entspricht gerade dem Quadrat des standardisierten Wertes der exogenen Variable x im Fall i. Offensichtlich gilt $d_i=(h_{ii}-1/n)(n-1)$.

Für die Beispielregression von BSP auf ERN veranlaßt der Befehl RESIDUALS in der Befehlsfolge 3-1 (vgl. Abschnitt 3.1.1), daß u.a. Mahalanobis-Abstände und auch leverage-Werte berechnet werden. Die berechneten leverage-Werte belaufen sich jedoch auf $h_{ii}-1/n$. Mahalanobis-Abstände können über den Befehl CASEWISE MAHAL, angehängt an die Befehlsfolge 3-1, fallweise ausgedruckt werden. Der diesbezügliche SPSS-Standardausdruck besitzt dann die Gestalt von Bild 2-4 (vgl. Abschnitt 2.3.3). Anstatt einen fallweisen Ausdruck vorzunehmen, sollen hier nur die zehn Fälle mit den größten vorkommenden Mahalanobis-Abständen aufgeführt werden. Ein Ausdruck dieser Fälle erscheint, wenn der Befehl RESIDUALS in der Befehlsfolge 3-1 um OUTLIERS(MAHAL) erweitert

wird (vgl. auch Bild 3-1 in Abschnitt 3.1.1). Es ergibt sich
Bild 3-5.

```
          Outliers - Mahalanobis' Distance

             Case #          *MAHAL

                97          4.43541
               101          3.92451
               100          3.51951
                32          3.51201
                31          3.22933
                98          2.98610
                90          2.90032
                95          2.59542
                88          2.40259
                77          2.36861
```

Bild 3-5: Mahalanobis-Abstände für die Regression von BSP auf
          ERN

Da im Beispiel die exogene Variable ERN standardisiert ist,
gibt Bild 3-5 als Mahalanobis-Abstände die Quadrate der absolut
größten Beobachtungen von ERN an. An der Spitze liegt hier die
Tschechoslowakei (Fallnummer 97) mit einem Wert von 2,1o6 für
den Ernährungsindex (vgl. Tabelle 1-1 in Abschnitt 1.2.1). Dieser Wert ist kleiner als 19/6 und befindet sich damit nicht in
einer der beiden Ausreißerklassen für Beobachtungen standardisierter Variablen, wie sie die Histogramme in Bild 3-1 (vgl.
Abschnitt 3.1.1) und Bild 3-4 (vgl. Abschnitt 3.2.2) ausweisen.
In der Beispielregression sind nach diesem Kriterium keine Ausreißer unter den Beobachtungen der Variable ERN und damit auch
keine Ausreißer unter den Mahalanobis-Abständen vorhanden. Die
Werte der Parameterschätzungen b und s^2 (vgl. Bild 1-1 in Abschnitt 1.1.2) werden also mit Blick auf die exogene Variable
durch keinen der n Beobachtungsfälle stark beeinflußt. Für die
Tschechoslowakei liefert die Beziehung zwischen Mahalanobis-
Abständen und leverage-Werten für letzteren mit n=1o2 den Wert
o,o537. Für k=2 muß nach Abschnitt 3.2.1 das arithmetische Mittel der leverage-Werte bei k/n=o,o196 liegen. Der leverage-
Wert von Fall 97 ist damit größer als 2k/n, so daß dieser Fall
nach einer Faustregel von Hoaglin/Welsch (1978) als leverage-
Punkt zu bezeichnen ist. Das gilt dann aber auch für die Fälle

mit den nächstgrößten Werten der Mahalanobis-Distanz bis zur Fallnummer 98 in Bild 3-5. Diese Fälle sind bei den nachfolgenden Diagnoseschritten im Auge zu behalten.

3.3.2 Extern studentisierte Residuen und Cook-Abstände

Der vorangehende Abschnitt hat gezeigt, wie Ausreißer unter den Mahalanobis-Abständen Parameterschätzungen in Regressionsmodellen beeinflussen. Einflußreiche Fälle können danach durch hohe Mahalanobis-Abstände gekennzeichnet sein. Dabei bleibt jedoch der jeweilige Wert y_i der endogenen Variable y unbeachtet. Weicht dieser stark von den anderen Beobachtungen des Regressanden ab, wird der Vorhersagewert $\hat{y}_i$ auf jeden Fall durch y_i dominiert. Nach Gl. (3-15) hängt damit auch für niedrige leverage-Werte h_{ii} der Wert des Residuums e_i entscheidend von y_i ab. Ausreißer unter den Residuen und nach Gl. (3-12) große Einflüsse auf Schätzwerte von Regressionskoeffizienten können also auch auf Ausreißern unter den Beobachtungen der endogenen Variable beruhen. So taucht im Beispiel die Schweiz (Fallnummer 91) nicht in der Liste der zehn größten Mahalanobis-Abstände (vgl. Bild 3-5) auf. Der für die Schweiz anfallende standardisierte Residuenwert (vgl. Bild 3-1 in Abschnitt 3.1.1) läßt dagegen auf einen Ausreißer für den Wert des BSP/Kopf als endogener Variable schließen. So soll hier zuerst mit Hilfe extern studentisierter Residuen ein entsprechender Ausreißertest vorgestellt werden. Anschließend geht es dann darum, den gemeinsamen Einfluß der Beobachtungen exogener und endogener Modellvariablen auf Parameterschätzungen über Cook-Abstände zu messen. Auch dort ergibt sich ein Test, nämlich ein Test gegen einflußreiche Fälle.

Der Ausreißertest basiert auf vorhergesagten Residuen. Diese ergeben sich auf der Basis des vorangehenden Abschnitts wie folgt: Mit den Schätzvektoren $b_{(i)}$ aus Gl. (3-9) kann für jeden Fall (x_i, y_i) über $\tilde{x}_i' b_{(i)}$ eine Vorhersage für y_i ermittelt werden. Dabei gilt für k=2 wieder $\tilde{x}_i' = (1 \; x_i)$. Die Differenzen $y_i - \tilde{x}_i' b_{(i)}$ heißen dann vorhergesagte Residuen. Ihre Bestandteile y_i und $\tilde{x}_i' b_{(i)}$ stellen unter den strengen Annahmen von Modell 1-1

(vgl. Abschnitt 1.3.1) unabhängige Zufallsvariablen dar, die
bei normalverteilter Störgröße zudem normalverteilt sind. Da
die Schätzfunktion $b_{(i)}$ nicht von y_i abhängt, liegt offensichtlich Unabhängigkeit vor. Die Zufallsvariable y_i soll nun Ausreißer genannt werden, wenn der Erwartungswert $E(y_i)$ vom Erwartungswert $E(\tilde{x}_i' b_{(i)})$ abweicht. Es gilt demnach, fallweise einen
Test von

$$H: E(y_i - \tilde{x}_i' b_{(i)}) = o \text{ gegen } G: E(y_i - \tilde{x}_i' b_{(i)}) \neq o \qquad (3-18)$$

durchzuführen. Ist die Hypothese H verletzt, kann im Fall i für
die Störgröße u_i die Annahme $E(u_i) = o$ nicht mehr gelten. Das betrachtete Regressionsmodell ist dann bezüglich des Falles i
fehlspezifiziert. Diese Fehlspezifikation kann bei der globalen
Überprüfung von $E(u_i) = o$ für $i = 1, \ldots, n$ in Abschnitt 3.2.2 uner-
kannt geblieben sein. Wegen der mit Fehlspezifikationen verbun-
denen Probleme (vgl. Abschnitt 1.3.2) bietet sich folgende Konsequenz an: Bei Ablehnung von H könnte die aggregierte Regressionsanalyse aus Kapitel 2 ohne Fall i von vorn begonnen werden. Ein Beispiel dazu findet sich in Abschnitt 3.4.3.

Da die vorhergesagten Residuen unter obigen Annahmen normalverteilt sind, liegt mit Gl. (3-18) ein Test auf einen hypothetischen Erwartungswert einer normalverteilten Zufallsvariable
vor. Die Hypothese, daß y_i keinen Ausreißer darstellt, ist danach zu verwerfen, wenn der zugehörige vorhergesagte Residuenwert hinreichend weit von Null abweicht. Das führt aber auf extern studentisierte Residuen als Teststatistiken.

Denn nach Gl. (2-5o) gilt unter H für vorhergesagte Residuen,
daß

$$y_i - \tilde{x}_i' b_{(i)} \sim N(o, \sigma^2 (1 + \tilde{x}_i' (X_{(i)}' X_{(i)})^{-1} \tilde{x}_i)) \ . \qquad (3-19)$$

Wird für den unbekannten Varianzparameter in Gl. (3-19) die
Schätzung $s_{(i)}^2$ aus Gl. (3-11) eingesetzt, muß die Zufallsvari-
able $T_i = (y_i - \tilde{x}_i' b_{(i)})/(s_{(i)}^2 (1 + \tilde{x}_i' (X_{(i)}' X_{(i)})^{-1} \tilde{x}_i))^{1/2}$ unter H einer
t-Verteilung mit n-k-1 Freiheitsgraden genügen (vgl. Anhang A).
Die dazu erforderliche Unabhängigkeit der Zufallsvariablen y_i
und $s_{(i)}^2$ ist offensichtlich. Für ein gegebenes Signifikanzniveau α lautet die Entscheidungsregel für den Test aus Gl. (3-18)
danach: Lehne H zugunsten von G ab, wenn

$$|T_i| > t_{n-k-1,\,1-\alpha/2} \; . \tag{3-2o}$$

Fällt der Wert der Teststatistik T_i absolut genommen größer als
der angeführte Prozentpunkt der t-Verteilung aus, dann ist mit
der Zufallsvariable y_i auch deren Wert als Ausreißer aufzufassen. Die Teststatistik T_i läßt sich aber noch in einer zweiten
Schreibweise angeben. Für den Zähler, das vorhergesagte Residuum, folgt nach Gl. (3-12) sofort die Beziehung $y_i - \hat{x}_i' b_{(i)} = e_i/$
$(1-h_{ii})$. Gleichung (i) in Anhang B liefert für den Nennerterm
$1 + \hat{x}_i' (X_{(i)}' X_{(i)})^{-1} \hat{x}_i = 1/(1-h_{ii})$. Es folgt also

$$T_i = r_i' = e_i / (s_{(i)}^2 (1-h_{ii}))^{1/2} \quad \text{für } i=1,\ldots,n \; . \tag{3-21}$$

Wie ein Vergleich mit den intern studentisierten Residuen r_i
aus Gl. (3-6) zeigt, unterscheiden sich diese von T_i lediglich
dadurch, daß dort s^2 aus Gl. (2-12) die Varianzschätzung $s_{(i)}^2$
ersetzt. Da nach obiger Herleitung das Residuum e_i und $s_{(i)}^2$ unabhängige Zufallsvariablen sein müssen, heißen die T_i auch extern studentisierte Residuen. Um die enge Beziehung zu den intern studentisierten Residuen r_i zu verdeutlichen, werden die
extern studentisierten Residuen in Gl. (3-21) mit r_i' bezeichnet. Selbstverständlich können extern studentisierte Residuenwerte in Abschnitt 3.2.2 die dort bei der Überprüfung von Modellannahmen genutzten intern studentisierten Residuenwerte ersetzen.

Tests der Hypothese aus Gl. (3-18) lassen sich auch mit Hilfe
der SPSS-Prozedur REGRESSION durchführen. Der RESIDUALS-Befehl
in der Befehlsfolge 3-1 (vgl. Abschnitt 3.1.1) bewirkt eine Berechnung von Vorhersagewerten $\hat{x}_i' b_{(i)}$ unter dem Variablennamen
ADJPRED (adjusted predicted values), von vorhergesagten Residuenwerten $y_i - \hat{x}_i' b_{(i)}$ unter dem Variablennamen DRESID (deleted
residuals) und von extern studentisierten Residuenwerten r_i' unter dem Variablennamen SDRESID (studentized deleted residuals).
Wie der Standardausdruck von Bild 3-6 zeigt, sind im Beispiel
die zehn Fälle (Länder) mit den absolut größten intern studentisierten Residuenwerten auch die Fälle mit den absolut größten
extern studentisierten Residuenwerten. Bild 3-6 ergibt sich wie
Bild 3-5 über eine Erweiterung des RESIDUALS-Befehls in der Befehlsfolge 3-1 (vgl. Abschnitt 3.1.1), hier um OUTLIERS (SRESID,
SDRESID).

```
Outliers - Studentized Residual

   Case #          *SRESID

     91            3.33940
    101           -2.53950
     97           -2.43958
     11            2.37535
     99           -2.29924
     51            2.25815
     90            2.05903
    102           -2.00549
     94            1.99640
     83            1.87411


Outliers - Studentized Deleted (Press) Residual

   Case #          *SDRESID

     91            3.52501
    101           -2.61242
     97           -2.50297
     11            2.43308
     99           -2.35069
     51            2.30640
     90            2.09357
    102           -2.03682
     94            2.02720
     83            1.89835
```

Bild 3-6: Studentisierte Residuenwerte für die Regression von
         BSP auf ERN

Für den vorgestellten Ausreißertest ist bei n=1o2, k=2 und α=
o,o5 der jeweilige extern studentisierte Residuenwert mit dem
Prozentpunkt $t_{99,\,o,975}$=1,9o4 (vgl. z.B. Frohn (198o)) zu vergleichen. Für die Tschechoslowakei (Fallnummer 97) als Land mit
dem größten vorkommenden Mahalanobis-Abstand (vgl. Bild 3-5)
wie auch für die Schweiz (Fallnummer 91) als Land mit dem absolut größten Residuenwert (vgl. Bild 3-1 in Abschnitt 3.1.1) wären danach z.B. die Beobachtungen der endogenen Variable BSP/
Kopf (vgl. Tabelle 1-1 in Abschnitt 1.2.1) als Ausreißer einzustufen. Eine solche Einstufung setzt nach obiger Herleitung
aber voraus, daß die Störgrößen im analysierten Regressionsmodell alle Standardannahmen erfüllen. Die Überprüfung dieser Annahmen in Abschnitt 3.2.2 hat jedoch Vorbehalte bezüglich der
Homoskedastie- und Normalverteilungsannahme ergeben. Folglich
dürfen die extern studentisierten Residuenwerte r'_i hier nur ex-

plorativ genutzt werden. So weist ein hier nicht aufgeführtes Histogramm der Residuenwerte r'_i lediglich dem Fall 91 eine Ausreißerrolle zu (vgl. dazu Bild 3-4 für die Residuenwerte r_i). Für die Schweiz kann also davon ausgegangen werden, daß die Hypothese in Gl. (3-18) verletzt ist. Ist dies tatsächlich so, dann genügt dieser Fall nicht der ursprünglich für alle Länder spezifizierten Regressionsbeziehung $E(BSP)=\beta_1+\beta_2 ERN$ (vgl. Abschnitt 1.3.1). Diese Beziehung ist dann also bezüglich der Schweiz fehlspezifiziert. Im Rahmen einer Modelltransformation könnte die Schweiz demnach ausgeschlossen werden, die aggregierte Regressionsanalyse aus Kapitel 2 wäre danach mit n-1 Fällen erneut zu beginnen.

Der vorgestellte Ausreißertest bezieht sich lediglich auf die jeweilige endogene Variable im betrachteten Fall. Entsprechend beschreiben die im vorangehenden Abschnitt eingeführten Mahalanobis-Abstände bzw. leverage-Werte lediglich Einflüsse auf Parameterschätzungen, die von der exogenen Variable eines Beobachtungspaares ausgehen. Wie die Residuendarstellung in Gl. (3-15) zeigt, sind die Auswirkungen endogener und exogener Variablen aber nicht voneinander zu trennen. Zudem hängen Residuenwerte e_i in der Regel nicht nur von den Beobachtungen des Falles i ab. Die jetzt einzuführenden Cook-Abstände als Teststatistiken für Tests gegen einflußreiche Fälle tragen dieser Argumentation Rechnung. Sie sind definiert als

$$c_i = (b-b_{(i)})'X'X(b-b_{(i)})/(ks^2) \text{ für } i=1,\dots,n. \quad (3-22)$$

Für Fall i mißt der Cook-Abstand damit den Abstand zwischen den Schätzvektoren b und $b_{(i)}$ mit bzw. ohne Einbeziehung dieses Falles. Der Zähler von c_i läßt sich mit den Vorhersagevektoren $\hat{y}=Xb$ (vgl. Gl. (2-45)) und $Xb_{(i)}$ (vgl. Gl. (3-18)) auch in der Form $(\hat{y}-Xb_{(i)})'(\hat{y}-Xb_{(i)})$ schreiben. Er stellt demnach eine Summe von Abweichungsquadraten zwischen Vorhersagewerten dar. Eine weitere Schreibweise für Cook-Abstände ergibt sich sofort aus Gl. (3-12) und anschließend Gl. (3-6):

$$c_i = e_i^2 h_{ii}/(ks^2(1-h_{ii})^2) = r_i^2 h_{ii}/(k(1-h_{ii})) \quad (3-23)$$

für $i=1,\dots,n$. Danach sind Cook-Abstände c_i lediglich von intern studentisierten Residuen r_i und leverage-Werten h_{ii} abhängig.

Um nun entscheiden zu können, ab welcher Höhe der Cook-Abstand c_i den Fall i als einflußreich kennzeichnet, ist folgende Überlegung notwendig (vgl. Cook (1977)): Wird in Gl. (3-22) der Schätzvektor $b_{(i)}$ durch einen für den Vektor β von Regressionskoeffizienten hypothetischen Vektor $\overset{\circ}{\beta}$ ersetzt, dann genügt die so erhaltene Teststatistik unter den Annahmen von Modell 1-1 (vgl. Abschnitt 1.3.1) einschließlich der Normalverteilungsannahme und der betrachteten Hypothese einer F-Verteilung mit k Zähler- und n-k Nennerfreiheitsgraden (vgl. z.B. auch Frohn (1980)). Demnach kann - wenigstens näherungsweise - auch für die Zufallsvariable c_i, d.h. für Cook-Abstände, von diesem Verteilungsmodell ausgegangen werden. Der Cook-Abstand c_i ist also als F-verteilte Teststatistik für einen fallweisen Test von

$$H: \text{Fall i ist nicht einflußreich} \quad \text{gegen} \qquad (3-24)$$
$$G: \text{nicht } H$$

aufzufassen. Die Hypothese in Gl. (3-24) ist zugunsten der Alternative zu verwerfen, wenn für gegebenes Signifikanzniveau α gilt:

$$c_i > F^k_{n-k,\,1-\alpha} \; . \qquad (3-25)$$

Übersteigt der Wert des Cook-Abstands für den Fall i den genannten Prozentpunkt der F-Verteilung, kann dieser Fall als einflußreich betrachtet werden. Da die Zufallsvariable c_i nur näherungsweise F-verteilt ist, erscheint Weisberg (1985) die Entscheidungsregel aus Ungl. (3-25) aber als zu weitgehend. Er argumentiert stattdessen für die Faustregel, Fälle mit Cook-Abständen größer als Eins als einflußreich einzustufen. Wird danach ein bestimmter Fall als einflußreich aufgefaßt, dann bietet es sich wie bei erkannten Ausreißern z.B. an, diesen Fall aus der Regressionsanalyse auszuschließen, die aggregierte Analyse also ohne diesen Fall erneut zu beginnen und die Ergebnisse beider Regressionsanalysen zu vergleichen.

Tests der Hypothese aus Gl. (3-24) sind auch über die SPSS-Prozedur REGRESSION möglich. So bewirkt der Befehl RESIDUALS=OUTLIERS(COOK) als vierte Zeile der Befehlsfolge 3-1 (vgl. Abschnitt 3.1.1) für die Beispielregression den Standardausdruck von Bild 3-7. Bild 3-7 zeigt die zehn größten vorkommenden

```
        Outliers - Cook's Distance

      Case #        *COOK D      Sig F

         97          .16893      .8448
        101          .16493      .8482
         91          .11266      .8936
         90          .08493      .9186
         99          .07587      .9270
         94          .06511      .9370
         31          .06498      .9371
         32          .06144      .9404
        100          .05687      .9448
         51          .05518      .9463
```

Bild 3-7: Cook-Abstände für die Regression von BSP auf ERN

Cook-Abstände. Diese liegen alle weit unterhalb von Eins, so
daß nach der genannten Faustregel in der Beispielregression
kein einziger Fall als einflußreich zu klassifizieren ist. Werden die in Bild 3-7 unter Sig F angegebenen Werte wieder als
p-Werte (vgl. Abschnitt 2.4.1) interpretiert, dann kann bei
einem Signifikanzniveau von $\alpha=0,05$ analog keiner der aufgeführten Fälle als einflußreich gelten. Diese Interpretation setzt
jedoch voraus, daß für die Regression von BSP auf ERN die Störgrößen u_i den notwendigen Standardannahmen genügen. Das ist
nach Abschnitt 3.2.2 aber zu bezweifeln.

An welcher Stelle die damit vorgestellten fallbezogenen Tests
gegen Ausreißer und einflußreiche Fälle in die schrittweise
vorzunehmende Modelldiagnose eingefügt werden sollten, zeigt
Anhang C.

Bevor nun in Abschnitt 3.4 Modelltransformationen verletzte Modellannahmen zurechtrücken, soll hier für die Beispielregression ein abschließender deskriptiver Überblick über die Werte der
verschiedenen Diagnosestatistiken gegeben werden. Dieser Überblick ist dem Standardausdruck von Bild 3-8 zu entnehmen. Bild
3-8 wird von der SPSS-Prozedur REGRESSION z.B. dann erzeugt,
wenn die Befehlsfolge zur Erstellung von Bild 3-7 eingegeben
wird. Bild 3-8 erweitert den ersten Abschnitt von Bild 3-1
(vgl. Abschnitt 3.1.1). Die jeweiligen Variablennamen sind in
den verschiedenen Abschnitten dieses Kapitels zusammen mit der
jeweiligen Definition erklärt. Eine detaillierte Diskussion

```
Equation Number 1     Dependent Variable..   BSP


Residuals Statistics:

                  Min           Max      Mean    Std Dev      N

*PRED         -601.4114    5072.0073 1693.9412 1603.9894    102
*ZPRED          -1.4310       2.1060     .0000    1.0000    102
*SEPRED        120.6654     282.4479  166.4542   37.7652    102
*ADJPRED      -624.5905    5236.1816 1693.1593 1606.4714    102
*RESID       -3018.5049    4029.0188    -.0000 1212.5912    102
*ZRESID         -2.4769       3.3062    -.0000     .9950    102
*SRESID         -2.5395       3.3394     .0003    1.0091    102
*DRESID      -3172.8997    4110.4238     .7819 1247.2910    102
*SDRESID        -2.6124       3.5250     .0027    1.0266    102
*MAHAL            .0000       4.4354     .9902     .9474    102
*COOK D           .0000        .1689     .0145     .0309    102
*LEVER            .0000        .0439     .0098     .0094    102
```

Bild 3-8: Residuenstatistiken für die Regression von BSP auf
ERN

von Bild 3-8 erübrigt sich daher hier. Es ist lediglich darauf
hinzuweisen, daß neben der Variable PRED auch die Variable ADJ-
PRED ein negatives Minimum aufweist. Die vorliegende Spezifikation mit einer Erklärung der Variable BSP/Kopf durch den Ernährungsindex ERN erscheint damit problematisch.

3.4   Modelltransformationen und -erweiterungen

3.4.1 Heteroskedastiebereinigung

In Abschnitt 3.2 ist für die Beispielregression von BSP auf ERN
die Annahme homoskedastischer Störgrößen verworfen worden. Um
also Intervallschätzungen und Parametertests wie in Kapitel 2
interpretieren zu können, muß zuvor eine Heteroskedastiebereinigung erfolgen. Dafür bieten sich unterschiedliche Modelltransformationen an. Welche Modelltransformation schließlich
gewählt wird, hängt entscheidend von der Struktur des Streudiagramms intern studentisierter Residuen- und Vorhersagewerte
(vgl. Bild 3-3 in Abschnitt 3.2.2), daneben aber auch von theoretischen Überlegungen ab. Hier sollen zwei Klassen möglicher

Modelltransformationen betrachtet werden. Für die erste Klasse
wird angenommen, daß bei Heteroskedastie die Varianzen der
Störgrößen u_i von den Beobachtungen des Regressors abhängen,
für die zweite Klasse dagegen von den jeweiligen Erwartungswerten des Regressanden. Aus diesen Klassen ist für die Beispielregression ein bestimmtes Heteroskedastiemodell auszuwählen.
Dabei sind unterschiedliche Aspekte von Modelltransformationen
und -erweiterungen zu beleuchten.

So zeigt Bild 3-3 für die Beispielregression mit ansteigenden
Vorhersagewerten eine sich vergrößernde Residuenstreuung. Es
ist also davon auszugehen, daß die Varianz der Störgrößen u_i
sich mit ansteigenden Werten des Regressors oder des Erwartungswertes für den Regressanden vergrößert. Damit ist als Heteroskedastiemodell für $Var(u_i)$ eine Proportionalität zu x_i oder
Potenzen größer als Eins davon bzw. zu $E(y_i)$ oder entsprechenden Potenzen davon angezeigt. Mit entsprechend kleineren Potenzen ist zu arbeiten, wenn sich die Störgrößenvarianz bei stei-
gendem x_i bzw. $E(y_i)$ verkleinert. Aus der ersten Klasse sollen
hier Proportionalitäten zu x_i bzw. x_i^2 genauer untersucht werden. Wird in Modell 1-1 (vgl. Abschnitt 1.3.1) im Gegensatz zu
$Var(u_i)=\sigma^2$ nun z.B.

$$Var(\,u_i\,) = \sigma^2 x_i^2 \quad \text{für } i=1,\ldots,n \qquad (3-26)$$

unterstellt, dann wird dieses Modell dadurch zu einem verallgemeinerten linearen Regressionsmodell (vgl. z.B. Frohn (1980)).
Im Gegensatz zur Homoskedastie sollen darin alle anderen Annahmen für die Störgrößen u_i erhalten bleiben. Das verallgemeiner-
te Modell läßt sich durch eine geeignete Modelltransformation
nun auf ein einfaches lineares Regressionsmodell zurückführen.
Wenn Gl. (3-26) gilt, ist die Regressionsbeziehung aus Modell
1-1 dazu lediglich durch x_i zu dividieren. Es entsteht die Beziehung

$$y_i/x_i = \beta_1/x_i + \beta_2 + u_i/x_i \quad \text{für } i=1,\ldots,n \qquad (3-27)$$

mit $Var(u_i/x_i)=\sigma^2$ nach Gl. (3-26). Die Division durch x_i hat
sich also als varianzstabilisierend und damit heteroskedastiebereinigend erwiesen. Zusammen mit den anderen Annahmen aus Modell 1-1 bildet Gl. (3-27) ein neues einfaches lineares Regres-

sionsmodell. Als neuer Regressand taucht darin der Quotient y/x aus der vorherigen endogenen bzw. exogenen Variable auf. Neuer Regressor ist die Variable 1/x mit dem Regressionskoeffizienten β_1, dem bisherigen Regressionskoeffizienten ohne expliziten Regressor. Ohne expliziten Regressor ist dafür jetzt der Regressionskoeffizient β_2. Die neuen Modellvariablen lassen sich in SPSS über den COMPUTE-Befehl erzeugen. Eine aggregierte Analyse des neuen Regressionsmodells kann dann analog zu der des ursprünglichen Modells in Kapitel 2 stattfinden. Diese Analyse beginnt wie üblich mit der Schätzung der Regressionskoeffizienten β_1 und β_2 über die Methode der kleinsten Quadrate. Mit den Beobachtungen y_i nach Gl. (3-27) sind nun auch die Residuenwerte e_i mit dem jeweiligen Faktor $1/x_i$ gewichtet. Die Schätzung der Koeffizienten β_1 und β_2 aus Gl. (3-27) heißt deshalb auch gewichtete Kleinst-Quadrate-Schätzung.

Liegt für Gl. (3-27) die zugehörige geschätzte Regressionsgerade vor, kann anschließend eine Modelldiagnose wie in den Abschnitten 3.2 und 3.3 erfolgen. Es sind also erneut die Annahmen für die Störgröße, jetzt u_i/x_i, zu überprüfen, daneben Tests gegen Ausreißer und eventuell auch gegen einflußreiche Fälle vorzunehmen. Ergebnis dieser Diagnose kann einmal sein, daß Gl. (3-27) als gültige Regressionsbeziehung akzeptiert wird. In diesem Fall lassen sich interpretierbare Vorhersagewerte $\hat{y}_i$ aus der geschätzten Regressionsbeziehung dadurch gewinnen, daß diese mit x_i multipliziert und damit die Transformation zur Heteroskedastiebereinigung rückgängig gemacht wird. Im anderen Fall kann z.B. die Annahme aus Gl. (3-26) verworfen werden. Dann ist nach einem alternativen Heteroskedastiemodell zu suchen. Dieses kann z.B. darin bestehen, für die Varianz der Störgrößen

$$\text{Var}(\,u_i\,) = \sigma^2 x_i \quad \text{für } i=1,\dots,n \tag{3-28}$$

anzunehmen. Zur Heteroskedastiebereinigung ist die Regressionsbeziehung aus Modell 1-1 dann durch $x_i^{1/2}$ zu dividieren. Es ergibt sich ein neues Regressionsmodell mit der Regressionsbeziehung

$$y_i/x_i^{1/2}=\beta_1/x_i^{1/2}+\beta_2 x^{1/2}+u_i/x_i^{1/2} \quad \text{für } i=1,\dots,n. \tag{3-29}$$

In Gl. (3-29) ist neben $\text{Var}(u_i/x_i^{1/2})=\sigma^2$ nach Gl. (3-28) folgendes zu beachten: Das neue Regressionsmodell weist mit $1/x^{1/2}$ und $x^{1/2}$ zwei exogene Variablen auf, ist ansonsten aber homogen (vgl. Abschnitt 2.4.2). Durch die vorgenommene Modelltransformation hat also eine Erweiterung des einfachen auf ein mehrfaches lineares Regressionsmodell (vgl. Modell 1-2 in Abschnitt 1.3.1) stattgefunden. Zur Analyse solcher Modelle sei auf Kapitel 4 verwiesen.

Für die Beispielregression von BSP auf ERN ist das Heteroskedastiemodell in Gl. (3-28) auszuschließen, da der Regressor x = ERN als standardisierte Variable auch negative Beobachtungen besitzt. Negative Werte x_i erschweren aber auch eine Interpretation der Regressionsbeziehung aus Gl. (3-27). Obwohl für die Variable ERN in Tabelle 1-1 (vgl. Abschnitt 1.2.1) kein Wert von Null auftaucht, sind die Werte der Quotienten $y_i/x_i = BSP_i/ERN_i$ breit gestreut. So soll hier das Heteroskedastiemodell aus Gl. (3-26) ebenfalls unberücksichtigt bleiben. Ursächlich dafür ist vor allem, daß mit der Heteroskedastiebereinigung auch verhindert werden soll, daß für die positive endogene Variable BSP weiterhin negative Vorhersagewerte auftauchen (vgl. Bild 2-4 in Abschnitt 2.3.3 und Bild 3-1 in Abschnitt 3.1.1). Letzteres läßt sich insbesondere über alleinige Transformationen der endogenen Variable gewährleisten.

Jede isolierte Transformation der endogenen Variable wirkt sich aber auch auf die Verteilung der Störgrößen u_i in der Regressionsbeziehung aus Modell 1-1 aus. Sind die Störgrößen normalverteilt, aber heteroskedastisch, dann führt eine solche heteroskedastiebereinigende Transformation notwendig zur Nichtnormalität. In der Beispielregression war in Abschnitt 3.2 Heteroskedastie angezeigt, über die Annahme normalverteilter Störgrößen aber noch nicht entschieden. So ist hier eine Transformation der endogenen Variable gesucht, die nach Möglichkeit gleichzeitig die Probleme vorhandener Heteroskedastie und eventuell vorhandener Nichtnormalität bereinigt. Solche Transformationen sind naturgemäß schwer zu finden. Ein möglicher Ansatz besteht darin, für die Störgrößen u_i von einem nicht normalverteilten Wahrscheinlichkeitsmodell auszugehen und dieses dann auf die Normalverteilung zu transformieren. So hat Bild 3-4 (vgl. Abschnitt 3.2.2) für die Beispielregression ein Histogramm studentisierter Residuenwerte mit Schwänzen gezeigt, die etwas stärker als bei einer standardisierten Normalverteilung besetzt sind. Es bietet sich daher an, für die Störgrößen u_i und damit für die endogenen Variablen y_i von einer logarithmischen Normalverteilung auszugehen. D.h., es wird angenommen: Im Gegensatz zu u_i und y_i genügen die logarithmierten Variablen $\ln u_i$ und $\ln y_i$ einer Normalverteilung. Das hat, wie aus Lehrbüchern der mathematischen Statistik zu entnehmen ist, folgende Konsequenz: Sind in Modell 1-1 die Störgrößen u_i unkorreliert und logarithmisch normalverteilt mit

$$\mathrm{Var}(u_i) \text{ proportional zu } E(y_i)^2 \text{ für } i=1,\ldots,n \text{ , } \quad (3\text{-}3\mathrm{o})$$

gilt also eine Proportionalität der Varianz zum Quadrat des Erwartungswertes von y_i, dann verfügen die normalverteilten Störgrößen $\tilde{u}_i$ in der transformierten Regressionsbeziehung

$$\ln y_i = \tilde{\beta}_1 + \tilde{\beta}_2 x_i + \tilde{u}_i \quad \text{für } i=1,\ldots,n \quad (3\text{-}31)$$

über eine konstante Varianz von z.B. $\mathrm{Var}(\tilde{u}_i)=\sigma^2$. Die Ersetzung der endogenen Variable y durch $\ln y$ wirkt damit heteroskedastiebereinigend. Da sich durch eine solche Ersetzung natürlich auch die Regressionskoeffizienten verändern, sind diese in Gl.(3-31) jetzt mit einer Tilde versehen. Besitzen die normalverteilten Störgrößen $\tilde{u}_i$ - wie gewünscht - einen verschwindenden Erwartungswert, so muß der Erwartungswert der logarithmisch normalverteilten und damit positiven Störgrößen u_i selbst aber positiv sein. Die Annahme logarithmisch normalverteilter Störgrößen läßt sich also nicht mit der Annahme von dafür verschwindenden Erwartungswerten vereinbaren. Regressionsmodelle mit logarithmisch normalverteilten Störgrößen sind also fehlspezifiziert. Dieses Resultat spielt jedoch für eine Analyse der Regressionsbeziehung aus Gl. (3-31) keine Rolle. Die Koeffizienten dieser Beziehung lassen sich über die Methode der kleinsten Quadrate schätzen, anschließend kann eine Modelldiagnose erfolgen. Führt diese zu dem Ergebnis, daß die Störgrößen $\tilde{u}_i$ nicht homoskedastisch sind, dann ist das Heteroskedastiemodell aus Gl. (3-3o) zu verwerfen. Für einen solchen Fall finden sich bei Draper/ Smith (1981) und Weisberg (1985) alternative varianzstabilisierende Transformationen der endogenen Modellvariable y. Dazu gehört unter anderem der Übergang von y auf die reziproke Variable $1/y$, wenn im Gegensatz zu Gl. (3-3o) $Var(u_i)$ proportional zu $E(y_i)^4$ gilt, aber auch der Übergang von y auf $y^{1/2}$, wenn $Var(u_i)$ proportional zu $E(y_i)$ ist.

Für die Beispielregression können, wie die nachfolgende Analyse zeigt, solche Zusatztransformationen jedoch entfallen. Ausgehend vom Heteroskedastiemodell in Gl. (3-3o) ist dort die einfache lineare Regressionsbeziehung $\ln BSP_i = \tilde{\beta}_1 + \tilde{\beta}_2 ERN_i + \tilde{u}_i$ (vgl. Gl. (3-31)) zu analysieren. Das kann wieder über die SPSS-Prozedur REGRESSION geschehen. Für diese sind zuerst über den Befehl COMPUTE LNBSP=LN(BSP) die logarithmierten Werte der Variable BSP unter dem Variablennamen LNBSP verfügbar zu machen. Der anschließende Prozeduraufruf soll alle in Kapitel 2 diskutierten Aspekte einer aggregierten Regressionsanalyse mit allen in den Abschnitten 3.1 bis 3.3 diskutierten Aspekten einer auch fallbezogenen Modelldiagnose vereinigen. Als zugehörige Befehlsfolge ergibt sich daher Befehlsfolge 3-2.

```
Befehlsfolge 3-2: Aufruf einer Regressions- und Residuenanalyse
                  (ausführliche Fassung für eine einfache line-
                  are Regression)
                  REGRESSION VARIABLES = LNBSP ERN
                  /DESCRIPTIVES
                  /STATISTICS = DEFAULTS BCOV CI SES
                  /DEPENDENT = LNBSP
                  /METHOD = ENTER
                  /RESIDUALS = OUTLIERS(SRESID,SDRESID,MAHAL,
                                        COOK)
                              HISTOGRAM(SRESID)  NORMPROB(SRESID)
                  /CASEWISE
                  /SCATTERPLOT = (LNBSP,ERN) (*RESID,*PRED)
                                 (*SRESID,*PRED).
```

Die interaktive Eingabe der Befehlsfolge 3-2 veranlaßt SPSS/PC+ zur Erstellung des allerdings etwas länglichen Standardausdrucks von Bild 3-9.

```
                         Mean   Std Dev   Label

            LNBSP         6.673    1.311
            ERN          -.000    1.000

            N of Cases =    102

            Correlation:

                            LNBSP              ERN

            LNBSP           1.000             .840
            ERN              .840            1.000


Equation Number 1     Dependent Variable..   LNBSP

Beginning Block Number  1.  Method:  Enter


Variable(s) Entered on Step Number
     1..      ERN


Multiple R             .83972
R Square               .70513
Adjusted R Square      .70218
Standard Error         .71533

Analysis of Variance
                    DF      Sum of Squares      Mean Square
Regression           1          122.36330        122.36330
Residual           100           51.16938           .51169

F =      239.13381      Signif F =   .0000


---------------------- Variables in the Equation ----------------------

Variable              B        SE B      95% Confdnce Intrvl B        Beta

ERN              1.10071      .07118       .95949      1.24193      .83972
(Constant)       6.67255      .07083      6.53203      6.81307


            Variable      SE Beta         T   Sig T

            ERN            .05430      15.464   .0000
            (Constant)                 94.208   .0000


         Var-Covar Matrix of Regression Coefficients (B)
         Below Diagonal:  Covariance    Above:  Correlation

                        ERN

    ERN             .00507
```

Equation Number 1   Dependent Variable..   LNBSP

Casewise Plot of Standardized Residual

Outliers = 3.   *: Selected   M: Missing

```
            -6.       -3.   3.       6.
   Case #    O:.......:  :.......:O      LNBSP        *PRED        *RESID
      51     .              .. *        .        7.90        5.4926        2.4073
```

Residuals Statistics:

	Min	Max	Mean	Std Dev	N
*PRED	5.0974	8.9906	6.6725	1.1007	102
*ZPRED	-1.4310	2.1060	.0000	1.0000	102
*SEPRED	.0708	.1658	.0977	.0222	102
*ADJPRED	5.1010	9.0646	6.6738	1.1030	102
*RESID	-1.7316	2.4073	-.0000	.7118	102
*ZRESID	-2.4207	3.3653	-.0000	.9950	102
*SRESID	-2.4328	3.4015	-.0009	1.0049	102
*DRESID	-1.7490	2.4594	-.0013	.7260	102
*SDRESID	-2.4956	3.5991	-.0003	1.0187	102
*MAHAL	.0000	4.4354	.9902	.9474	102
*COOK D	.0000	.1252	.0100	.0191	102
*LEVER	.0000	.0439	.0098	.0094	102

Outliers - Studentized Residual

Case #	*SRESID
51	3.40154
9	-2.43280
60	2.25507
18	-2.05357
11	2.01781
13	-1.97185
101	-1.90409
54	1.88483
97	-1.87334
28	-1.84759

Outliers - Studentized Deleted (Press) Residual

Case #	*SDRESID
51	3.59911
9	-2.49558
60	2.30309
18	-2.08777
11	2.04986
13	-2.00126
101	-1.92985
54	1.90961
97	-1.89755
28	-1.87053

Outliers – Mahalanobis' Distance

Case #	*MAHAL
97	4.43541
101	3.92451
100	3.51951
32	3.51201
31	3.22933
98	2.98610
90	2.90032
95	2.59542
88	2.40259
77	2.36861

Outliers – Cook's Distance

Case #	*COOK D	Sig F
51	.12520	.8825
97	.09961	.9053
101	.09272	.9115
99	.03867	.9621
18	.03515	.9655
28	.03181	.9687
9	.02971	.9707
100	.02940	.9710
60	.02603	.9743
91	.02534	.9750

Histogram – Studentized Residual

```
NExp N          (* = 1 Cases,      . : = Normal Curve)
1  .08    Out  *
0  .16   3.00
0  .40   2.67
1  .91   2.33  :
2 1.86   2.00  *:
1 3.41   1.67  * .
3 5.60   1.33  ***    .
* 8.23   1.00  *******:***
* 10.8    .67  **********:******
9 12.8    .33  *********    .
* 13.5   0.0   **************:*
* 12.8   -.33  ************:
* 10.8   -.67  **********:
5 8.23  -1.00  *****    .
4 5.60  -1.33  ****  .
3 3.41  -1.67  **:
5 1.86  -2.00  *:***
1  .91  -2.33  :
0  .40  -2.67
0  .16  -3.00
0  .08    Out
```

Normal Probability (P-P) Plot
Studentized Residual

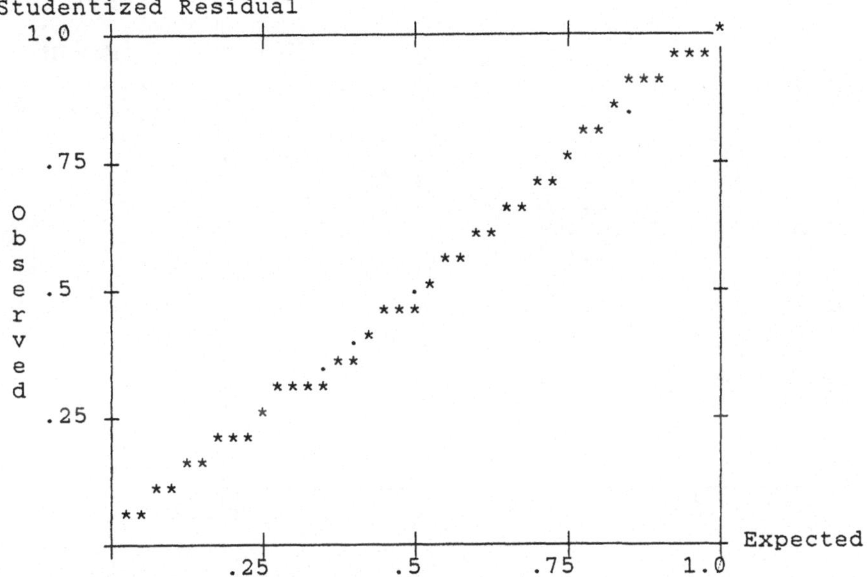

Standardized Scatterplot
Across - ERN   Down - LNBSP

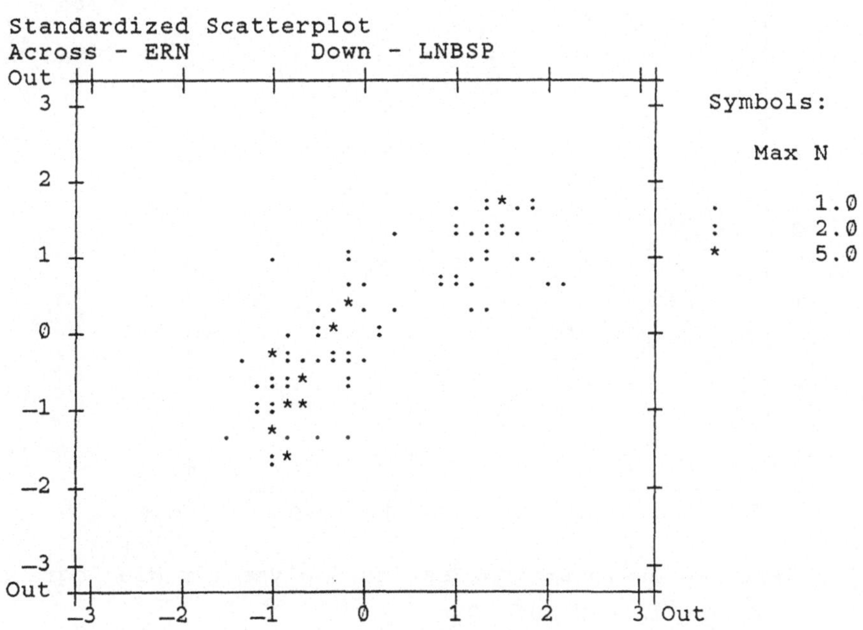

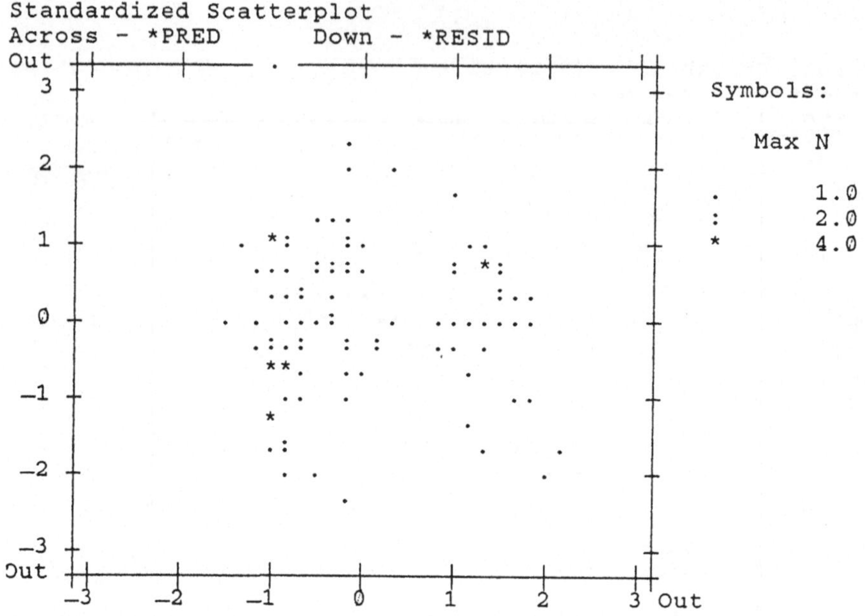

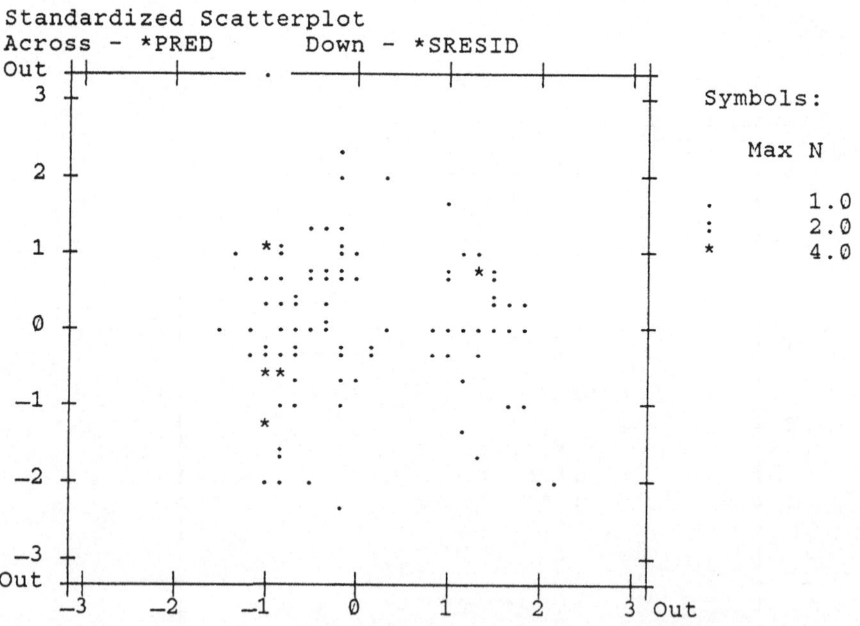

Bild 3-9: Regressions- und Residuenanalyse für die Regression
von ln BSP auf ERN

Die Interpretation von Bild 3-9 soll sich an Anhang C ausrichten und daneben einen Vergleich mit der bisherigen Beispielregression von BSP auf ERN beinhalten. Diese muß fehlspezifiziert gewesen sein, wenn die neue Beispielregression von ln BSP auf ERN als korrekt spezifiziert betrachtet werden kann. Bild 3-9 zeigt zuerst mit r=o,34o für die Variablen ln BSP und ERN eine höhere Korrelation an als sie für die Variablen BSP und ERN vorliegt (vgl. Bild 1-2 in Abschnitt 1.2.1). Dem Streudiagramm der Beobachtungspaare $(ERN_i, ln\ BSP_i)$, i=1,...,n in Bild 3-9 läßt sich damit besser eine Regressionsgerade anpassen als jenem in Bild 2-1 (vgl. Abschnitt 2.1.1), obwohl auch dort keine Nichtlinearitäten erkennbar sind. Der durch die einfache lineare Regression auf ERN erklärte Prozentsatz der Stichprobenvarianz von ln BSP liegt bei R^2=o,71 (vgl. R Square in Bild 3-9) und damit um mehr als sieben Prozentpunkte über dem erklärten Prozentsatz der Stichprobenvarianz von BSP (vgl. Bild 2-2 in Abschnitt 2.2.1). Die Überprüfung der Modellannahmen für die Störgrößen $\tilde{u}_i$ aus Gl. (3-31) zeigt folgendes Ergebnis: (i) Die Annahme $E(\tilde{u}_i)$=o für i=1,...,n ist nicht zu verwerfen, da das Streudiagramm der Residuen- und Vorhersagewerte (Scatterplot *RESID versus *PRED) in Bild 3-9 keine offenkundigen nichtlinearen Strukturen aufweist. (ii) Die Annahme $Var(\tilde{u}_i)=\sigma^2$ für i = 1,...,n kann aufrechterhalten werden, weil im Streudiagramm der intern studentisierten Residuen- und Vorhersagewerte (Scatterplot *SRESID versus *PRED) in Bild 3-9 die Residuenwerte mit konstanter Streuung zufällig um Null verteilt sind. (iii) Die Annahme $Cov(\tilde{u}_i, \tilde{u}_j)$=o für i≠j und i,j=1,...,n kann bei vorliegenden Querschnittdaten als erfüllt gelten. (iv) Die Annahme $\tilde{u}_i$ normalverteilt für i=1,...,n darf nach einer Analyse des Histogramms und des Normal Probability Plot der intern studentisierten Residuenwerte in Bild 3-9 als gültig angesehen werden. Damit ist aber das für die bisherige Beispielregression vorliegende Heteroskedastieproblem beseitigt, das Heteroskedastiemodell aus Gl. (3-3o) demnach als angemessen zu betrachten. Mit der Variablentransformation von y=BSP auf ln y=ln BSP sind zudem zuvor vorhandene Nichtnormalitäten (vgl. Bild 3-4 in Abschnitt 3.2.2) verschwunden. Als Konsequenz können die Störgrößen der zuvor betrachteten Regression von BSP auf ERN nicht länger einen Erwartungswert von Null aufweisen. Das zugehörige zuvor analysierte Regressionsmodell ist als fehlspezifiziert anzusehen.

Demgegenüber kann für die Variablen y=BSP und x=ERN nun die Regressionsbeziehung aus Gl. (3-31) als korrekt spezifiziert gelten, der Spezifikationsprozeß damit abgeschlossen werden, wenn mögliche Ausreißer unter den Zufallsvariablen y_i vorerst unbeachtet bleiben. Dann sind in Bild 3-9 nämlich Punkt- und Intervallschätzungen sowie Parametertests gemäß Kapitel 2 zu interpretieren. Die geschätzte Regressionsbeziehung lautet ln $\hat{BSP}$ = 6,67+1,1oERN. Im Gegensatz zur ursprünglichen Regression fallen jetzt auch alle Vorhersagewerte positiv aus. Der kleinste Vorhersagewert liegt bei PRED=5,1o.

Bevor Tests gegen Ausreißer und einflußreiche Fälle erfolgen, ist ein Blick aus leverage-Werte bzw. Mahalanobis-Abstände angebracht. Da sich im Gegensatz zur endogenen die exogene Modellvariable nicht verändert hat, sind die in Bild 3-9 ausgedruckten zehn größten vorkommenden Mahalanobis-Abstände diejenigen aus Bild 3-5 (vgl. Abschnitt 3.3.1). Wie zuvor sind damit die sechs Fälle mit den größten Mahalanobis-Abständen auch hier leverage-Punkte. Anders sieht es bei den extern studentisierten Residuen r_i' als Teststatistiken in Ausreißertests aus. Deren absolut größte Werte (Variable SDRESID) unterscheiden sich in Bild 3-9 kaum von den absolut größten Werten der intern studentisierten Residuen r_i (Variable SRESID). Die Größenordnung der extern studentisierten Residuenwerte stimmt auch mit der der entsprechenden Werte in Bild 3-6 (vgl. Abschnitt 3.3.2) überein. Anders als dort sind hier aber die notwendigen Annahmen für die Störgrößen $\tilde{u}_i$ als erfüllt anzusehen und damit die extern studentisierten Residuen r_i' als t-verteilt zu betrachten (vgl. Abschnitt 3.3.2). Für ein Signifikanzniveau von α=o,o5 mit dem Prozentpunkt $t_{99,\ o,975}$=1,984o heißt das nach Ungl. (3-2o) aber, daß die endogenen Variablen ln BSP_i der sechs Länder mit den absolut größten extern studentisierten Residuenwerten signifikante Ausreißer sind. Das gilt insbesondere für Puerto Rico (Fallnummer 51), wo der Befehl CASEWISE auch den zugehörigen Wert des standardisierten Residuums e_i/s als Ausreißer kennzeichnet. Ist also z.B. Puerto Rico Ausreißerland, dann hat im Gegensatz zu obigen Aussagen mit der Beziehung aus Gl. (3-31) doch noch eine Fehlspezifikation vorgelegen. In diesem Fall sind sämtliche Punkt- und Intervallschätzungen sowie Parametertests aus Bild 3-9 nachträglich in Zweifel zu ziehen, daneben könnte Puerto Rico von der weiteren Analyse dieser Beziehung ausgeschlossen werden. Damit wäre, am Cook-Abstand gemessen, dann auch das auf Parameterschätzungen nach Bild 3-9 einflußreichste Land ausgeschlossen. Die größten vorkommenden Cook-Abstände sind aber alle kleiner als Eins, so daß auch Puerto Rico nicht als einflußreiches Land betrachtet werden muß.

Hinsichtlich des für die Prüfung auf Homoskedastie entscheidenden Streudiagramms der intern studentisierten Residuen- und Vorhersagewerte ist aber nicht davon auszugehen, daß der Ausschluß eines einzigen Landes wie Puerto Rico die Struktur des Streudiagramms entscheidend ändert. So kann, auch ohne eine zusätzliche Überprüfung, mit der Regressionsbeziehung aus Gl. (3-31) das Heteroskedastieproblem als beseitigt gelten. Für die Indikatordebatte ist mit der Regression von ln BSP auf ERN also eine erste Regressionsbeziehung gefunden, für die bis auf potentielle Ausreißer alle Annahmen von Modell 1-1 als erfüllt anzusehen sind. Da diese Regression ein Bestimmtheitsmaß von $R^2=0,71$ liefert, ist der logarithmierte Indikator BSP/Kopf zu großen Teilen durch den Ernährungsindex erklärt, der Indikator BSP/Kopf damit auch durch eine nichtlineare Transformation des synthetischen Ernährungsindex größtenteils ersetzbar (vgl. Abschnitt 1.2.1 und Kockläuner (1987)).

3.4.2 Autokorrelationsbereinigung

Obwohl für die betrachtete Beispielregression kein bestimmtes Korrelationsmuster erkennbar gewesen ist, soll hier eine mögliche Form der Autokorrelationsbereinigung vorgestellt werden. Diese ist besonders dann interessant, wenn im Gegensatz zur Beispielregression Zeitreihendaten in eine Regressionsanalyse eingehen. Dann liegen für aufeinander folgende Zeitpunkte oder -räume als Beobachtungen der endogenen Variable Beobachtungen

an einem einzigen Merkmalträger vor. Sind die zugehörigen Störgrößen seriell korreliert, wird die endogene Variable dann auch
als autokorreliert bezeichnet. Ein spezielles Autokorrelations-
muster ist mit autoregressiven Prozessen erster Ordnung gegeben, gegen die der Durbin-Watson-Test die Annahme unkorrelierter Störgrößen überprüft (vgl. Abschnitt 3.2.2). Die Störgrößen
u_i für Zeitpunkte oder -räume i genügen einem solchen Korrela-
tionsmodell, wenn

$$u_i = \rho u_{i-1} + \varepsilon_i \quad \text{für } i=2,\ldots,n \, , \tag{3-32}$$

wobei ε_i als zusätzliche Störgröße sämtliche Standardannahmen
für Störgrößen aus Modell 1-1 (vgl. Abschnitt 1.3.1) erfüllen
soll. Die Konstante ρ gibt dann gerade die Korrelation zwischen
den Störgrößen u_i und u_{i-1} an. Wird in Modell 1-1 die Annahme
unkorrelierter Störgrößen durch Gl. (3-32) ersetzt, entsteht
wie im Fall bestimmter Heteroskedastieannahmen ein verallgemei-
nertes lineares Regressionsmodell (vgl. z.B. Frohn (193o)). Es
läßt sich leicht zeigen, daß unter den genannten Voraussetzungen die Störgrößen u_i in Gl. (3-32) weiterhin verschwindende
Erwartungswerte und konstante Varianzen aufweisen. Gelingt es
also, durch eine geeignete Modelltransformation eine Autokorrelationsbereinigung vorzunehmen, dann ist das vorliegende ver-
allgemeinerte damit auf ein einfaches lineares Regressionsmodell zurückgeführt.

Die entsprechende Modelltransformation ergibt sich wie folgt:
Unter den Annahmen für die Störgröße ε_i in Gl. (3-32) sind die
Differenzen $u_i - \rho u_{i-1} = \varepsilon_i$ notwendig unkorreliert. Diese Differen-
zen bilden aber gerade die Störgrößen in der einfachen linearen
Regressionsbeziehung

$$y_i - \rho y_{i-1} = \beta_1 (1-\rho) + \beta_2 (x_i - \rho x_{i-1}) + \varepsilon_i \tag{3-33}$$

für $i=2,\ldots,n$. Diese Beziehung entsteht, wenn die Regressionsbeziehung in Modell 1-1 für Zeitpunkte oder -räume i und i-1
angesetzt und anschließend das ρ-fache von y_{i-1} von y_i subtra-
hiert wird. In Gl. (3-33) finden sich mit $y_i - \rho y_{i-1}$ für $i=2,\ldots,n$
neue Beobachtungen einer endogenen Variable, daneben mit $x_i -$
ρx_{i-1} auch neue Beobachtungen einer exogenen Variable. Die Anzahl der Beobachtungen für diese Variablen beträgt n-1. Ist der

Wert von ρ bekannt, lassen sich die Werte der neuen Modellvariablen im Programmpaket SPSS über den COMPUTE-Befehl erzeugen.
Anschließend kann wie in Kapitel 2 eine aggregierte Analyse des
neuen Regressionsmodells erfolgen. Leider ist in der Regel aber
nicht davon auszugehen, daß der Wert von ρ vorliegt. So stellt
Gl. (3-33) für die Extremfälle $\rho=\pm1$ zwar eine leicht handhabba-
re Regressionsbeziehung dar, ansonsten ist die auf Gl. (3-33)
führende Modelltransformation aber nur dann operational, wenn
der Koeffizient ρ durch einen geeigneten Schätzwert ersetzt
wird. Eine Möglichkeit zur Schätzung von ρ ergibt sich aus dem
Autokorrelationsmodell in Gl. (3-32). Dieses Modell stellt mit
den endogenen Variablen u_i, den exogenen Variablen u_{i-1}, den
Störgrößen ε_i und dem unbekannten Koeffizienten ρ ein homogenes
Regressionsmodell (vgl. Abschnitt 2.4.2) dar. Werden nun die
unbeobachtbaren Störgrößen u_i durch die Residuenwerte e_i aus
einer das Autokorrelationsproblem nicht beachtenden Schätzung
der Regressionsbeziehung in Modell 1-1 ersetzt, läßt sich auch
der Koeffizient ρ in Gl. (3-32) über die Methode der kleinsten
Quadrate schätzen. Einsetzen dieses Schätzwertes für ρ in Gl.
(3-33) führt aber lediglich dann zur gewünschten Autokorrelationsbereinigung, wenn der Schätzwert zufällig mit ρ übereinstimmt. Die Rückführung von durch Autokorrelation entstandenen
verallgemeinerten auf einfache lineare Regressionsmodelle
bleibt somit problematisch.

Natürlich sind im Anschluß an die aggregierte Analyse von Gl.
(3-33) wieder sämtliche Annahmen für die Störgrößen ε_i im Rahmen einer Modelldiagnose zu überprüfen. Treten dabei Widersprüche zur Annahme unkorrelierter Störgrößen auf, ist das Autokorrelationsmodell aus Gl. (3-32) nachträglich zu verwerfen. Ande-
renfalls ist Gl. (3-33) als gültige Regressionsbeziehung zu ak-
zeptieren. Der mit der Autokorrelationsbereinigung fortgesetz-
te Spezifikationsprozeß ist abgeschlossen, wenn für die erhaltene Regressionsbeziehung anschließend vorzunehmende Tests gegen Ausreißer kein signifikantes Ergebnis zeigen. Die zugehörige geschätzte Regressionsgerade erlaubt dann, schrittweise von
einer Beobachtung y_0 für die Ausgangsperiode ausgehend, interpretierbare Vorhersagewerte $\hat{y}_i$ zu gewinnen. Dazu ist die geschätzte Regressionsbeziehung nur nach $\hat{y}_i$ aufzulösen.

3.4.3 Regression ohne Ausreißer

Liegen unter den endogenen Variablen y_i der Regressionsbeziehung aus Modell 1-1 (vgl. Abschnitt 1.3.1) Ausreißer vor, dann
ist damit das Modell selbst fehlspezifiziert (vgl. Abschnitt
3.3.2). Dieser Art von Fehlspezifikation als alleiniger Verletzung der Annahmen von Modell 1-1 kann dadurch begegnet werden,
daß die Ausreißerfälle nicht länger in die Regressionsanalyse
eingehen. Aggregierte Analyse und anschließende Modelldiagnose
sind dann also mit verminderter Anzahl von Fällen erneut durchzuführen. Der Übergang vom Ausgangsmodell auf ein Modell mit
einer verkleinerten Beobachtungsanzahl ist als Modelltransformation aufzufassen, weil die spezifizierte Regressionsbeziehung
nun nicht mehr für $i=1,\ldots,n$ gilt. Die gleiche Transformation
bietet sich auch dann an, wenn einflußreiche Fälle diagnostiziert worden sind. In beiden Fällen ist es interessant, die Ergebnisse von Regressionsanalysen mit bzw. ohne Einbeziehung
dieser Fälle zu vergleichen.

Für die Beispielregression von BSP auf ERN konnten in Abschnitt
3.3.2 keine signifikanten Ausreißer festgestellt werden, da Heteroskedastie vorlag. Nach der Heteroskedastiebereinigung besitzt die Schweiz (Fallnummer 91) als vorheriger Kandidat für
einen Ausreißerfall aber keinen absolut großen extern studentisierten Residuenwert mehr (vgl. Bild 3-9). Stattdessen ist für
die neue Beispielregression von ln BSP auf ERN Puerto Rico
(Fallnummer 51) potentieller Ausreißerfall (vgl. Abschnitt
3.4.1). Als Beispiel für eine Regressionsanalyse ohne Ausreißer
soll daher hier die Regression von ln BSP auf ERN ohne die
Fallnummer 51 erneut analysiert werden. Der Ausschluß von Puerto Rico erfolgt in der SPSS-Prozedur REGRESSION z.B. über den
Befehl SELECT IF ($CASENUM NE 51). Wird dieser Befehl der Be-
fehlsfolge 3-1 (vgl. Abschnitt 3.1.1) vorangestellt, liefert
diese Befehlsfolge mit LNBSP als endogener Variable und RESIDU-
ALS=OUTLIERS(SDRESID) den Standardausdruck von Bild 3-1o. Wie
ein Vergleich mit Bild 3-9 zeigt, ist durch den Ausschluß Puerto Ricos der Wert des Bestimmtheitsmaßes angestiegen. Da Widersprüche zu den Standardannahmen für die Störgröße im betrachteten Regressionsmodell nicht mehr vorliegen und Puerto Rico nach

```
Equation Number 1     Dependent Variable..    LNBSP


Variable(s) Entered on Step Number
   1..     ERN


Multiple R              .85845
R Square                .73694
Adjusted R Square       .73429
Standard Error          .67606

Analysis of Variance
                   DF        Sum of Squares        Mean Square
Regression          1          126.76255           126.76255
Residual           99           45.24884             .45706

F =      277.34399        Signif F =   .0000
```

Equation Number 1   Dependent Variable..   LNBSP


```
----------------- Variables in the Equation ------------------

Variable            B         SE B        Beta        T  Sig T

ERN            1.12682      .06766      .85845     16.654  .0000
(Constant)     6.64844      .06727                 98.826  .0000
```

```
            Outliers - Studentized Deleted (Press) Residual

          Case #        *SDRESID

               9        -2.60700
              59         2.49224
              11         2.19604
              18        -2.14336
             100        -2.09143
              53         2.06959
              13        -2.06639
              96        -2.06233
              28        -1.90814
              98        -1.77239
```

Bild 3-1o: Regression von ln BSP auf ERN ohne Ausreißer

Bild 3-9 auch nicht als einflußreicher Fall angesehen werden
konnte, haben die Schätzwerte für die Regressionskoeffizienten
aus Gl. (3-31) sich nur leicht verschoben. Der Ausschluß des
potentiellen Ausreißerfalles hat damit nur marginale Auswirkungen auf das Ergebnis der durchgeführten Regressionsanalyse gehabt. Insbesondere sind für die verbleibenden Fälle mit Bezug
auf die Größenordnung der extern studentisierten Residuenwerte

auch kaum Änderungen auszumachen. Für ein hinreichend kleines
Signifikanzniveau, z.B. $\alpha=o,oo5$ mit dem Prozentpunkt $t_{98,\ o,995}$
$=2,628$ (vgl. z.B. Frohn (198o)) finden sich natürlich nun keine
signifikanten Ausreißer mehr (vgl. Ungl. (3-2o)).

Ausreißerfragen sind damit aber noch nicht abschließend beant-
wortet. Sie werden in Abschnitt 4.5 wieder aufgenommen. Es
zeigt sich nämlich, daß Ausreißer nicht aus einer Regressionsanalyse ausgeschlossen werden müssen. Stattdessen ist es durch
geeignete Spezifikation qualitativer Variablen möglich, ein
einfaches lineares Regressionsmodell mit Ausreißern unter den
endogenen Variablen als mehrfaches lineares Regressionsmodell
zu spezifizieren. Die Einbeziehung von Ausreißern führt damit
wie bestimmte heteroskedastiebereinigende Transformationen zu
einer Modellerweiterung.

4 Mehrfache lineare Regression

In diesem Kapitel wird die angewandte Regressionsanalyse der
Kapitel 2 und 3 auf mehrere Regressoren erweitert. Dazu werden
neben dem Ernährungsindex weitere Indikatoren für Entwicklung
bzw. Unterentwicklung zur Erklärung des BSP/Kopf herangezogen.
Für die Diskussion wird dabei auf die in Kapitel 2 eingeführte
Matrizendarstellung der Regression zurückgegriffen. Die Analyse
mehrfacher linearer Regressionen erfolgt wieder über die SPSS-
Prozedur REGRESSION.

So findet sich in Abschnitt 4.1 das Ergebnis einer aggregierten
Regressionsanalyse. Darin wird die geschätzte Regressionsbeziehung über Bestimmtheitsmaße beurteilt, die zugehörigen Parameterschätzungen werden interpretiert. Parametertests erfolgen
auf der Basis weitgehender Modellannahmen. Während in Abschnitt 4.1 damit lediglich der Inhalt von Kapitel 2 auf mehrere Regressoren erweitert wird, geht Abschnitt 4.2 darüber hin-
aus. Hier werden die Auswirkungen korrelierter Regressoren auf
Parameterschätzungen untersucht. Dabei spielen auch partielle
Residuendiagramme eine Rolle. Ein Toleranzkriterium stellt die

Verbindung zwischen Kollinearität, Parametertests und -schät-
zungen her.

Diese Verbindungen werden auch ausgenutzt, wenn es in Abschnitt
4.3 gilt, aus einer Menge möglicher Regressoren eine optimale
Auswahl zu treffen. Im Gegensatz zu den sonstigen Abschnitten
dieses Buches liegt hier die Modellspezifikation nicht von
vornherein fest. Stattdessen stellt die Prozedur REGRESSION
für die Regressoren eine Reihe von Auswahlverfahren bereit.
Nach erfolgter Auswahl und anschließender Parameterschätzung
kann eine Residuenanalyse vorgenommen werden. Dies geschieht in
Abschnitt 4.4 mit dem Ziel, wie in Kapitel 3 Modellannahmen zu
überprüfen, aber auch gegen Ausreißer und einflußreiche Fälle
zu testen. Ergebnis der Residuenanalyse können notwendige Modelltransformationen sein.

Zu den Modelltransformationen gehört auch eine Einbeziehung
qualitativer Variablen. Regressionsmodelle mit quantitativen
und qualitativen Variablen werden in Abschnitt 4.5 betrachtet.
Die dort vorgestellten Modelle der Kovarianz- und Varianzanalyse sind somit spezielle Modelle der Regressionsanalyse.

4.1   Parameterschätzung und Parametertests

4.1.1 Schätzung einer Regressionsebene

Bei der einfachen linearen Regression in Kapitel 2 ging es darum, eine unbekannte Regressionsgerade mit Hilfe von n Beobachtungspaaren zu schätzen. Grundlage dafür war die Regressionsbeziehung aus Modell 1-1 (vgl. Abschnitt 1.3.1) mit nur einem
Regressor. In diesem Kapitel soll die Regressoranzahl größer
als Eins sein und daher von Modell 1-2 (vgl. Abschnitt 1.3.1)
ausgegangen werden. Mit k-1 Regressoren $x_2,\ldots,x_k$ und den Beobachtungsvektoren $(x_{i2},\ldots,x_{ik},y_i)$, $i=1,\ldots,n$ lautet die mehrfache lineare Regressionsbeziehung dieses als korrekt spezifiziert angesehenen Modells in Vektorform wie in Gl. (4-1) (vgl.
dazu Gl. (2-39)). Darin ist auf der linken Seite der Beobachtungsvektor $y=(y_1,\ldots,y_n)'\sim(n,1)$ enthalten.

$$
\begin{bmatrix} y_1 \\ \cdot \\ \cdot \\ y_i \\ \cdot \\ \cdot \\ y_n \end{bmatrix} = \begin{bmatrix} 1 \\ \cdot \\ \cdot \\ 1 \\ \cdot \\ \cdot \\ 1 \end{bmatrix} \beta_1 + \begin{bmatrix} x_{12} \\ \cdot \\ \cdot \\ x_{i2} \\ \cdot \\ \cdot \\ x_{n2} \end{bmatrix} \beta_2 + \ldots + \begin{bmatrix} x_{1k} \\ \cdot \\ \cdot \\ x_{ik} \\ \cdot \\ \cdot \\ x_{nk} \end{bmatrix} \beta_k + \begin{bmatrix} u_1 \\ \cdot \\ \cdot \\ u_i \\ \cdot \\ \cdot \\ u_n \end{bmatrix} \, . \qquad (4\text{-}1)
$$

Der Beobachtungsvektor y und die Regressormatrix

$$
X = \begin{bmatrix} 1 & x_{12} & \cdots & x_{1k} \\ \cdot & \cdot & \cdots & \cdot \\ \cdot & \cdot & \cdots & \cdot \\ 1 & x_{n2} & \cdots & x_{nk} \end{bmatrix} \sim (n,k) \qquad (4\text{-}2)
$$

(vgl. Gl. (2-4o)) sollen zur Schätzung des Vektors $\beta=(\beta_1,\ldots,\beta_k)'$ $\sim(k,1)$ von unbekannten konstanten Regressionskoeffizienten genutzt werden. Mit der Annahme erwartungsgemäß verschwindender Störgrößen u_i, $i=1,\ldots,n$, liegen durch den Vektor β die n über

$$
E(\,y\,) = X\beta \sim (n,1) \qquad (4\text{-}3)
$$

beschriebenen Punkte einer (k-1)-dimensionalen theoretischen Regressionsebene fest (vgl. dazu die Gln. (2-41) und (2-42)). Die Regressionsebene selbst besitzt die Gleichung

$$
E(\,y\,) = \beta_1 + \beta_2 x_2 + \ldots + \beta_k x_k \sim (1,1) \qquad (4\text{-}4)
$$

(vgl. Gl. (2-2)). Über eine Schätzung von β gilt es, diese Regressionsebene zu schätzen. Dazu stehen die n k-dimensionalen Beobachtungsvektoren zur Verfügung.

Die Schätzung des Parametervektors β soll wie bei der einfachen linearen Regression über die Methode der kleinsten Quadrate erfolgen. Dieses Schätzverfahren ist in Abschnitt 2.1.2 beschrieben und hier sinngemäß zu übertragen. So ergibt eine Minimierung der Summe von Residuenquadraten den Schätzvektor $b\sim(k,1)$. Der Vektor b ist in Gl. (2-47), seine Varianz-Kovarianz-Matrix Cov(b) unter den Annahmen von Modell 1-2 in Gl. (2-49) eingeführt. Die dort für einfache lineare Regressionen vorhandene Dimension k=2 ist jetzt lediglich durch k>2 zu ersetzen, da die Regressormatrix X in Gl. (4-2) über k>2 Spalten verfügen soll. Mit dem Schätzvektor $b=(b_1,\ldots,b_k)'\sim(k,1)$ ist aber die Gleichung

$$
\hat{y} = b_1 + b_2 x_2 + \ldots + b_k x_k = \tilde{x}'b \sim (1,1) \qquad (4\text{-}5)
$$

einer geschätzten (k-1)-dimensionalen Regressionsebene festgelegt (vgl. dazu Gl. (2-1) und Gl. (2-44)). Durchläuft $\tilde{x}'$ =
$(1\ x_2\ \ldots\ x_k) \sim (1,k)$ darin nacheinander alle Zeilen der Regressormatrix X, dann liefert die Vorhersagevariable $\hat{y}$ nach Modell
1-2 erwartungstreue Punktschätzungen für die Elemente des Erwar-
tungswertvektors E(y) aus Gl. (4-3) (vgl. Abschnitt 2.3.3).
Gleiches gilt dann natürlich hinsichtlich Gl. (4-4). Die durch
Gl. (4-5) beschriebene Regressionsebene stellt damit eine Schätzung für die theoretische Regressionsebene gemäß Gl. (4-4) dar.
Die Schätzungen b_j, j=1,...,k aus Gl. (4-5) sind wie folgt zu
interpretieren: Der Wert von b_2 zeigt z.B. die datenabhängige
tendenzielle Änderung des Wertes der endogenen Variable y an,
die sich ergibt, wenn sich der Wert des Regressors x_2 um eine
Einheit verschiebt, alle anderen Regressorwerte aber konstant
bleiben. Da wie im Fall der einfachen linearen Regression der
Punkt mit den Koordinaten $(\overline{x}_2,\ldots,\overline{x}_k,\overline{y})$ auf der geschätzten Regressionsebene liegt, gilt

$$b_1 = \overline{y} - b_2\overline{x}_2 - \ldots - b_k\overline{x}_k \ . \tag{4-6}$$

Die Schätzfunktionen b_2 bis b_k lassen sich wegen Gl. (2-47)
nicht in ähnlich anschaulicher Form angeben.

Auf der Basis von Modell 1-2 soll nun eine theoretische Regressionsebene exemplarisch geschätzt werden. Dafür wird die Beispielregression aus den Kapiteln 2 und 3 erweitert. Zur Erklärung des BSP/Kopf soll jetzt nicht mehr nur ein Ernährungsindex,
sondern zusätzlich noch ein Landwirtschaftsindex, ein zweiter
Lebensstandardindex und ein Bevölkerungsindex herangezogen werden. Die Beobachtungen dieser Indikatoren für Entwicklung bzw.
Unterentwicklung finden sich für n=1o2 Länder in Tabelle 1-1
(vgl. Abschnitt 1.2.1), eine statistische Indikatorbeschreibung
liefert Bild 1-2 (vgl. Abschnitt 1.2.1). Das zu analysierende
mehrfache lineare Regressionsmodell verfügt mit den Variablennamen BSP, ERN, LWS, LS2 und BEV nach Gl. (4-1) also über die
Regressionsbeziehung

$$
\begin{bmatrix} BSP_1 \\ \cdot \\ \cdot \\ BSP_n \end{bmatrix} = \begin{bmatrix} 1 & ERN_1 & LWS_1 & LS2_1 & BEV_1 \\ \cdot & \cdot & \cdot & \cdot & \cdot \\ \cdot & \cdot & \cdot & \cdot & \cdot \\ 1 & ERN_n & LWS_n & LS2_n & BEV_n \end{bmatrix} (\beta_1 \ \ldots \ \beta_5)' + \begin{bmatrix} u_1 \\ \cdot \\ \cdot \\ u_n \end{bmatrix} \text{,worin } n=1o2.
$$

Die darin gewählte Reihenfolge der Regressoren erscheint vorerst willkürlich, erleichtert jedoch im weiteren Verlauf bestimmte Schreibweisen.

Bevor nachfolgend eine aggregierte Analyse der genannten Regressionsbeziehung einsetzt, ist noch folgender Hinweis angebracht: Wenn jetzt neben dem Ernährungsindex weitere Regressoren einbezogen werden, bedeutet dies eine neue Modellspezifikation. Wird diese nachfolgend als korrekt betrachtet, muß rück-
blickend die Beispielregression der Kapitel 2 und 3 mit ERN als
alleinigem Regressor fehlspezifiziert gewesen sein. Damit sind
dann aber auch rückwirkend alle dort vorgestellten Ergebnisse
als hinfällig zu betrachten.

Zur Schätzung der Parameter in der Beispielregression wird wieder die SPSS-Prozedur REGRESSION aufgerufen. Die zugehörige Befehlsfolge ergibt sich in Erweiterung der Befehlsfolge 1-1
(vgl. Abschnitt 1.1.2) als Befehlsfolge 4-1.

Befehlsfolge 4-1: Prozeduraufruf
                 REGRESSION VARIABLES = BSP TO BEV
                 /DEPENDENT = BSP
                 /METHOD=ENTER.

Die erste Zeile der Befehlsfolge 4-1 zeigt an, daß alle Variablen von BSP bis BEV aus Tabelle 1-1 in die Regressionsanalyse
eingehen sollen. Danach wird für die durchzuführende mehrfache
lineare Regression BSP als endogene Variable festgelegt und angezeigt, daß alle exogenen Variablen in einem Schritt zur Erklärung von Schwankungen zwischen den Beobachtungen von BSP
herangezogen werden sollen.

Die interaktive Eingabe der Befehlsfolge 4-1 läßt SPSS/PC+ den
Standardausdruck von Bild 4-1 erstellen. Bild 4-1 gilt es nun
zu interpretieren und mit Bild 1-1 (vgl. Abschnitt 1.1.2) für
die einfache lineare Beispielregression von BSP auf ERN zu vergleichen. Dabei sind die Annahmen aus Modell 1-2, insbesondere
die Störgrößen u_i betreffend, jeweils zu berücksichtigen (vgl.
auch Anhang C).

Bild 4-1 weist die durch $\hat{BSP}$=1693,9+995,7ERN-79o,1LWS+42,4LS2+

Equation Number 1   Dependent Variable..   BSP

Variable(s) Entered on Step Number
  1..   BEV
  2..   LWS
  3..   LS2
  4..   ERN

Multiple R   .84274
R Square   .71021
Adjusted R Square   .69826
Standard Error   1104.52971

Analysis of Variance
                    DF   Sum of Squares   Mean Square
Regression   4   290020479.78436   72505119.94609
Residual   97   118338629.86270   1219985.87487

F =   59.43111   Signif F =   .0000

------------------- Variables in the Equation -------------------

Variable   B   SE B   Beta   T   Sig T

BEV   9.03465   221.37640   4.4929E-03   .041   .9675
LWS   -790.07905   187.15641   -.39292   -4.221   .0001
LS2   42.35756   202.31271   .02106   .209   .8346
ERN   995.66824   260.82086   .49516   3.817   .0002
(Constant)   1693.91942   109.36474   15.489   .0000

Bild 4-1: Regression von BSP auf ERN, LWS, LS2 und BEV

$9, o$BEV beschriebene geschätzte Regressionsebene aus. Die Koeffizienten dieser Ebene bilden den Schätzvektor $b=(b_1,\ldots,b_5)'$ für $\beta=(\beta_1,\ldots,\beta_5)'$. Sie finden sich mit zusätzlichen Nachkommastellen unter B im unteren Abschnitt von Bild 4-1. Wie gut sich die angegebene Regressionsebene dem fünfdimensionalen Streudiagramm der Indikatorwerte anpaßt, zeigt in Bild 4-1 dagegen der obere Abschnitt. Dort ist analog zu Abschnitt 2.2 eine Zerlegung der Stichprobenvarianz für die endogene Variable y=BSP vorgenommen. Für diese Zerlegung werden nach Gl. (2-6) die Vorhersagewerte $\hat{y}_i=\hat{BSP}_i$, $i=1,\ldots,n$ benötigt. Sie ergeben sich durch einsetzen der i-ten Zeile $\tilde{x}'_i=(1\ ERN_i\ LWS_i\ LS2_i\ BEV_i)$ der Regressormatrix X in die Gleichung der geschätzten Regressionsebene. Mit den Werten von $\hat{BSP}_i$ für $i=1,\ldots,n$ sind aber auch die zugehörigen Residuenwerte $e_i=BSP_i-\hat{BSP}_i$ festgelegt. Das Bestimmt-

heitsmaß R^2 (vgl. Gl. (2-7)), der multiple Korrelationskoeffizient $r_{y\hat{y}}$ (vgl. Gl. (2-8)) und das korrigierte Bestimmtheitsmaß
$\bar{R}^2$ (vgl. Gl. (2-9)) lassen sich damit für die mehrfache analog
zur einfachen linearen Regression einführen. In Bild 4-1 liegt
der Wert des Bestimmtheitsmaßes (R Square) mit $R^2=0,71$ oberhalb
des Wertes $R^2=0,64$ für die einfache lineare Regression von BSP
auf ERN (vgl. Bild 1-1). Durch die Hinzunahme der Regressoren
LWS, LS2 und BEV erklärt die Regression jetzt also einen höheren Prozentsatz der Stichprobenvarianz von BSP. Das zeigt wegen
$r_{y\hat{y}}=R$ natürlich auch ein Vergleich der jeweiligen multiplen
Korrelationskoeffizienten (Multiple R). Es hat sich aber auch
der Wert des korrigierten Bestimmtheitsmaßes (Adjusted R Square)
beim Übergang von der einfachen zur mehrfachen linearen Regression vergrößert. Die Summe der Residuenquadrate besitzt jetzt
nur noch $n-k=1o2-5=97$ Freiheitsgrade. Gegenüber Bild 1-1 hat
sich aber die Summe der Residuenquadrate so stark vermindert,
daß die in das korrigierte Bestimmtheitsmaß eingehende Schätzung $s^2=1\ 219\ 985,9$ für die Störgrößenvarianz σ^2 (vgl. Gl.
(2-12) und Residual Mean Square) nun einen kleineren Wert annimmt. Zusätzliche Regressoren haben damit zu einer Verkleinerung des Standardfehlers (Standard Error) s geführt. Diese Verkleinerung schlägt sich im korrigierten Bestimmtheitsmaß nieder
und zeigt auf diese Weise den im Vergleich mit Bild 1-1 nun für
die mehrfache lineare Regression zu beobachtenden gestiegenen
Erklärungswert der Regressoren an.

Nach der Schätzung s^2 sind jetzt die Schätzungen $b_1,\dots,b_5$ für
die anderen Parameter der an Modell 1-2 ausgerichteten Beispielregression einer näheren Betrachtung zu unterziehen. Da alle
Regressoren standardisiert und damit zentriert sind (vgl. Bild
1-2 in Abschnitt 1.2.1), gilt nach Gl. (4-6) $b_1=\overline{BSP}$. Wie in
Bild 1-1 ist der Wert der Regressionskonstante b_1 gleich dem
arithmetischen Mittel der Beobachtungen für die endogene Variable. Daß der hier ausgewiesene Wert für b_1 leicht von dem in
Bild 1-1 abweicht, ist auf Rechenungenauigkeiten zurückzuführen. Hinsichtlich der Werte von b_2 bis b_5 sind zuerst die Vorzeichen von Interesse. Diese Vorzeichen sollten mit den Vorzeichen der jeweiligen Korrelation zwischen Regressor und Regressand übereinstimmen (vgl. Bild 1-2). Das ist bis auf die Vari-

able BEV für alle anderen Regressoren der Fall. Steigt also der
Wert der Variable ERN um eine Einheit und bleiben die Werte der
anderen Regressoren konstant, dann steigt bei vorhandener positiver Korrelation zwischen den Variablen BSP und ERN auch der
Wert der Vorhersagevariable $\hat{BSP}$ an und zwar gerade um den Wert
von b_2. Analog lassen sich danach die Werte von b_3 und b_4 interpretieren. Demgegenüber stellt sich die Interpretation des
positiven Wertes von b_5 bei negativer Korrelation zwischen den
Variablen BSP und BEV als problematisch dar. Wie in Abschnitt
4.2 zu erläutern sein wird, sind solche Vorzeichenunterschiede
auf Korrelationen mit anderen Regressoren zurückzuführen. Diese
Korrelationen bewirken auch, daß der Wert von b_2 und damit der
isolierte Einfluß von ERN auf BSP hier kleiner ausfällt als in
Bild 1-1.

Unter den Annahmen von Modell 1-2 sind die Schätzungen s^2, b_1,
...,b_5 erwartungstreu, die Schätzungen b_1,...,b_5 zudem effizi-
ent (vgl. Abschnitt 2.3.1). Die geschätzten Standardabweichungen von b_1,...,b_5 ergeben sich dann über Gl. (2-49), nachdem
dort die Schätzung s^2 für σ^2 eingesetzt ist. Diese Standardabweichungen, nachfolgend mit s_{b_1},...,s_{b_5} bezeichnet, weisen für
die Beispielregression die in Bild 4-1 unter SE B aufgelisteten
Werte auf. Diese Werte werden anschließend unter anderem für
die Berechnung von Intervallschätzungen benötigt.

Die in Abschnitt 2.3.1 geführte Diskussion unterschiedlich ska-
lierter Modellvariablen mit ihren Einflüssen auf Parameterschätzungen läßt sich leicht auf mehrfache lineare Regressionen
übertragen. Mit Bezug auf geschätzte Beta-Koeffizienten $b_j s_{x_j}/s_y$, $j=2,...,k$ und damit standardisierte Variablen lautet die
Gl. (4-5) der geschätzten Regressionsebene nun

$$(\hat{y}-\bar{y})/s_y = (b_2 s_{x_2}/s_y)(x_2-\bar{x}_2)/s_{x_2} + ...$$

$$+ (b_k s_{x_k}/s_y)(x_k-\bar{x}_k)/s_{x_k} \qquad (4-7)$$

(vgl. Gl. (2-17)). Hier gibt s_{x_j}, $j=2,...,k$ die empirische
Standardabweichung des Regressors x_j an. Für die Beispielregression sind die Werte der geschätzten Beta-Koeffizienten in
Bild 4-1 ausgewiesen. Ihre Interpretation entspricht der für
die Werte der Schätzungen b_2,...,b_5.

4.1.2 Intervallschätzungen und Tests

Nachdem Punktschätzungen für die Regressionskoeffizienten β_j, $j=1,\ldots,k$ aus Gl. (4-1) vorgestellt wurden, sollen davon ausgehend jetzt Intervallschätzungen entwickelt und über Parametertests Modellvergleiche vorgenommen werden. Dazu ist auf sämtliche Annahmen von Modell 1-2 (vgl. Abschnitt 1.3.1) und die Normalverteilungsannahme für die Störgrößen u_i zurückzugreifen. Diese Annahmen führen für die Schätzungen b_j der Regressionskoeffizienten β_j auf folgendes Normalverteilungsmodell:

$$b_j \sim N(\beta_j, \sigma^2 (X'X)^{-1}_{jj}) \qquad \text{für } j=1,\ldots,k \qquad (4\text{-}8)$$

(vgl. die Gln. (2-18) und (2-19)). In Gl. (4-8) ist die $\text{Var}(b_j)$ durch das j-te Hauptdiagonalelement der Matrix $(X'X)^{-1}$ festgelegt (vgl. Gl. (2-49)). Wird für σ^2 die Schätzung s^2 aus Gl. (2-48) eingesetzt, ergibt sich $s^2_{b_j}=s^2(X'X)^{-1}_{jj}$ als geschätzte Varianz von b_j. Damit sind nach Anhang A aber die Zufallsvariablen $(b_j-\beta_j)/s_{b_j}$ jeweils t-verteilt mit $n-k$ Freiheitsgraden. Für ein gegebenes Konfidenzniveau $1-\alpha$ lassen sich Intervallschätzungen der Regressionskoeffizienten β_j danach aus den über

$$P(b_j-t_{n-k,1-\alpha/2}\,s_{b_j}\leq\beta_j\leq b_j+t_{n-k,1-\alpha/2}\,s_{b_j})=1-\alpha \qquad (4\text{-}9)$$

für $j=1,\ldots,k$ definierten Konfidenzintervallen gewinnen (vgl. die Gln. (2-2o) und (2-21)). So ergibt sich eine Intervallschätzung für β_j aus Gl. (4-9), indem in der dortigen Ungleichungskette die Zufallsvariablen b_j und s_{b_j} durch ihre jeweils gefundenen Werte ersetzt werden.

Für die mehrfache lineare Beispielregression erlaubt die SPSS-Prozedur REGRESSION den Ausdruck solcher Intervallgrenzen, wobei das Konfidenzniveau $1-\alpha=$o,95 vorgegeben ist (vgl. Bild 2-3 in Abschnitt 2.3.1). Intervallschätzungen für Regressionskoeffizienten sind jedoch nicht Bestandteil von Standardausdrucken wie Bild 4-1. Sie lassen sich daraus aber einfach herleiten. Als Beispiel soll eine Intervallschätzung für den Regressionskoeffizienten β_2 als Koeffizient der Variable ERN dienen. Bei $n-k=97$ und $1-\alpha=$o,95 beläuft sich der 97,5-%-Punkt der t-Verteilung auf $t_{97,\,\text{o},975}=1,935$ (vgl. z.B. Frohn (198o)). Mit $b_2 =$

995,7 und s_{b_2} =26o,8 nach Bild 4-1 finden sich die Grenzen der gesuchten Intervallschätzung dann als 995,7$\pm$1,985$\cdot$26o,8.

Wie hiernach also die Ergebnisse von Intervallschätzungen aus Abschnitt 2.3.2, so sind auch die sich daraus ergebenden Folgerungen für die Vorhersage (vgl. Abschnitt 2.3.3) direkt auf mehrfache lineare Regressionen zu übertragen. Unter den Annahmen von Modell 1-2 ist danach in Gl. (2-23) ein Konfidenzintervall für den Erwartungswert $E(y)$ aus Gl. (4-4) angegeben. Benötigt wird dazu einmal die Vorhersagevariable $\hat{y}$ aus Gl. (4-5), daneben ihre geschätzte Standardabweichung $s_{\hat{y}}$. Letztere ergibt sich über Gl. (2-5o), wenn dort die Varianz σ^2 durch ihre Schätzung s^2 ersetzt wird. Hier ist zu beachten, daß der Wert von $s_{\hat{y}}$ mit $\tilde{x}'=(1 \ x_2 \ ... \ x_k) \sim (1,k)$, also den gegebenen Werten der exogenen Variablen, variiert. Durchläuft $\tilde{x}'$ die Zeilen der Regressormatrix X, dann sind die zugehörigen Werte von $s_{\hat{y}}$ in der Prozedur REGRESSION unter dem Variablennamen SEPRED (vgl. Bild 2-4 in Abschnitt 2.3.3) verfügbar. Intervallschätzungen für $E(y)$ an diesen Stellen $\tilde{x}'$, aber nach Gl. (2-24) auch Intervallschätzungen für den Wert von y, lassen sich damit leicht konstruieren.

Wichtiger erscheint hier, die Modellvergleiche aus Abschnitt 2.4 auf die mehrfache lineare Regression und damit auch die erweiterte Beispielregression zu übertragen. Wird Modell 1-2 mit der Regressionsbeziehung aus Gl. (4-1) dem reduzierten Modell einer Regression ohne expliziten Regressor gegenübergestellt, so ergibt sich daraus der Test von

$$H: \beta_2=...=\beta_k=o \qquad \text{gegen} \qquad G: \text{nicht } H \ . \qquad (4-1o)$$

Unter H besitzen die $k-1$ Regressoren $x_2,...,x_k$ keinerlei linearen Einfluß auf die endogene Variable y. Die Alternative G bedeutet, daß mindestens einer der Regressionskoeffizienten $\beta_2,...,\beta_k$ von Null verschieden ist. Um H gegen G zu testen, sind wie beim Test aus Gl. (2-25) die jeweiligen Summen von Residuenquadraten miteinander zu vergleichen. Die dort vorgenommene Herleitung der Teststatistik eines F-Tests kann hier genauso verlaufen (vgl. Abschnitt 2.4.1). Unter der Normalverteilungsannahme und den weiteren Annahmen für die Störgrößen u_i

aus Modell 1-2 gilt unter H dann, daß die Zufallsvariable

$$F = \Sigma(\hat{y}_i-\bar{y})^2/((k-1)s^2)=R^2(n-k)/((1-R^2)(k-1)) \quad (4\text{-}11)$$
$$\sim F_{n-k}^{k-1} \, ,$$

also F-verteilt ist mit k-1 Zähler- sowie n-k Nennerfreiheitsgraden (vgl. die Gln. (2-28) und (2-3o)). Dabei ist zu beach-
ten, daß die Summe $\Sigma(\hat{y}_i-\bar{y})^2$ bei k-1 Regressoren auch über k-1
Freiheitsgrade verfügt (vgl. Abschnitt 2.2.2). Die Hypothese H
ist für vorgegebenes Signifikanzniveau α damit zugunsten von G
zu verwerfen, wenn für die Realisation von F gilt, daß

$$F > F_{n-k,1-\alpha}^{k-1} \, . \quad (4\text{-}12)$$

Ein signifikanter linearer Einfluß der k-1 Regressoren liegt
also vor, wenn der Wert von F den angegebenen $1oo(1-\alpha)$-Prozent-
punkt der F-Verteilung überschreitet (vgl. Ungl. (2-29)).

Für die Beispielregression weist Bild 4-1 den F-Wert 59,4 zusammen mit einem p-Wert (Signif F) von o,oo aus. Nach Ungl.
(4-12) ist dieser F-Wert also z.B. mit dem 95%-Punkt der F-Verteilung mit k-1=4 und n-k=97 Freiheitsgraden zu vergleichen.
Da der ausgedruckte p-Wert aber kleiner als 1-o,95=o,o5 ist,
kann die Hypothese aus Gl. (4-1o) zu einem Signifikanzniveau
von α=o,o5 verworfen werden. Damit ist also der gemeinsame Einfluß der vier betrachteten Regressoren, zu denen auch die Variable ERN gehört, auf die endogene Variable BSP statistisch gesichert. Dieses Ergebnis kann aber nicht erstaunen, da bereits
für die einfache lineare Regression von BSP auf ERN der Test
aus Gl. (2-25) zur Ablehnung der dortigen Hypothese führte
(vgl. Bild 1-1 in Abschnitt 1.1.2).

Wenn der gemeinsame lineare Einfluß der Regressoren $x_2,...,x_k$
auf den Regressanden y statistisch gesichert ist, interessiert
anschließend, ob auch jeder einzelne Regressor einen signifikanten Einfluß ausübt. Diese Frage läßt sich durch einzelne
Tests von

$$H: \beta_j=o \quad \text{gegen} \quad G: \beta_j\neq o \quad \text{für } j=1,...,k \quad (4\text{-}13)$$

beantworten. In Gl. (4-13) ist für j=1 auch die Hypothese einer
homogenen Regression (vgl. Abschnitt 2.4.2) enthalten. Unter

den Voraussetzungen für die Konstruktion von Konfidenzintervallen für β_j (vgl. Gl. (4-9)) lassen sich die Tests aus Gl. (4-13) leicht durchführen. Danach muß nämlich unter H die Zufallsvariable

$$T_j = b_j/s_{b_j} \sim t_{n-k} \qquad \text{für } j=1,\ldots,k \quad , \tag{4-14}$$

also t-verteilt sein mit n-k Freiheitsgraden (vgl. die Gln. (2-31) und (2-35)). Für ein gegebenes Signifikanzniveau α ist die Hypothese H aus Gl. (4-13) danach zugunsten der Alternative G zu verwerfen, wenn für die Realisation von T_j gilt:

$$|T_j| > t_{n-k,1-\alpha/2} \, , \tag{4-15}$$

der Wert der Teststatistik den genannten Prozentpunkt der t-Verteilung also absolut genommen übersteigt (vgl. die Gln. (2-32) und (2-36)). Ist dies der Fall, dann liegt bei $j>1$ ein signifikanter Einfluß des Regressores x_j vor, bei $j=1$ ist die untersuchte Regressionsbeziehung signifikant inhomogen. Die jeweilige Entscheidung kann selbstverständlich auch über einen zum t-Test äquivalenten und als partiell bezeichneten F-Test mit der Teststatistik $F=T_j^2$ erfolgen (vgl. Abschnitt 2.4).

Für die Beispielregression finden sich die Werte der Teststatistik T_j unter T in Bild 4-1. In der daneben liegenden Spalte sind unter Sig T die zugehörigen p-Werte ausgewiesen. Nur für Tests von Nullhypothesen für die Koeffizienten β_4 (Variable LS2) und β_5 (Variable BEV) liegen diese p-Werte oberhalb von o,o5. Werden die Tests aus Gl. (4-13) also zu einem Signifikanzniveau von α=o,o5 durchgeführt, dann können die Hypothesen β_4=o und β_5=o nicht verworfen werden. Der Einfluß der Variablen ERN und LWS auf die endogene Variable BSP ist dagegen statistisch gesichert. Gleiches gilt für die Inhomogenität der Regressionsbeziehung. Wenn also hiernach die Variable BEV keinen signifikanten Einfluß auf den Regressanden ausübt, bleibt das im vorangehenden Abschnitt aufgefallene positive Vorzeichen des Wertes von b_5 als Schätzwert für β_5 nicht länger problematisch.

Die Beispielregression hat damit das Standardergebnis gezeigt, wonach die Ablehnung der Hypothese aus Gl. (4-1o) auch zur Ablehnung mindestens einer nicht die Homogenität betreffenden Hypothese aus Gl. (4-13) führt. Wenn die Regressoren absolut hoch

korreliert sind, kann aber auch folgendes Ergebnis auftreten:
Obwohl die Regressoren nach Gl. (4-1o) gemeinsam einen signifikanten Einfluß auf die endogene Variable ausüben, gilt dies für
keinen einzelnen Regressor. Die Umkehrung, wonach kein gemein-
samer signifikanter Einfluß, wohl aber ein signifikanter Einfluß einzelner Regressoren vorliegt, tritt empirisch äußerst
selten auf. Das Standardergebnis zeigt daher, warum zuerst die
Hypothese aus Gl. (4-1o) und danach die Hypothesen aus Gl.
(4-13) getestet werden sollten. Bei all diesen Tests werden
aber die vollständigen Annahmen aus Modell 1-2 benötigt. Diese
gilt es also in der Regel zu überprüfen, bevor Parametertests,
aber auch Intervallschätzungen, durchgeführt werden.

4.2   Zusätzliche Regressoren und Kollinearität

4.2.1 Schrittweise Regression und partielle Residuendiagramme

In Abschnitt 4.1 ist an der Beispielregression deutlich gewor-
den, wie sich der Schätzwert eines Regressionskoeffizienten bei
Hinzunahme weiterer Regressoren verändern kann. Ursache dafür
sind, wie jetzt eine Diskussion schrittweiser Regression zeigen
soll, Korrelationen, d.h. Kollinearität zwischen aufgenommenen
Regressoren. Ohne Beschränkung der Allgemeinheit soll nachfolgend die exemplarische Aufnahme eines zusätzlichen Regressors,
des Regressors x_j, betrachtet werden. Es wird also davon ausgegangen, daß zuerst die fehlspezifizierte Regressionsbeziehung

$$y = X_{(j)} \beta_{(j)} + u^{\mathbf{x}} \qquad\qquad (4-16)$$

mit dem Störvektor $u^{\mathbf{x}} \sim (n,1)$ untersucht wurde (vgl. Gl. (2-41)).
Die darin auftauchende Regressormatrix $X_{(j)} \sim (n,k-1)$ entsteht
aus der Regressormatrix X in Gl. (4-2), indem dort die Spalte
j, d.h. der Vektor $\tilde{x}_j \sim (n,1)$ entfällt (vgl. Abschnitt 3.3 zu
entfallenden Zeilen). Entsprechend fehlt im Vektor $\beta_{(j)} \sim (k-1,1)$
von Regressionskoeffizienten das Element β_j. Ausgehend von Gl.
(4-16) soll nun der Übergang auf die als korrekt spezifiziert
angesehene mehrfache lineare Regressionsbeziehung aus Gl. (4-1)
mit k-1 Regressoren einschließlich des Regressors x_j erfolgen.

Dort ist im Vektor $\beta \sim (k,1)$ dann der Regressionskoeffizient β_j zusätzlich zu schätzen. Dies soll über eine schrittweise Regression geschehen.

Um die Schätzung b_j für β_j (vgl. Gl. (4-5)) schrittweise über die Methode der kleinsten Quadrate zu bestimmen, sind folgende Vorüberlegungen notwendig: Durch die Aufnahme des Regressors x_j sollen Teile der Stichprobenvarianz des Regressanden y erklärt werden, die bei einer Regressionsanalyse von Gl. (4-16) mit den in der Matrix $X_{(j)}$ enthaltenen Regressoren unerklärt geblieben sind. Sind diese Regressoren aber mit x_j korreliert, dann bringt, wenn auch indirekt, bereits Gl. (4-16) einen linearen Einfluß von x_j auf y zum Ausdruck. Soll dieser Einfluß isoliert werden, ist es demnach erforderlich, die durch die Regressoren aus $X_{(j)}$ nicht erklärten Bestandteile von y und x_j miteinander zu verknüpfen. Diese Bestandteile sind als Residuen unterschiedlicher Regressionen aufzufassen. Da ist einmal der Residuenvektor $e^{x}_{(j)} = y - X_{(j)} b^{x}_{(j)} \sim (n,1)$, der sich nach einer Kleinst-Quadrate-Schätzung des Vektors $\beta_{(j)}$ aus Gl. (4-16) über

$$b^{x}_{(j)} = (X'_{(j)} X_{(j)})^{-1} X'_{(j)} y \sim (k-1,1) \tag{4-17}$$

(vgl. Gl. (2-47)) ergibt. $e^{x}_{(j)}$ umfaßt um Einflüsse der in $X_{(j)}$ enthaltenen Regressoren bereinigte Beobachtungen der endogenen Variable. Um solche Einflüsse bereinigte Beobachtungen des Regressors x_j ergeben sich analog: Auszugehen ist hier von einer Regression von x_j auf die Regressoren in $X_{(j)}$, d.h. der Beziehung

$$\tilde{x}_j = X_{(j)} \gamma_{(j)} + \underline{u} \tag{4-18}$$

mit $\gamma_{(j)} \sim (k-1,1)$ als Vektor von Regressionskoeffizienten und $\underline{u} \sim (n,1)$ als Störvektor. Die Kleinst-Quadrate-Schätzung

$$c_{(j)} = (X'_{(j)} X_{(j)})^{-1} X'_{(j)} \tilde{x}_j \sim (k-1,1) \tag{4-19}$$

für $\gamma_{(j)}$ führt hier auf den Residuenvektor $\underline{e}_{(j)} = \tilde{x}_j - X_{(j)} c_{(j)} \sim (n,1)$. $\underline{e}_{(j)}$ umfaßt um Einflüsse der in $X_{(j)}$ enthaltenen Regressoren bereinigte Beobachtungen des Regressors x_j.

Mit der Bereitstellung der Residuenvektoren $e^{x}_{(j)}$ und $\underline{e}_{(j)}$ ist der erste Schritt einer schrittweisen Regression abgeschlossen. Als zweiter Schritt kann nun zuerst eine Regression der Variable von $e^{\mathbf{x}}_{(j)}$ auf diejenige in $\underline{e}_{(j)}$ mit dem interessierenden Regressionskoeffizienten β_j erfolgen. Es wird also die einfache lineare Regressionsbeziehung

$$e^{\mathbf{x}}_{(j)} = \beta^{\mathbf{x}}_1 + \beta_j \underline{e}_{(j)} + u \qquad (4\text{-}2o)$$

mit dem Störvektor $u \sim (n,1)$ und $\beta^{\mathbf{x}}_1$ als weiterem Regressionskoeffizient unterstellt. Als Kleinst-Quadrate-Schätzung für β_j findet sich hier

$$b_j = \underline{e}'_{(j)} e^{\mathbf{x}}_{(j)} / \underline{e}'_{(j)} \underline{e}_{(j)} \qquad (4\text{-}21)$$

(vgl. Gl. (2-11)). Da in Gl. (4-2o) Regressor und Regressand notwendig zentriert sind, stimmt b_j mit der entsprechenden Schätzung von β_j in der zugehörigen homogenen Regressionsbeziehung überein (vgl. Gl. (2-37)). b_j gibt datenabhängig den isolierten Einfluß des Regressors x_j auf die endogene Variable y an. Daß b_j gerade mit dem j-ten Element des Schätzvektors b (vgl. Gl. (2-47)) einer einstufigen Schätzung aller k Regressionskoeffizienten aus Gl. (4-1) übereinstimmt, folgt bei Zuhilfenahme der für j=k in Anhang B unter (ii) angegebenen Verknüpfung zwischen den Inversen $(X'_{(j)} X_{(j)})^{-1}$ und $(X'X)^{-1}$. Als Folge müssen dann aber auch nach einer Schätzung der Regressionsbeziehungen aus den Gln. (4-2o) und (4-1) deren Residuenwerte identisch sein. Die genannte Verknüpfung liefert unter den Annahmen von Modell 1-2 (vgl. Abschnitt 1.3.1) mit

$$\text{Var}(\, b_j \,) = \sigma^2 / \underline{e}'_{(j)} \underline{e}_{(j)} \qquad (4\text{-}22)$$

daneben eine gegenüber Gl. (4-8) alternative Varianzdarstellung für b_j.

Liegt b_j vor, kann im zweiten Schritt der schrittweisen Regression zudem festgestellt werden, wie sich die Aufnahme des Regressors x_j auf die Schätzung des Vektors $\beta_{(j)}$ auswirkt. Für das reduzierte Modell ohne x_j gibt $b^{\mathbf{x}}_{(j)}$ in Gl. (4-17) den zugehörigen Schätzvektor an. Im erweiterten Modell gemäß Gl. (4-1) sind nun in der Regel Korrelationen zwischen x_j und den in $X_{(j)}$ enthaltenen Regressoren vorhanden. Es gilt bei der Schätzung von $\beta_{(j)}$ jedoch, datenabhängig den isolierten linearen Einfluß der in $X_{(j)}$ enthaltenen Regressoren auf die endogene Variable y zu erfassen. Das ist aber durch eine Regression auf die Regressoren in $X_{(j)}$ möglich, wenn die endogene Variable zuvor um den isolierten Einfluß von x_j bereinigt wird, als Regressand also die Variable $y-\tilde{x}_j b_j$ dient. Nach Aufnahme des Regressors x_j ist für die Schätzung von $\beta_{(j)}$ also von der Regressionsbeziehung

$$y - \tilde{x}_j b_j = X_{(j)} \beta_{(j)} + \varepsilon \qquad (4\text{-}23)$$

mit dem Störvektor $\varepsilon \sim (n,1)$ auszugehen. Der Kleinst-Quadrate-Ansatz liefert hier im Gegensatz zu Gl. (4-17) die Schätzung

$$b_{(j)} = (X'_{(j)} X_{(j)})^{-1} X'_{(j)} (y - \tilde{x}_j b_j) \sim (k\text{-}1,1) \ . \qquad (4\text{-}24)$$

Die Übereinstimmung dieses Schätzvektors mit den entsprechenden Elementen der einstufigen Schätzung aller k Regressionskoeffizienten nach Gl. (2-47) ergibt sich aus der Definition von b_j und für j=k natürlich wieder der Beziehung unter (ii) in Anhang B.

Ein Vergleich der Schätzvektoren $b_{(j)}$ und $b^{x}_{(j)}$ aus den Gln. (4-24) und (4-17) zeigt, wann zusätzlich aufgenommene Regressoren Schätzwerte der Regressionskoeffizienten unverändert lassen. Er zeigt damit auch, wann auf der Grundlage der fehlspezifizierten Regressionsbeziehung aus Gl. (4-16) die Schätzung $b^{x}_{(j)}$ für $\beta_{(j)}$ trotzdem unverzerrt bleibt (vgl. z.B. Frohn (198o)). Das ist immer dann der Fall, wenn $X'_{(j)} \tilde{x}_j = O \sim (k\text{-}1,1)$ gilt, die betrachteten Spalten der Regressormatrix also orthogonal zueinander sind. Für Gl. (4-21) bedeutet diese Orthogonalität, daß b_j sich gerade auf die Kleinst-Quadrate-Schätzung des Koeffizienten β_j einer einfachen linearen Regression von y auf den Regressor x_j reduziert (vgl. Gl. (2-11)). Wegen $c_{(j)}=O$ in Gl. (4-19) wird der Beobachtungsvektor des Regressors in Gl. (4-2o) dann nämlich zu $\underline{e}_{(j)}=\tilde{x}_j$. Bei orthogonalen Spalten der Regressormatrix sind die Schätzwerte für die unbekannten Regressionskoeffizienten einer mehrfachen linearen Regression also gleich denen für die Koeffizienten der Regressoren in den jeweiligen einfachen linearen Regressionen des Regressanden auf einzelne Regressoren. Die Schätzung der Koeffizienten von Regressionsebenen (vgl. Gl. (4-4)) läßt sich aber nicht nur bei Orthogonalität auf die Schätzung der Koeffizienten von Regressionsgeraden zurückführen. Gleiches gilt auch, wenn die Regressoren unkorreliert sind. Zum Beweis ist hier auf Gl. (2-15) zu verweisen. Danach bleiben die Kleinst-Quadrate-Schätzwerte der Koeffizienten expliziter Regressoren unverändert, wenn letztere zentriert werden. Bei zentrierten Regressoren ist die oben genannte Orthogonalitätsbedingung aber zur Unkorreliertheit äquivalent.

Nach Bild 1-2 (vgl. Abschnitt 1.2.1) sind die vier Regressoren der mehrfachen linearen Beispielregression aber paarweise korreliert. Der Wert von b_2 als Schätzwert für den Koeffizienten β_2 des Regressors ERN hängt demnach von den Korrelationen zwischen ERN und den anderen Regressoren LWS, LS2 und BEV ab. An Hand der Ermittlung dieses Schätzwertes sollen nun die vorgestellten Schritte einer schrittweisen Regression illustriert werden. Der Wert von b_2 soll datenabhängig den isolierten Einfluß des Regressors ERN auf den Regressanden BSP angeben. Die Variablen ERN und BSP sind daher in einem ersten Schritt vom Einfluß der weiteren Regressoren LWS, LS2 und BEV zu bereinigen. Dazu müssen getrennte Regressionsanalysen von BSP (vgl. Gl. (4-16)) und ERN (vgl. Gl. (4-18)) auf diese Regressoren stattfinden. Die aus diesen Regressionen erhaltenen Residuenvektoren sind im zweiten Schritt dann wie in Gl. (4-2o) zu verknüpfen. Für j=2 liefert Gl. (4-21) schließlich den gesuchten Wert von b_2.

Für alle Regressoren x_j, j=2,...,k lassen sich die Werte der zugehörigen geschätzten Regressionskoeffizienten b_j nach obiger Darstellung schließlich über eine einfache lineare Regression ermitteln. Es bietet sich also wie in Kapitel 2 an, Streudiagramme der jeweiligen Beobachtungspaare $(\underline{e}_{(j)i}, e^{\times}_{(j)i})$, i=1,..,n (vgl. Gl. (4-2o)) aufzustellen. Solche Streudiagramme sollen nachfolgend als partielle Residuendiagramme bezeichnet werden. Da sie sich aus der Untersuchung des Einflusses zusätzlich aufgenommener Regressoren ergeben, sind diese Diagramme in der englischsprachigen Literatur auch als added variable plots bekannt. Wird eine geschätzte Regressionsgerade durch diese Streudiagramme gelegt, weist ihre Steigung nach Gl. (4-21) gerade den jeweiligen Wert von b_j auf. Der Schätzwert für den Regressionskoeffizienten $\beta^{\times}_1$ aus Gl. (4-2o) beläuft sich wegen zentrierter Residuen solange immer auf Null, wie die unterstellte mehrfache lineare Regressionsbeziehung inhomogen ist.

Partielle Residuendiagramme lassen sich auch über die SPSS-Prozedur REGRESSION erzeugen. Dazu ist an die Befehlsfolge 4-1 (vgl. Abschnitt 4.1.1) lediglich der Befehl PARTIALPLOT anzuhängen. Zusätzlich zu Bild 4-1 (vgl. Abschnitt 4.1.1) enthält der ausgegebene Standardausdruck dann für die Beispielregression sämtliche partiellen Residuendiagramme aus Bild 4-2.

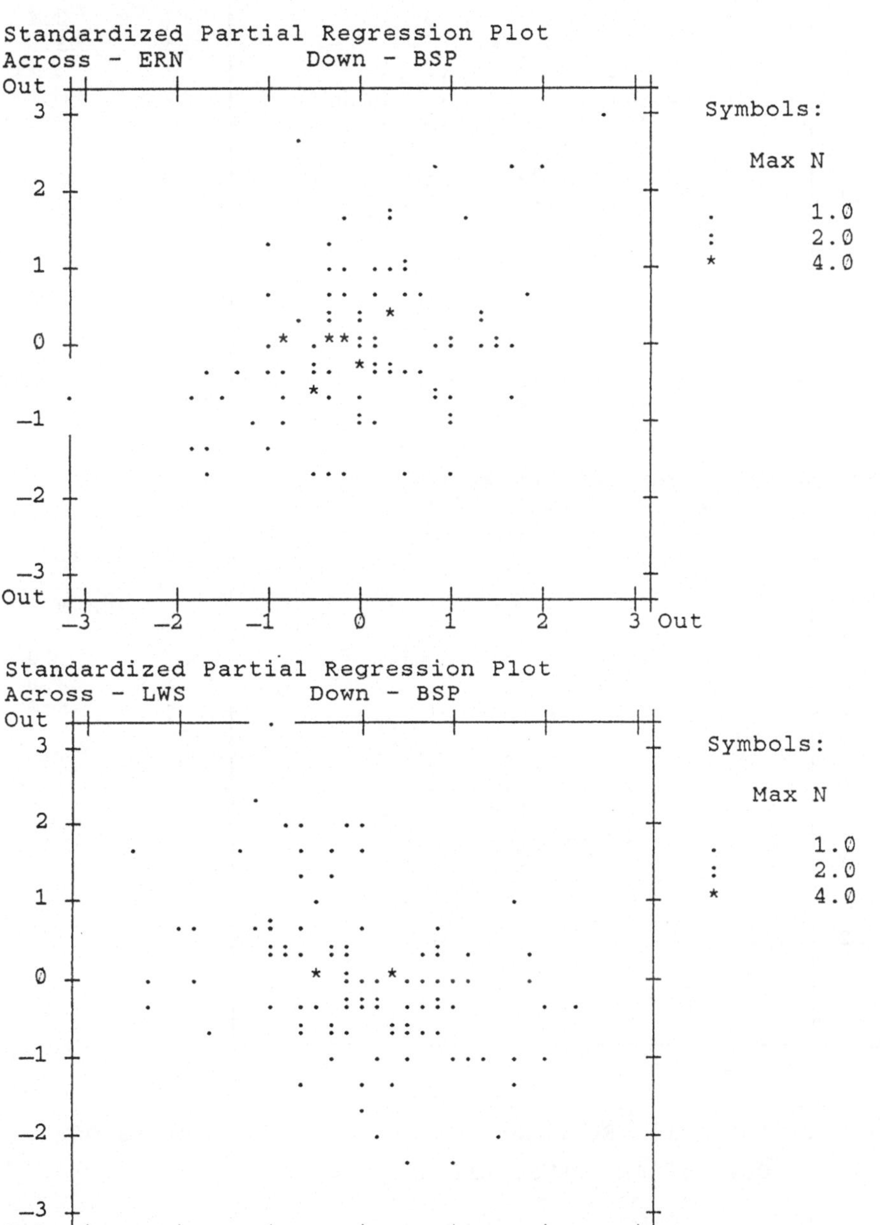

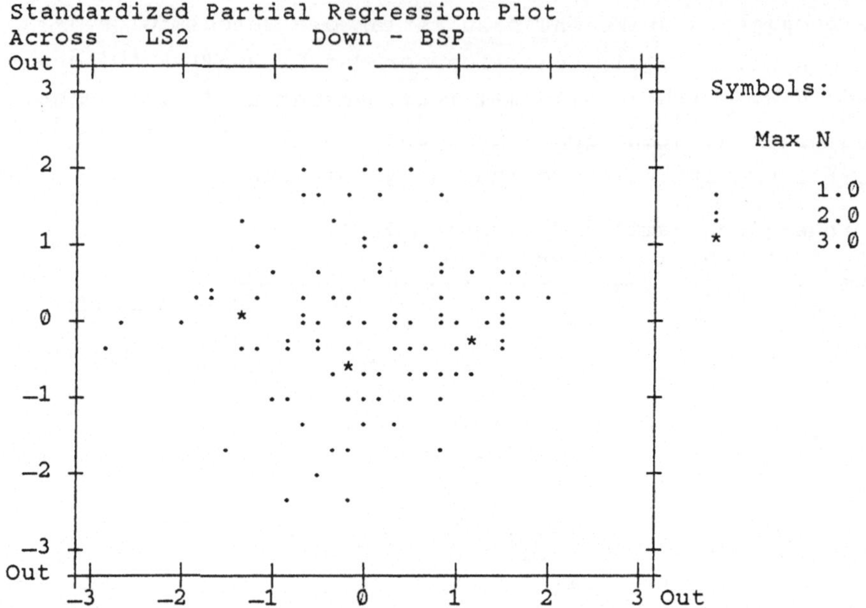

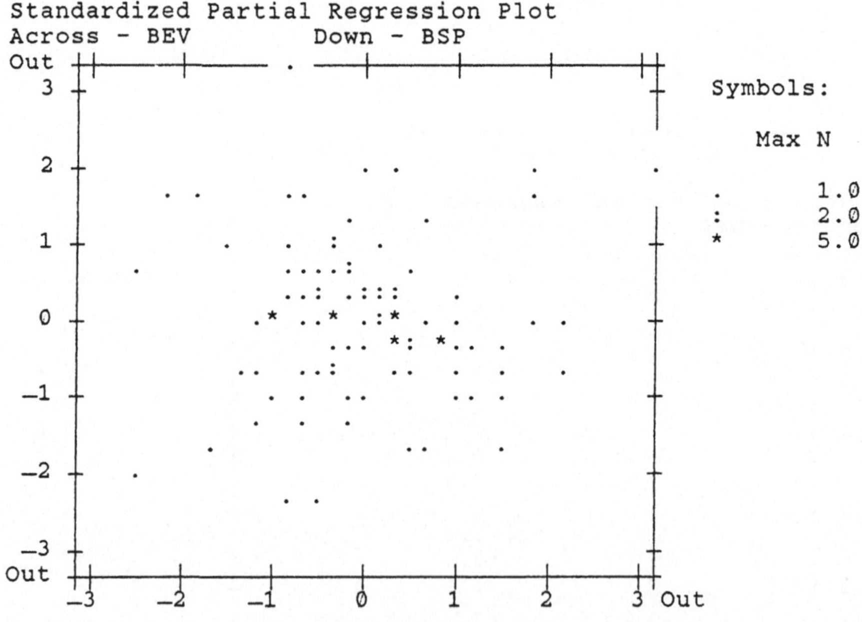

Bild 4-2: Partielle Residuendiagramme für die Regression von
BSP auf ERN, LWS, LS2 und BEV

Ein Blick auf Bild 4-2 zeigt für die partiellen Residuendiagramme (Partial Regression Plots) zwischen den Variablen ERN
und BSP eine positive, zwischen den Variablen LWS und BSP dagegen eine negative Korrelation. Diese verdeutlicht sich in den
Schätzwerten der zugehörigen Regressionskoeffizienten. So fallen nach Bild 4-1 die Werte für b_2 und b_3 eindeutig positiv
bzw. negativ aus. In den partiellen Residuendiagrammen zwischen
den Variablen LS2 und BSP sowie BEV und BSP ist dagegen keine
positive oder negative Korrelation zu erkennen. Dies entspricht
dem Ergebnis von Abschnitt 4.1.2, wonach für $\alpha=o,o5$ die Hypothesen $\beta_4=o$ und $\beta_5=o$ nicht verworfen werden konnten.

4.2.2 Korrelation, Toleranz und Kondition

Die schrittweise Regression im vorangehenden Abschnitt hat gezeigt, wie sich Korrelationen zwischen Regressoren auf Punktschätzungen von Regressionskoeffizienten auswirken. Davon ausgehend soll hier der Einfluß von Kollinearität auf Bestimmtheitsmaße, Intervallschätzungen und Parametertests untersucht
werden. Zusätzlich gilt es, Verbindungen zwischen Kollinearität
und Rechenungenauigkeiten aufzuzeigen. Für alle diese Betrach-
tungen werden verschiedene Korrelationskoeffizienten benötigt.
Als erstes sind partielle Korrelationskoeffizienten einzuführen. Darunter sind gerade die Korrelationskoeffizienten für die
in partielle Residuendiagramme eingehenden Residuenvektoren $\underline{e}_{(j)}$
und $\underline{e}^x_{(j)}$ zu verstehen. Die partielle Korrelation pr_j zwischen
der endogenen Variable y und dem Regressor x_j ist also die Korrelation zwischen den Beobachtungen dieser Variablen nach jeweils erfolgter Bereinigung um mögliche lineare Einflüsse aller
anderen Regressoren. Sind alle Regressoren unkorreliert, fallen
die partiellen notwendig mit den gewöhnlichen Korrelationskoeffizienten $r_{x_j y}$ zwischen y und x_j zusammen.
Partielle Korrelationen sind auch der Ausgangspunkt, wenn gezeigt werden soll, wie zusätzliche Regressoren den Wert des Bestimmtheitsmaßes R^2 (vgl. Gl. (2-7)) verändern. So stellt pr_j
als empirischer Korrelationskoeffizient zwischen den Variablen
der einfachen linearen Regression in Gl. (4-2o) gleichzeitig

einen multiplen Korrelationskoeffizienten dar, das Quadrat von pr_j ist demnach ein Bestimmtheitsmaß (vgl. Abschnitt 2.2.2). Dieses Bestimmtheitsmaß läßt sich wie folgt schreiben:

$$pr_j^2 = (R^2 - R_{(j)}^2)/(1 - R_{(j)}^2) \ . \tag{4-25}$$

In Gl. (4-25) bezeichnet R^2 das Bestimmtheitsmaß aus einer Analyse der Regressionsbeziehung in Gl. (4-1) mit k-1 Regressoren, $R_{(j)}^2$ analog dazu das Bestimmtheitsmaß aus einer Analyse der Regressionsbeziehung in Gl. (4-16) mit k-2 Regressoren. Der Zähler von pr_j^2 gibt also an, um welchen Betrag sich der Wert des Bestimmtheitsmaßes vergrößert, wenn der Regressor x_j zusätzlich aufgenommen wird. Ist x_j mit den Regressoren aus $X_{(j)}$ unkorreliert, beläuft sich diese Differenz gerade auf das Quadrat des gewöhnlichen Korrelationskoeffizienten $r_{x_j y}$. Der Nenner von pr_j^2 zeigt an, welcher Prozentsatz der Stichprobenvarianz der endogenen Variable bei der Analyse von Gl. (4-16) unerklärt geblieben ist. pr_j^2 kennzeichnet also den Anteil an der zuvor unerklärt gebliebenen Stichprobenvarianz, der durch die Aufnahme des Regressors x_j zusätzlich erklärt wird. Für absolut kleine Werte von pr_j bleibt dieser Anteil klein. D.h., ein linearer Einfluß des Regressors x_j auf die endogene Variable y kommt aufgrund vorhandener Kollinearität indirekt bereits über den Einfluß der in $X_{(j)}$ enthaltenen Regressoren zum Ausdruck. Der Nachweis von Gl. (4-25) ergibt sich aus der Definition des Bestimmtheitsmaßes in Gl. (2-7) sowie der oben begründeten Behauptung, daß die Analyse der Regressionsbeziehungen aus den Gln. (4-2o) und (4-1) identische Residuenwerte liefern muß.

Bestimmtheitsmaße spielen auch eine Rolle, wenn der Einfluß von Kollinearität auf Intervallschätzungen und Parametertests zu untersuchen ist. Nach Gl. (4-9) hängt die Länge einer Intervallschätzung für den Regressionskoeffizienten β_j vor allem von der geschätzten Standardabweichung s_{b_j} ab. Deren Wert wird aber entscheidend durch den Nenner der $Var(b_j)$ in Gl. (4-22) bestimmt. Als Summe von Residuenquadraten einer Regression des Regressors x_j auf die in $X_{(j)}$ enthaltenen Regressoren (vgl. Gl. (4-18)) spiegelt sich darin vorhandene Kollinearität. Sei R_j^2 das diese Regression kennzeichnende Bestimmtheitsmaß als Quadrat des zugehörigen multiplen Korrelationskoeffizienten. Dann führen die

Definition des Bestimmtheitsmaßes und Gl. (4-22) sofort auf

$$\text{Var}(\,b_j\,) = \sigma^2(1 - R_j^2)^{-1} / ((n-1)s_{x_j}^2)\ . \qquad (4\text{-}26)$$

Je größer also R_j^2 als Kollinearitätsmaß ausfällt, desto größer ist auch der sogenannte Varianzinflationsfaktor $(1-R_j^2)^{-1}$. Dieser Faktor gibt an, um welches Vielfache die $\text{Var}(b_j)$ größer ist als sie bei unkorrelierten Regressoren mit $R_j^2=o$ wäre (vgl. auch Gl. (2-14)). Eine große $\text{Var}(b_j)$ führt auf einen großen Wert von s_{b_j} und liefert eine große Länge für die betrachtete Intervallschätzung. Gleichzeitig nimmt die Teststatistik aus Gl. (4-14) einen absolut kleinen Wert an. Damit kann als Testergebnis eines Tests aus Gl. (4-13) die dort aufgestellte Nullhypothese häufig nur deshalb nicht verworfen werden, weil der Regressor x_j von den in $X_{(j)}$ enthaltenen Regressoren nahezu linear abhängig ist.

Um solchen Problemen zu entgehen, könnte ein Verzicht auf die Einbeziehung des Regressors x_j naheliegend sein. Dazu ist jedoch zu bemerken, daß der Übergang von der anfänglich als korrekt spezifiziert angesehenen Regressionsbeziehung in Gl. (4-1) auf diejenige in Gl. (4-16) nur dann vorgenommen werden sollte, wenn letztere nicht länger als fehlspezifiziert gelten kann. Ist das der Fall, hätte aber sofort auf jegliche Betrachtung des Regressors x_j verzichtet werden können. Für die genannten auf Kollinearität zurückzuführenden Probleme bietet sich somit keine einfache Lösung an. So findet sich in vielen statistischen Programmpaketen eine Toleranzschwelle, die ein möglicher Regressor überschreiten muß, um aufgenommen zu werden. Als Toleranzwert wird dabei der reziproke Wert des Varianzinflationsfaktors, also der Wert von $1-R_j^2$ für den Regressor x_j bezeichnet. Fällt dieser zu klein aus, dann werden die Auswirkungen vorhandener Kollinearität auf Intervallschätzungen und Tests als problematisch angesehen. So bleibt x_j in der SPSS-Prozedur REGRESSION als Regressor standardmäßig außer Betracht, wenn sein Toleranzwert unterhalb von o,o1 liegt. Ist x_j einziger Regressor, liegt sein Toleranzwert naturgemäß bei Eins. Einfache lineare Regressionen werden in SPSS also immer durchgeführt.

Kleine Toleranzwerte können auch zu Rechenungenauigkeiten bei der Berechnung der Schätzwerte b_j, $j=1,\ldots,k$ und der geschätz-

ten Standardabweichungen s_{b_j} , j=1,...,k führen. Es sei daran
erinnert, daß dafür die Matrix X'X invertiert werden muß (vgl.
die Gln. (2-47) und (2-49)) und die gesuchte Inverse nur für
Toleranzwerte größer Null existiert. Berk (1977) zeigt jedoch,
daß eine gegebene Toleranzschwelle extrem unstabile Berechnun-
gen nicht verhindern kann. Er kennzeichnet stattdessen die für
die numerische Inversenbildung entscheidende Konditionszahl der
aus den Regressoren gebildeten Korrelationsmatrix durch entsprechende Grenzen. Unter der Konditionszahl einer Matrix ist der
Quotient aus dem größten und kleinsten Eigenwert dieser Matrix
zu verstehen. Sehr große Quotienten kennzeichnen numerische In-
stabilität. Berk zeigt nun, daß der größte Varianzinflationsfaktor eine Untergrenze für die Konditionszahl der genannten
Matrix darstellt. Bei k-1 Regressoren ergibt sich eine Obergrenze aus dem (k-1)-fachen der Summe aller Varianzinflations-
faktoren. Da der Wert der Konditionszahl somit auch von der Anzahl aufgenommener Regressoren abhängt, läßt sich keine Faustregel dafür angeben, ab welchem Wert auftretende Rechenungenauigkeiten problematisch werden. Eine Betrachtung der jeweiligen
Grenzen zeigt aber mögliche Probleme auf.

Für die mehrfache lineare Beispielregression lassen sich Angaben zu Korrelation, Toleranz und Kondition über die SPSS-Prozedur REGRESSION erhalten. Sollen diese ergänzend zu Bild 4-1
(vgl. Abschnitt 4.1.1) angegeben werden, ist lediglich in der
Befehlsfolge 4-1 als zweite Zeile der Befehl STATISTICS=DEFAULTS
BCOV COND ZPP TOL einzufügen. Bild 4-1 verlängert sich dadurch
um die Angaben aus Bild 4-3.

In Bild 4-3 finden sich unter Correl zuerst die Wert der gewöhnlichen Korrelationskoeffizienten $r_{x_j y}$ zwischen den ausge-
wählten Regressoren x_j und der endogenen Variable y (vgl. auch
Bild 1-2 in Abschnitt 1.2.1). Die Werte der zugehörigen partiellen Korrelationskoeffizienten pr_j sind unter Partial ausgedruckt. Es zeigt sich, daß zwischen den Variablen LWS und BSP
eine absolut größere partielle Korrelation besteht als zwischen
den Variablen ERN und BSP, obwohl das Größenverhältnis der entsprechenden gewöhnlichen Korrelationen umgekehrt ausfällt. Die
zusätzlich unter Part Cor angegebenen Werte bilden für die ein-

Condition number bounds: 5.632,   63.905

Equation Number 1   Dependent Variable..   BSP

Var-Covar Matrix of Regression Coefficients (B)
Below Diagonal: Covariance   Above: Correlation

	BEV	LWS	LS2	ERN
BEV	49007.5125	.10260	.14347	.70171
LWS	4250.88821	35027.5235	.49122	.30826
LS2	6425.44175	18599.5513	40930.4316	-.23855
ERN	40516.3747	15047.2806	-12587.535	68027.5223

---------- Variables in the Equation -----------

Variable	Correl	Part Cor	Partial	Tolerance
BEV	-.68451	.00223	.00414	.24650
LWS	-.77202	-.23074	-.39396	.34486
LS2	.70984	.01144	.02125	.29515
ERN	.79770	.20865	.36140	.17757

Bild 4-3: Korrelation, Toleranz und Kondition für die Regressi-
         on von BSP auf ERN, LWS, LS2 und BEV

zelnen Regressoren gerade die Quadratwurzel des Zählers aus Gl.
(4-25). Sie geben wie die Werte der partiellen Korrelationskoeffizienten also Auskunft über die Vergrößerung des Wertes für
das Bestimmtheitsmaß R^2, wenn der jeweilige Regressor als vier-
ter Regressor zusätzlich aufgenommen wird.

Interessant gestalten sich die angegebenen Toleranzwerte. Zuerst ist festzuhalten, daß alle die genannte Toleranzschwelle
überschreiten. Einerseits besitzt der Regressor LWS mit der absolut größten partiellen Korrelation auch den größten Toleranzwert. Andererseits liegt der niedrigste ausgewiesene Toleranzwert bei dem Regressor ERN und nicht bei dem Regressor BEV mit
der absolut kleinsten partiellen Korrelation. Da die jeweilige
Toleranzhöhe allein von der Kollinearität der Regressoren abhängt, in die Berechnung der partiellen Korrelation aber auch
die Beobachtungen der endogenen Variable entscheidend eingehen,
sind solche Vergleiche beider Größen jedoch nicht aufschluß-
reich. Aus den reziproken Werten der Toleranzen ergeben sich

nach obiger Darstellung aber sofort die angegebenen Grenzen für
die betrachtete Konditionszahl. Hier ist die ausgewiesene Obergrenze von 63,9 noch nicht als sehr hoch zu bezeichnen. Für die
Beispielregression können vorliegende Rechenungenauigkeiten damit vernachlässigt werden. Als Folge sind die in der Var-Covar
Matrix of Regression Coefficients (B) ausgedruckten Werte der
Varianzschätzungen $s_{b_j}^2$ als verläßlich zu betrachten. Da alle
Regressoren standardisiert sind, gilt hier $s_{b_j}^2 = s^2 (1-R_j^2)^{-1}/(n-1)$
(vgl. Gl. (4-26)). Die größte vorkommende Varianzschätzung findet sich also für den Regressor ERN, weil dieser die geringste
Toleranz besitzt. Der Schätzwert für den zu ERN gehörenden Regressionskoeffizienten ist jedoch so groß, daß die zugehörige
Nullhypothese trotzdem verworfen werden kann (vgl. Abschnitt
4.1.2). Für die Beispielregression stellt Kollinearität damit
kein entscheidendes Problem dar.

Die ausgedruckten Werte der geschätzten Varianz-Kovarianz-Matrix zeigen auch, daß bei korrelierten Regressoren die Schätzungen der Koeffizienten expliziter Regressoren selber korreliert sind (vgl. Gl. (2-49) und Anhang B). Diese Schätzungen
hängen nach Gl. (2-47) von den Elementen der Inversen $(X'X)^{-1}$
ab. In SPSS erfolgt die Berechnung dieser Inversen über den sogenannten Sweep-Algorithmus (vgl. z.B. Weisberg (1985)) und
setzt damit bei der Korrelationsmatrix an, deren Konditionszahl
eingegrenzt wurde. Auf einen über die Prozedur REGRESSION möglichen Ausdruck der zugehörigen Sweep-Matrix wird hier verzichtet. Diese Matrix ist allein aus numerischen Gesichtspunkten
von Interesse und kann damit außer Betracht bleiben, wenn wie
hier vorrangig die Ergebnisse angewandter Regressionsanalysen
interpretiert werden sollen.

4.3   Die Auswahl der Regressoren

4.3.1 Auswahlkriterien

In die Beispielregression der vorangehenden Abschnitte dieses
Kapitels sind alle nach Tabelle 1-1 (vgl. Abschnitt 1.2.1) ver-
fügbaren Regressoren aufgenommen. Die Beispielregression der

Kapitel 2 und 3 hat dagegen nur einen dieser Regressoren genutzt. In beiden Fällen wurde von korrekt spezifizierten Regressionsbeziehungen ausgegangen. Da beide Spezifikationen aber offensichtlich nicht miteinander vereinbar sind, stellt sich die Frage nach der Auswahl von Regressoren. Die Antwort darauf ist am einfachsten, wenn substantielle Gründe für eine bestimmte Spezifikation vorliegen. So kann eine allgemein akzeptierte substanzwissenschaftliche Theorie genau diejenigen Regressoren festlegen, die zur Erklärung von Schwankungen unter den Beobachtungen eines bestimmten Regressanden beitragen. Ein eng gefaßter sozialwissenschaftlicher Begriff von Entwicklung bzw. Unterentwicklung kann z.B. einem Ernährungsindex einen entscheidenden Erklärungswert für das BSP/Kopf beimessen und damit auf die Beispielregression der Kapitel 2 und 3 führen. Ein weiter gefaßter Begriff von Entwicklung bzw. Unterentwicklung kann entsprechend die bisher in diesem Kapitel betrachtete Beispielregression begründen. Daran zeigt sich aber bereits, daß die jeweilige Substanzwissenschaft nicht immer in der Lage ist, Argumente für nur eine Spezifikation zu liefern. Häufig ergeben substanzwissenschaftliche Überlegungen eine Reihe von möglichen Regressoren, aus denen der Statistiker eine Auswahl treffen kann. Dazu bedarf es geeigneter statistischer Auswahlkriterien, die hier zu diskutieren sind.

Die genannten Beispielregressionen kennzeichnen dabei die Extremfälle, nur einen bzw. alle vorhandenen Regressoren einzubeziehen. Der erste Fall zeichnet sich durch besondere rechnerische Einfachheit aus, der zweite durch eine Verarbeitung aller vorhandenen Informationen. So bietet es sich für eine einfache lineare Regression an, unter den möglichen Regressoren denjenigen auszuwählen, der mit dem Regressanden die absolut größte Stichprobenkorrelation aufweist. Das ist in der Beispielregression von BSP auf ERN geschehen (vgl. Bild 1-2 in Abschnitt 1.2.1). Es wurde damit ein hoher Wert des Bestimmtheitsmaßes R^2 erzielt. Wie die mehrfache lineare Regression zu Beginn dieses Kapitels gezeigt hat, wird dieser Wert aber bei Einbeziehung aller vorhandenen Regressoren überschritten. R^2 nimmt nun seinen für die gegebene Information größtmöglichen Wert an (vgl. Abschnitt 2.2.2). Dafür ist jedoch jetzt das Problem der Kolli-

nearität zu beachten. Die betrachteten Modelle mit nur einem
bzw. allen vorhandenen Regressoren können aber beide fehlspezifiziert sein. So muß vorliegende Fehlspezifikation bei der
Überprüfung von Modellannahmen (vgl. Abschnitt 3.2 und Abschnitt
4.4) nicht notwendig entdeckt werden. Mögliche Fehlspezifikationen sind also immer dann in Kauf zu nehmen, wenn die endgülti-
ge Spezifikation über statistische Auswahlkriterien erfolgt und
nicht über begründete substanzwissenschaftliche Theorien.

Das verdeutlicht sich besonders bei allen Verfahren der im nächsten Abschnitt vorzustellenden schrittweisen Auswahl. Darunter
fällt auch die bereits als schrittweise Regression diskutierte
Aufnahme eines zusätzlichen Regressors (vgl. Abschnitt 4.2.1),
über die wie folgt entschieden werden kann: Ohne Beschränkung
der Allgemeinheit sei wieder auf den Übergang von der Regressionsbeziehung in Gl. (4-16) mit k-2 Regressoren auf diejenige in
Gl. (4-1) mit k-1 Regressoren, d.h. mit x_j als zusätzlichem Regressor, zurückgegriffen. In Gl. (4-1) ist β_j als zusätzlicher
Regressionskoeffizient zu schätzen. Führt nun ein für die Regressionsbeziehung aus Gl. (4-1) vorgenommener t- bzw. partiel-
ler F-Test zur Ablehnung der Hypothese $\beta_j=o$ (vgl. Gl. (4-13)),
dann ist der Regressor x_j zusätzlich aufzunehmen. Die zugehörige Teststatistik genügt aber nur dann einer t- bzw. F-Verteilung, wenn unter der Hypothese und sämtlichen Annahmen von Modell 1-2 (vgl. Abschnitt 1.3.1) die in Gl. (4-1) auftauchende
Regressionsbeziehung tatsächlich alle erforderlichen Regressoren enthält (vgl. Anhang A). Ein für den t- bzw. F-Test vorzu-
gebender und für die Aufnahme zu unterschreitender p-Wert kann
als Auswahlkriterium also nur bei der Auswahl des letzten aufzunehmenden Regressors verläßlich interpretiert werden.

Werte der Teststatistiken von t- bzw. partiellen F-Tests bestimmen auch maßgeblich, wie sich der Wert des korrigierten Bestimmtheitsmaßes $\overline{R}^2$ bei Aufnahme eines zusätzlichen Regressors
verändert. Im Gegensatz zum Bestimmtheitsmaß R^2 nimmt $\overline{R}^2$ seinen
größtmöglichen Wert nicht immer dann an, wenn alle vorhandenen
Regressoren aufgenommen sind. Der Wert von $\overline{R}^2$ wird daher als
Auswahlkriterium vorgezogen, wenn es gilt, Kollinearitätspro-
bleme einzuschränken. Liegt nun für die Auswahlentscheidung be-

züglich des Regressors x_j der absolute Wert der Teststatistik
eines t- bzw. F-Tests oberhalb von Eins, dann vergrößert sich
notwendig der Wert von $\overline{R}^2$ bei Aufnahme von x_j. Umgekehrt verkleinert sich dieser Wert, wenn x_j bei einem absoluten Wert der
jeweiligen Teststatistik unterhalb von Eins aufgenommen wird.
Diese Beziehung zwischen Teststatistiken und $\overline{R}^2$ läßt sich aus
den jeweiligen Definitionen leicht herleiten. So enthält der
Zähler der Teststatistik eines partiellen F-Tests (vgl. Gl.
(2-28)) eine Differenz von Summen von Residuenquadraten, der
zugehörige Nenner die auf einer solchen Summe basierende Schätzung s^2. Letztere geht aber auch in die Definition von $\overline{R}^2$ ein
(vgl. Gl. (2-9)). Danach ist eine Verkleinerung des Wertes von
s^2 zu einer Vergrößerung des Wertes von $\overline{R}^2$ äquivalent. Ein möglichst kleiner Wert für s^2 führt als Auswahlkriterium also auf
dieselben Regressoren, die sich bei der Suche nach dem größtmöglichen Wert von $\overline{R}^2$ ergeben.

Um diesen Wert zu finden, sind in der Regel viele einzelne Regressionen erforderlich. Das gilt insbesondere auch, wenn als
Alternative zu $\overline{R}^2$ das Auswahlkriterium eines möglichst kleinen
Press-Wertes genutzt wird. Unter Press (Predicted Residual Sum
of Squares) ist die Residuenquadratsumme für die in Abschnitt
3.3.2 eingeführten vorhergesagten Residuen zu verstehen. Die in
Gl. (3-21) eingeführten extern studentisierten Residuen heißen,
weil sie auf vorhergesagten Residuen beruhen, deshalb auch
Press-Residuen (vgl. Bild 3-6 in Abschnitt 3.3.2). Zum Press-
Kriterium und weiteren alternativen Auswahlkriterien sei auf
Draper/Smith (1981) und Weisberg (1985) verwiesen.

Für die Regression von BSP mit den möglichen Regressoren ERN,
LWS, LS2 und BEV sollen nachfolgend schrittweise Auswahlverfahren genutzt werden. Was den Wert des korrigierten Bestimmtheitsmaßes $\overline{R}^2$ für diese Regression anbelangt, so läßt sich mit einem
Blick auf Bild 4-1 (vgl. Abschnitt 4.1.1) feststellen: Der Wert
von $\overline{R}^2$ vergrößert sich, wenn im Gegensatz zur Einbeziehung aller vorhandenen Regressoren alternativ die Regressoren BEV oder
LS2 entfallen. Ursache dafür sind nach obiger Diskussion zugehörige absolute T-Werte kleiner als Eins.

4.3.2 Schrittweise Auswahl

Bei der schrittweisen Auswahl von Regressoren sind drei verschiedene Verfahren zu unterscheiden. In allen diesen Verfahren
wird die Entscheidung über die Aufnahme oder den Ausschluß von
Regressoren auf der Basis des p-Wertes eines t- oder F-Tests
gefällt, wie er als Auswahlkriterium beschrieben wurde. Bei allen Verfahren sind demnach Fehlspezifikationen im Auswahlergebnis nicht auszuschließen. In Erweiterung der schrittweisen Regression soll als erstes die vorwärtsgerichtete Auswahl beschrieben werden. Dieses Auswahlverfahren sieht vor, daß in jedem Auswahlschritt einer der möglichen Regressoren zusätzlich
zu den bereits vorhandenen in die betrachtete Regressionsbeziehung aufgenommen wird. Voraussetzung für eine Aufnahme ist aber,
daß der zu dem jeweiligen Regressor bzw. besser der zum Test
der Nullhypothese für dessen Regressionskoeffizienten gehörige
p-Wert eine gegebene Grenze unterschreitet. Als erster Regressor wird dabei in der Regel derjenige aufgenommen, dessen Beobachtungen mit denen des Regressanden absolut am höchsten korreliert sind. Erfüllen bei einem Auswahlschritt mehrere mögliche
Regressoren das genannte Auswahlkriterium, wird in der Regel
derjenige mit dem kleinsten p-Wert aufgenommen.

Nach Abschnitt 4.2 und Abschnitt 2.4 weist aber gerade derjenige unter den möglichen Regressoren den kleinsten p-Wert auf,
der über die absolut größte partielle Stichprobenkorrelation
verfügt. Das ist dann notwendig auch der Regressor, der gegenüber allen möglichen anderen Regressoren bei Aufnahme den stärk-
sten Anstieg des Bestimmtheitsmaßes R^2 bewirkt (vgl. Gl. (4-25)).
Die vorwärtsgerichtete Auswahl endet, wenn (i) alle vorhandenen
Regressoren aufgenommen sind oder (ii) kein möglicher Regressor
mehr das Auswahlkriterium erfüllt oder (iii) unter den möglicherweise aufzunehmenden Regressoren keiner eine gegebene Toleranzschwelle überschreitet (vgl. Abschnitt 4.2.2).

Das Gegenstück zur vorwärtsgerichteten Auswahl ist der rückwärtsgerichtete Ausschluß von Regressoren. Dieses Auswahlverfahren beginnt mit der Analyse derjenigen Regressionsbeziehung,
die alle vorhandenen Regressoren enthält. In jedem Auswahl-

schritt wird dann einer der jeweils noch verbliebenen Regressoren ausgeschlossen. Voraussetzung für einen Ausschluß ist, daß der zum jeweiligen Regressor gehörige p-Wert eine gegebene Grenze überschreitet. Stehen in einem Auswahlschritt mehrere solcher Regressoren bereit, dann wird unter diesen der Regressor mit dem größten p-Wert ausgeschlossen. Der rückwärtsgerichtete Ausschluß endet, wenn (i) kein expliziter Regressor mehr vorhanden ist oder (ii) unter den noch vorhandenen Regressoren keiner mehr das Ausschlußkriterium erfüllt oder (iii) keiner der vorhandenen Regressoren eine gegebene Toleranzschwelle unterschreitet.

Die eigentliche schrittweise Auswahl vereinigt Ansätze der vorwärtsgerichteten Auswahl und des rückwärtsgerichteten Ausschlusses. Sie beginnt wie die vorwärtsgerichtete Auswahl in der Regel mit der Aufnahme des Regressors, dessen Beobachtungen mit denen des Regressanden absolut am höchsten korreliert sind. Die Aufnahme weiterer Regressoren erfolgt ebenfalls wie bei der vorwärtsgerichteten Auswahl. Im Gegensatz dazu wird nun aber nach jeder Aufnahme eines Regressors wie beim rückwärtsgerichteten Ausschluß überprüft, ob einer der jeweils vorhandenen Regressoren das Ausschlußkriterium erfüllt. Ist dies der Fall, wird der jeweilige Regressor vor der nächsten Aufnahme ausgeschlossen. Die schrittweise Auswahl endet, wenn (i) keiner der vorhandenen Regressoren mehr das Auswahl- oder das Ausschlußkriterium erfüllt oder (ii) unter den möglicherweise aufzunehmenden (auszuschließenden) Regressoren keiner eine gegebene Toleranzschwelle überschreitet (unterschreitet).

Die genannten Verfahren zur schrittweisen Auswahl von Regressoren stehen auch in der SPSS-Prozedur REGRESSION zur Verfügung. Diese Prozedur arbeitet für die Aufnahme von Regressoren standardmäßig mit einem p-Wert von o,o5 , der von aufzunehmenden Regressoren zu unterschreiten ist. Für den Ausschluß von Regressoren müssen diese standardmäßig einen p-Wert von o,1o überschreiten. Ein solcher gegenüber dem für die Aufnahme höherer p-Wert sichert, daß einmal aufgenommene Regressoren bei der eigentlichen schrittweisen Auswahl nicht gleich wieder ausgeschlossen werden. Als Toleranzschwelle sieht die Prozedur REGRESSION den Wert o,o1 vor (vgl. Abschnitt 4.2.2).

Für die Beispielregression mit dem Regressanden BSP und den
möglichen Regressoren ERN, LWS, LS2 und BEV lassen sich die jeweiligen Auswahlverfahren leicht anwenden. Dazu ist in der Befehlsfolge 4-1 (vgl. Abschnitt 4.1.1) im METHOD-Befehl für EN-
TER einer der Befehle FORWARD, BACKWARD oder STEPWISE einzuset-
zen. Es zeigt sich, daß alle drei Auswahlverfahren auf dasselbe
Auswahlergebnis führen. Deshalb soll hier nur der Ablauf der
vorwärtsgerichteten Auswahl dokumentiert werden. Die diesbezüg-
lichen Auswahlschritte finden sich in Bild 4-4.

Da als erster Regressor die Variable ERN aufgenommen wird, beginnt Bild 4-4 mit einer Wiedergabe von Bild 1-1 (vgl. Abschnitt
1.1.2). Bild 1-1 wird aber um Angaben zu den noch nicht aufgenommenen möglichen Regressoren erweitert. Unter diesen weist
LWS die absolut größte partielle Stichprobenkorrelation und da-

```
    Equation Number 1      Dependent Variable..    BSP


    Variable(s) Entered on Step Number
       1..      ERN


    Multiple R                  .79770
    R Square                    .63633
    Adjusted R Square           .63269
    Standard Error    1218.63910

    Analysis of Variance
                        DF        Sum of Squares          Mean Square
    Regression           1       259850983.18530       259850983.18530
    Residual           100       148508126.46176         1485081.26462

    F =      174.97425           Signif F =   .0000


------------------- Variables in the Equation -------------------

Variable                  B           SE B          Beta           T   Sig T

ERN            1604.02001    121.26144          .79770      13.228  .0000
(Constant)     1693.94118    120.66325                      14.039  .0000


------------- Variables not in the Equation -------------

Variable       Beta In   Partial   Min Toler          T   Sig T

LWS            -.40252   -.45032      .45517     -5.018  .0000
LS2             .22521    .23428      .39355      2.398  .0184
BEV             .02134    .01777      .25204       .177  .8600
```

```
Variable(s) Entered on Step Number
   2..    LWS


Multiple R             .84266
R Square               .71008
Adjusted R Square      .70422
Standard Error     1093.56359

Analysis of Variance
                   DF       Sum of Squares      Mean Square
  Regression        2      289966857.76847   144983428.88423
  Residual         99      118392251.87859     1195881.33211

F =       121.23563        Signif F = 0.0


---------------- Variables in the Equation ----------------

Variable               B         SE B        Beta          T  Sig T

ERN         1006.58312    161.28964       .50059       6.241  .0000
LWS         -809.39326    161.28942      -.40252      -5.018  .0000
(Constant)  1693.91737    108.27893                   15.644  .0000


------------ Variables not in the Equation ------------

Variable     Beta In   Partial  Min Toler        T  Sig T

LS2          .02048     .02087    .30135       .207  .8367
BEV        1.1861E-03   .00111    .18828       .011  .9913


End Block Number    1    PIN =       .050 Limits reached.
```

Bild 4-4: Vorwärtsgerichtete Regressorauswahl für die Regression von BSP auf ERN, LWS, LS2 oder BEV

mit den kleinsten p-Wert unter Sig T auf. Dieser p-Wert liegt
unterhalb von o,o5. LWS wird deshalb als zweiter Regressor aufgenommen. Mit der Aufnahme von LWS ist die Regressorauswahl
aber bereits beendet, da die p-Werte der verbleibenden möglichen Regressoren LS2 und BEV den gegebenen Grenzwert von o,o5
weit übertreffen.

Bei der hier gezeigten schrittweisen Auswahl wird die gegebene
Toleranzschwelle immer überschritten. Ein Blick auf das korrigierte Bestimmtheitsmaß $\overline{R}^2$ zeigt für die Regression von BSP auf
ERN und LWS einen höheren Wert als bei Einbeziehung aller vorhandenen Regressoren (vgl. Bild 4-1 in Abschnitt 4.1.1). Zur

Interpretation der weiteren Schätz- und Testergebnisse für das
Auswahlergebnis sei auf die entsprechende Diskussion in Abschnitt 4.1 verwiesen. Die Interpretationen von Intervallschätzungen und Tests müssen daher immer unter dem Vorbehalt
zutreffender Modellannahmen erfolgen. Es sei daneben noch einmal daran erinnert, daß die hier vorgestellten Verfahren der
schrittweisen Auswahl keine Garantie gegen mögliche Fehlspezifikation mit sich bringen.

4.4 Residuenanalyse und Modelltransformation

4.4.1 Überprüfung der Modellannahmen und Modelltransformation

Nach der Regressorauswahl und der anschließenden Punktschätzung
von Modellparametern sollten im Ablauf einer Regressionsanalyse
zuerst die grundlegenden Modellannahmen überprüft werden (vgl.
Anahng C). Dies soll jetzt für die am Anfang dieses Kapitels
vorgestellte Beispielregression mit allen vorhandenen Regressoren geschehen. Es sei daran erinnert, daß für diese wie auch
für die über eine schrittweise Auswahl im vorangehenden Abschnitt erhaltene Regressionsbeziehung Fehlspezifikationen
nicht auszuschließen sind. Hier wird auf die Regression mit
vier expliziten Regressoren zurückgegriffen, weil dort alle
vorhandenen Informationen eingehen und weil diesbezüglich Parameterschätzungen und Parametertests bereits in Abschnitt 4.1
diskutiert wurden. Die Überprüfung der für die zugehörige Regression aufgestellten Annahmen von Modell 1-2 (vgl. Abschnitt
1.3.1) kann genau wie diejenige von Modell 1-1 (vgl. Abschnitt
1.3.1) in Kapitel 3 erfolgen. Zusätzlich können jetzt aber die
partiellen Residuendiagramme aus Abschnitt 4.2.1 zur Modelldiagnose herangezogen werden. Diese Diagramme spielen danach die
Rolle von Streudiagrammen für die Beobachtungen jeweils einer
exogenen und der endogenen Variable. Zeigen sich darin Nichtlinearitäten, dann ist damit eine Fehlspezifiaktion der betrachteten mehrfachen linearen Regressionsbeziehung angezeigt. Ein
Blick auf die partiellen Residuendiagramme in Bild 4-2 (vgl.
Abschnitt 4.2.1) läßt aber keine offenkundigen nichtlinearen

Zusammenhänge erkennen. So bleibt die Frage möglicher Fehlspezifikation bis zur Überprüfung der Annahmen von Modell 1-2 offen.

Wie in Abschnitt 3.2.2 soll zuerst die globale Annahme $E(u_i)=o$
für i=1,...,n explorativ untersucht werden (vgl. auch Anhang C).
Das dafür benötigte Residuendiagramm stellt den standardisierten Residuenwerten die standardisierten Vorhersagewerte gegenüber. Es läßt sich für die Beispielregression über den SCATTER-
PLOT-Befehl (vgl. Abschnitt 3.1.2) erzeugen und findet sich in
Bild 4-5.

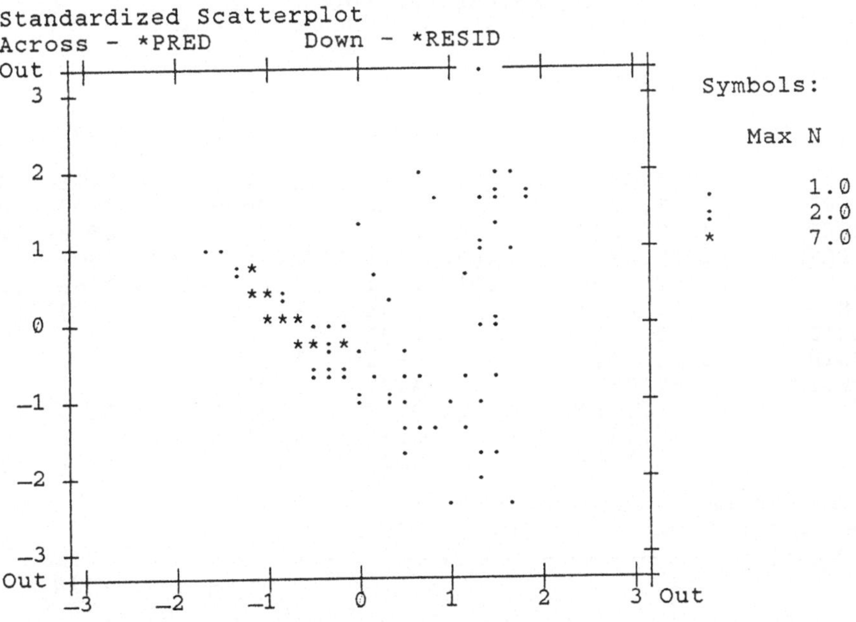

Bild 4-5: Residuen- versus Vorhersagewerte für die Regression
          von BSP auf ERN, LWS, LS2 und BEV

Obwohl gegenüber der Beispielregression aus den Kapiteln 2 und
3 nun drei zusätzliche Regressoren einbezogen sind, zeigt Bild
4-5 eine ähnliche Struktur wie Bild 3-2 (vgl. Abschnitt 3.1.2).
Neben der für ansteigende Vorhersagewerte ansteigenden Streuung
der Residuenwerte zeichnet sich jetzt aber auch ein gewisses
Maß an Nichtlinearität ab. Die Annahme, daß die Residuenwerte
zufällig um Null schwanken, könnte damit in Frage gestellt wer-

den. Um jedoch weitere Hinweise auf die Art möglicher Fehlspezifikation zu erhalten, ist ein Blick auf die Verteilung der
intern studentisierten Residuenwerte r_i (vgl. Gl. (3-6)) hilfreich. Diese Verteilung gibt nach Abschnitt 3.2.2 Hinweise darauf, ob die Annahmen der Homoskedastie und der Normalverteilung für die Störgrößen u_i aus Modell 1-2 aufrechtzuerhalten
sind. Der SCATTERPLOT-Befehl und die Erweiterung von Befehlsfolge 4-1 (vgl. Abschnitt 4.1.1) um einen entsprechenden RESI-
DUALS-Befehl (vgl. Abschnitt 3.2.2) liefern für die Beispielregression dazu die explorativen Hilfsmittel aus Bild 4-6.

```
Equation Number 1      Dependent Variable..   BSP


Residuals Statistics:

                   Min             Max        Mean      Std Dev      N

*PRED         -1010.3448      4813.6084  1693.9412  1694.5471    102
*ZPRED            -1.5959         1.8410      .0000     1.0000    102
*SEPRED          137.3307       518.5507   236.2004    63.6578    102
*ADJPRED       -1097.4700      4832.0005  1688.7511  1698.7603    102
*RESID         -2462.3696      3517.2371     -.0000  1082.4369    102
*ZRESID           -2.2293         3.1844     -.0000      .9800    102
*SRESID           -2.3136         3.2447      .0022     1.0113    102
*DRESID        -2652.0002      3651.6523    5.1901  1153.6304    102
*SDRESID          -2.3679         3.4187      .0047     1.0258    102
*MAHAL              .5712        21.2710    3.9608     3.0476    102
*COOK D             .0000          .2080      .0135      .0291    102
*LEVER              .0057          .2106      .0392      .0302    102
```

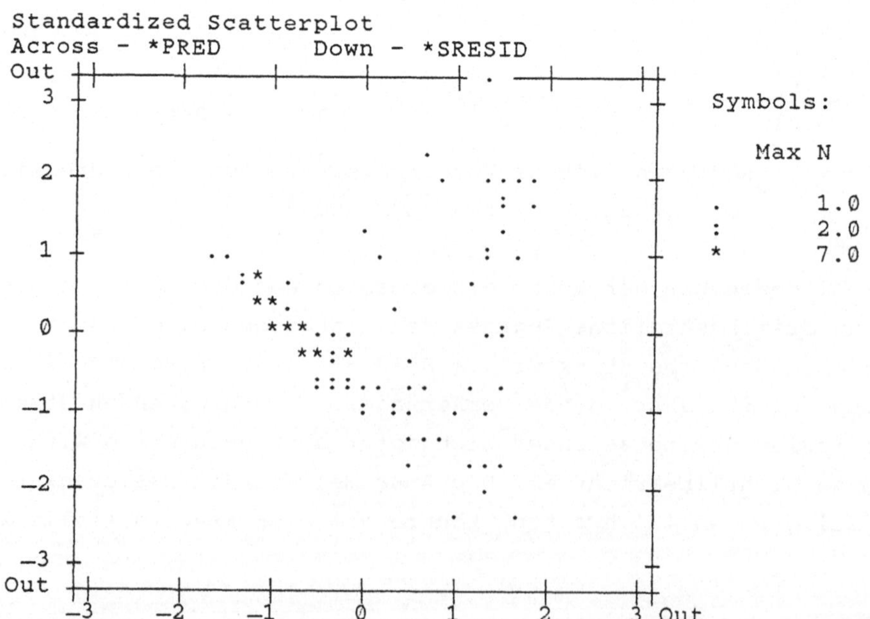

```
Histogram - Studentized Residual

NExp N          (* = 1 Cases,      . : = Normal Curve)
1   .08   Out  *
0   .16   3.00
0   .40   2.67
1   .91   2.33  :
5  1.86   2.00  *:***
3  3.41   1.67  **:
2  5.60   1.33  **      .
6  8.23   1.00  ******  .
8 10.8     .67  ********     .
* 12.8     .33  **********   .
* 13.5    0.0   *************:********
* 12.8   -.33   *************:*
* 10.8   -.67   **********:*
7  8.23  -1.00  *******.
3  5.60  -1.33  ***     .
4  3.41  -1.67  **:*
1  1.86  -2.00  *.
2   .91  -2.33  :*
0   .40  -2.67
0   .16  -3.00
0   .08   Out
```

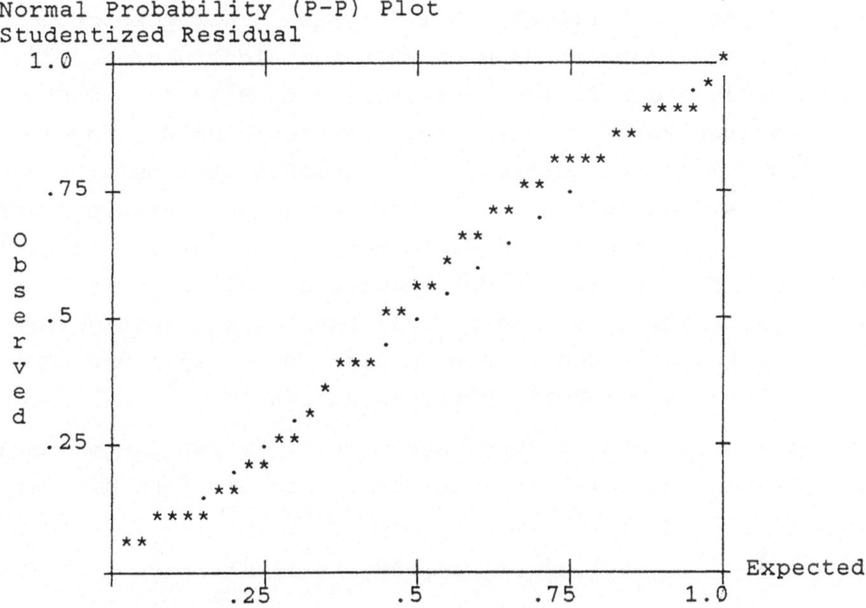

Bild 4-6: Residuenstatistiken und Verteilung intern studenti-
          sierter Residuenwerte für die Regression von BSP auf
          ERN, LWS, LS2 und BEV

Das Streudiagramm der intern studentisierten Residuen- und Vorhersagewerte aus Bild 4-6 bestätigt die bereits in Bild 4-5 gefundene Tendenz einer wachsenden Streuung der Residuenwerte, wenn die Vorhersagewerte ansteigen (vgl. dazu auch Bild 3-3 in Abschnitt 3.2.2). Die globale Modellannahme $\mathrm{Var}(u_i)=\sigma^2$ für i= 1,...,n ist damit zu verwerfen (vgl. Abschnitt 3.2.2). Demnach kann Heteroskedastie als hier wesentliche Ausprägung vorliegender Fehlspezifikation angesehen werden. Findet eine notwendige Heteroskedastiebereinigung über isolierte Transformationen nur der endogenen Variable statt, verändert sich nach Abschnitt 3.4.1 das Verteilungsmodell der Störgrößen. Werden die Vorbehalte gegenüber einer Interpretation des Normal Probability Plot aus Bild 4-6 bei Heteroskedastie (vgl. Abschnitt 3.2.2) außer Acht gelassen, scheinen die intern studentisierten Residuen r_i und damit die Störgrößen u_i aber auch kaum als normalverteilt gelten zu können (vgl. dazu auch Bild 3-4 in Abschnitt 3.2.2). Eine vorzunehmende Transformation zur Heteroskedastiebereinigung wird damit kaum normalverteilte in nicht normalverteilte Störgrößen überführen. Bei der Wahl einer entsprechenden Modelltransformation ist daneben zu berücksichtigen, daß die Zusammenstellung der Residuenstatistiken in Bild 4-6 mindestens einen negativen Vorhersagewert (vgl. Variable PRED) ausweist (vgl. Bild 3-3 in Abschnitt 3.3.2). Danach bietet es sich nach Abschnitt 3.4.1 an, wie dort von der endogenen Variable y auf die endogene Variable ln y überzugehen, also eine isolierte logarithmische Transformation der endogenen Variable vorzunehmen. Diese Transformation soll nach Möglichkeit gleichzeitig vorhandene Heteroskedastie und Nichtnormalität beseitigen und damit alle bestehenden Fehlspezifikationen ausräumen.

Statt der Regressionsbeziehung aus Modell 1-2 ist für die Beispielregression nun also in allgemeiner Schreibweise die Beziehung

$$\ln y_i = \hat{\beta}_1 + \hat{\beta}_2 x_{i2} + \ldots + \hat{\beta}_k x_{ik} + \hat{u}_i \quad \text{für } i=1,\ldots,n \qquad (4\text{-}27)$$

zu unterstellen (vgl. Gl. (3-31)). Auf die Variablen der Beispielregression übertragen, heißt das: $\ln \mathrm{BSP}_i = \hat{\beta}_1 + \hat{\beta}_2 \mathrm{ERN}_i + \hat{\beta}_3 \mathrm{LWS}_i + \hat{\beta}_4 \mathrm{LS2}_i + \hat{\beta}_5 \mathrm{BEV}_i$ für i=1,...,n. Diese Beziehung ist mit den Daten aus Tabelle 1-1 (vgl. Abschnitt 1.2.1) zu konfrontieren, um festzustellen, ob damit der Spezifikationsprozeß als beendet gelten kann (vgl. Anhang C). Das dies tatsächlich der Fall ist, zeigt das nachfolgende Analyseergebnis. Dieses Ergebnis umfaßt alle für eine mehrfache lineare Regression interessierenden Aspekte der aggregierten und fallweisen Modellanalyse. Es wurde über die SPSS-Prozedur REGRESSION mit einer Befehlsfolge erstellt, die zur Befehlsfolge 3-2 (vgl. Abschnitt 3.4.1) äquivalent ist. Diese Befehlsfolge ist als Befehlsfolge 4-2 wiedergegeben. Dabei ist zu berücksichtigen, daß über den COMPUTE-Befehl (vgl. Abschnitt 3.4.1) erzeugte Werte der endogenen Variable ln BSP als vorhanden vorausgesetzt werden.

```
Befehlsfolge 4-2: Aufruf einer Regressions- und Residuenanalyse
                  (ausführliche Fassung für eine mehrfache li-
                   neare Regression)
                  REGRESSION VARIABLES = LNBSP LWS TO BEV
                  /DESCRIPTIVES
                  /STATISTICS = DEFAULTS BCOV CI SES
                  /DEPENDENT = LNBSP
                  /METHOD = ENTER
                  /RESIDUALS = OUTLIERS(SRESID,SDRESID,MAHAL,
                                        COOK)
                                HISTOGRAM(SRESID)  NORMPROB(SRESID)
                  /CASEWISE
                  /SCATTERPLOT = (✗RESID,✗PRED)  (✗SRESID,✗PRED)
                  /PARTIALPLOT.
```

Ein Vergleich dieser Befehlsfolge mit Befehlsfolge 3-2 zeigt als einzigen Befehl, der bei einer mehrfachen linearen Regression zusätzlich auftaucht, den Befehl PARTIALPLOT (vgl. Abschnitt 4.2.1). Sollen daneben wie in Abschnitt 4.2.2 Korrelation, Toleranz und Kondition näher beleuchtet werden, ist in Befehlsfolge 4-2 der STATISTICS-Befehl um COND ZPP TOL zu ergänzen. Die interaktive Eingabe der Befehlsfolge 4-2 liefert als von SPSS/PC+ erzeugtes Analyseergebnis den wiederum länglichen Standardausdruck von Bild 4-7.

Die Interpretation von Bild 4-7 soll nun gemäß Anhang C erfolgen. Dabei gilt es außerdem, Parallelen zur bisherigen mehrfachen linearen Beispielregression (vgl. insbesondere Bild 4-1

```
            Mean   Std Dev  Label

LNBSP      6.673    1.311
LWS        -.000    1.000
ERN        -.000    1.000
LS2        -.000    1.000
BEV         .000    1.000

N of Cases =   102

Correlation:

             LNBSP        LWS         ERN         LS2         BEV

LNBSP        1.000      -.859        .840        .876       -.716
LWS          -.859      1.000       -.738       -.780        .626
ERN           .840      -.738       1.000        .779       -.865
LS2           .876      -.780        .779       1.000       -.707
BEV          -.716       .626       -.865       -.707       1.000
```

Equation Number 1   Dependent Variable..   LNBSP

```
Variable(s) Entered on Step Number
    1..      BEV
    2..      LWS
    3..      LS2
    4..      ERN


Multiple R            .93579
R Square              .87570
Adjusted R Square     .87057
Standard Error        .47157

Analysis of Variance
                    DF       Sum of Squares        Mean Square
Regression           4          151.96170           37.99043
Residual            97           21.57098             .22238

F =       170.83468        Signif F = 0.0
```

Var-Covar Matrix of Regression Coefficients (B)
Below Diagonal: Covariance   Above: Correlation

```
                      BEV          LWS          LS2          ERN

BEV              .00893       .10260       .14347       .70171
LWS          7.7486E-04       .00638       .49122       .30826
LS2              .00117       .00339       .00746      -.23855
ERN              .00739       .00274      -.00229       .01240
```

```
Equation Number 1     Dependent Variable..    LNBSP


-------------------- Variables in the Equation --------------------

Variable              B          SE B      95% Confdnce Intrvl B        Beta

BEV               .10105      .09452      -.08653        .28864       .07709
LWS              -.45593      .07991      -.61452       -.29734      -.34783
LS2               .51098      .08638       .33955        .68242       .38981
ERN               .45365      .11136       .23264        .67466       .34609
(Constant)       6.67255      .04669      6.57988       6.76522
```

```
          ----- Variables in the Equation ------

          Variable      SE Beta        T   Sig T

          BEV            .07210     1.069   .2876
          LWS            .06096    -5.706   .0000
          LS2            .06589     5.916   .0000
          ERN            .08495     4.074   .0001
          (Constant)              142.904   .0000
```

```
Casewise Plot of Standardized Residual

Outliers = 3.      *: Selected    M: Missing

          -6.      -3.   3.      6.
  Case #   O:.......:  :.......:O        LNBSP      *PRED       *RESID
     60    .           .. *     .         8.08      6.4512      1.6259
```

```
Residuals Statistics:

                    Min          Max      Mean    Std Dev     N

  *PRED          4.3493       8.7755    6.6725     1.2266    102
  *ZPRED        -1.8940       1.7145     .0000     1.0000    102
  *SEPRED         .0586        .2214    .1008      .0272    102
  *ADJPRED       4.2819       8.7734    6.6703     1.2267    102
  *RESID        -1.0830       1.6259    -.0000      .4621    102
  *ZRESID       -2.2965       3.4479    -.0000      .9800    102
  *SRESID       -2.3555       3.5088     .0022     1.0087    102
  *DRESID       -1.1393       1.6839     .0022      .4901    102
  *SDRESID      -2.4133       3.7358     .0047     1.0257    102
  *MAHAL          .5712      21.2710    3.9608     3.0476    102
  *COOK D         .0000        .2604    .0124      .0301    102
  *LEVER          .0057        .2106    .0392      .0302    102
```

Outliers - Studentized Residual

Case #	*SRESID
60	3.50878
11	2.54214
9	-2.35547
65	-2.27064
36	-2.23293
96	2.12467
64	2.05060
79	1.81568
99	-1.75552
55	1.69949

Outliers - Studentized Deleted (Press) Residual

Case #	*SDRESID
60	3.73577
11	2.61771
9	-2.41333
65	-2.32144
36	-2.28078
96	2.16466
64	2.08572
79	1.83780
99	-1.77487
55	1.71646

Outliers - Mahalanobis' Distance

Case #	*MAHAL
51	21.27102
11	15.94710
101	13.56822
14	9.96957
28	8.99708
100	7.49766
67	7.36079
80	7.09084
32	7.00426
31	6.88348

Outliers - Cook's Distance

Case #	*COOK D	Sig F
11	.26042	.9336
51	.09687	.9925
60	.08772	.9940
64	.06069	.9975
9	.05773	.9978
79	.04553	.9987
97	.03677	.9993
36	.03585	.9993
29	.03399	.9994
4	.03156	.9995

```
Histogram - Studentized Residual

NExp N        (* = 1 Cases,      . : = Normal Curve)
1   .08    Out  *
0   .16    3.00
1   .40    2.67 *
0   .91    2.33 .
2  1.86    2.00 *:
4  3.41    1.67 **:*
4  5.60    1.33 ****  .
6  8.23    1.00 ******  .
*  10.8     .67 **********.
*  12.8     .33 ***********  .
*  13.5    0.0  ***************:***
*  12.8    -.33 *************:**
*  10.8    -.67 ***********:**
9  8.23   -1.00 *******:*
2  5.60   -1.33 **     .
4  3.41   -1.67 **:*
0  1.86   -2.00   .
3   .91   -2.33 :**
0   .40   -2.67
0   .16   -3.00
0   .08    Out
```

Normal Probability (P-P) Plot
Studentized Residual

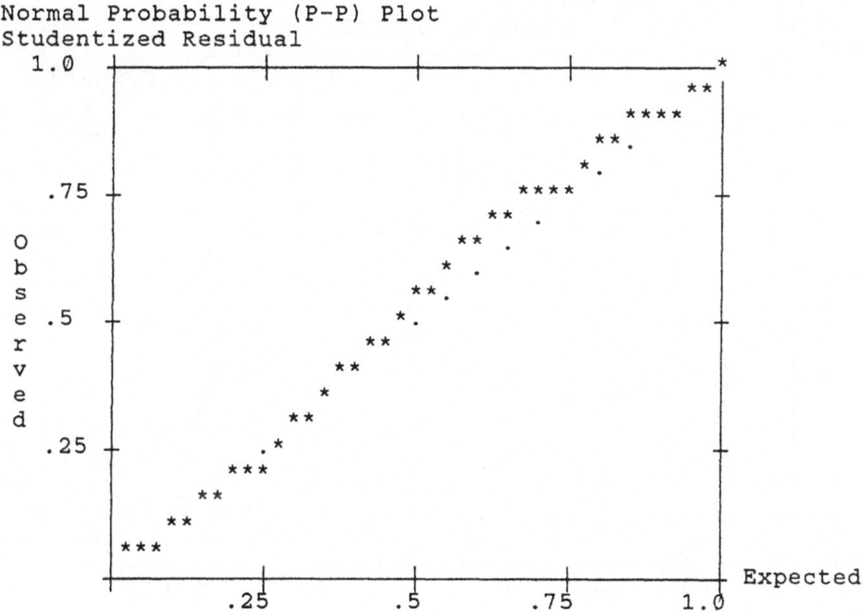

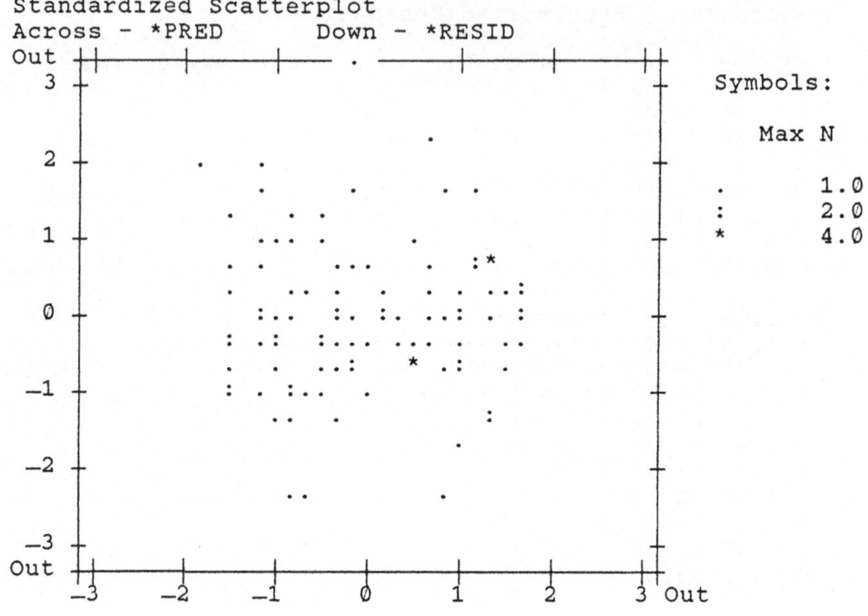

Standardized Scatterplot
Across - *PRED   Down - *RESID
Symbols:
Max N
.   1.0
:   2.0
*   4.0

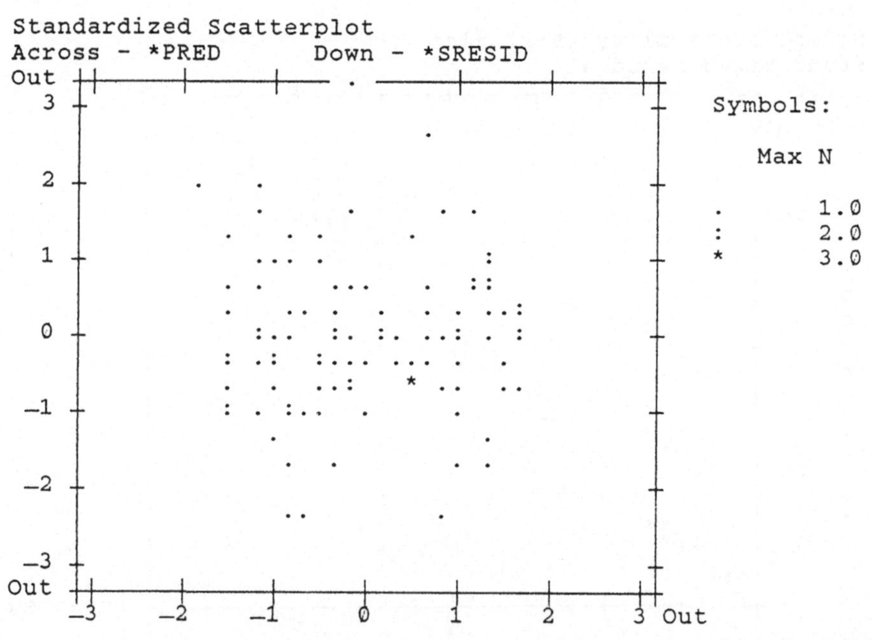

Standardized Scatterplot
Across - *PRED   Down - *SRESID
Symbols:
Max N
.   1.0
:   2.0
*   3.0

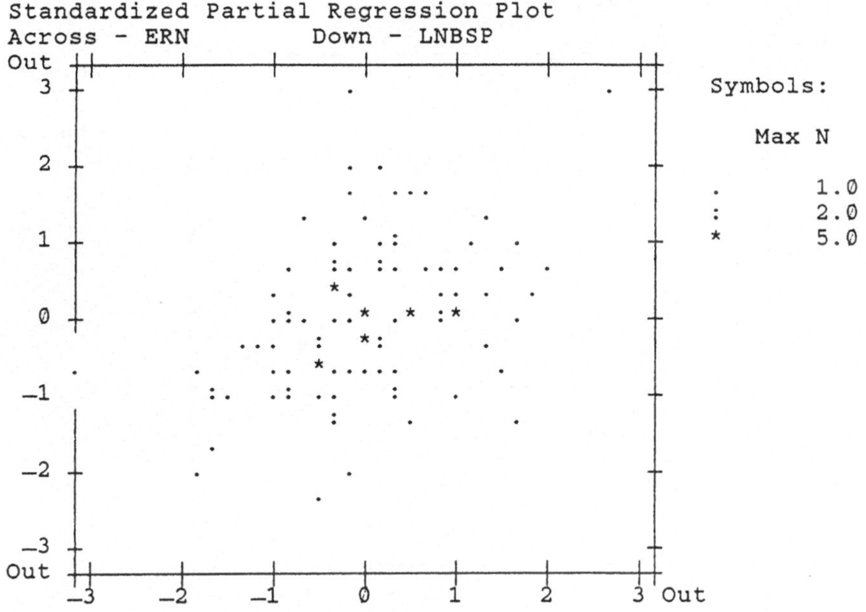

Standardized Partial Regression Plot
Across - ERN   Down - LNBSP
Symbols:
Max N
.   1.0
:   2.0
*   5.0

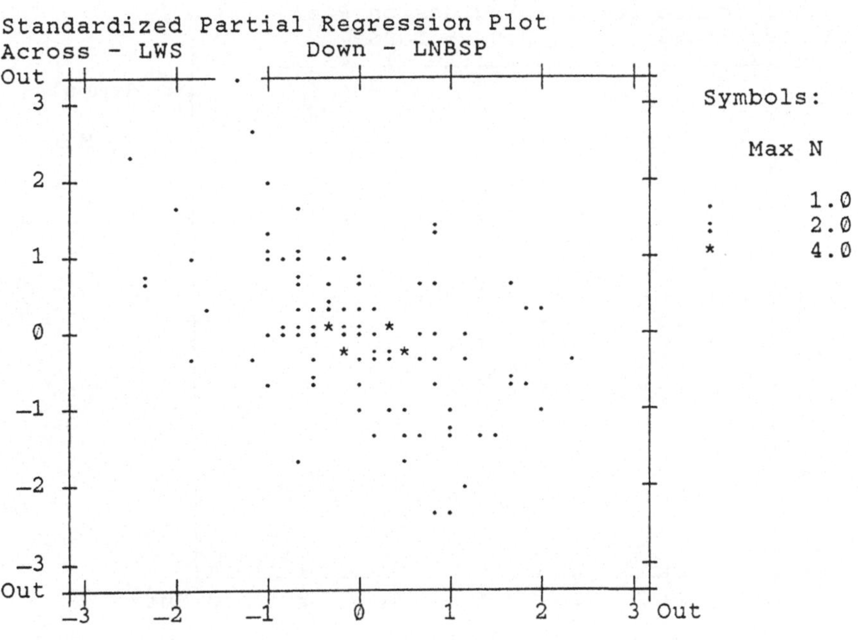

Standardized Partial Regression Plot
Across - LWS   Down - LNBSP
Symbols:
Max N
.   1.0
:   2.0
*   4.0

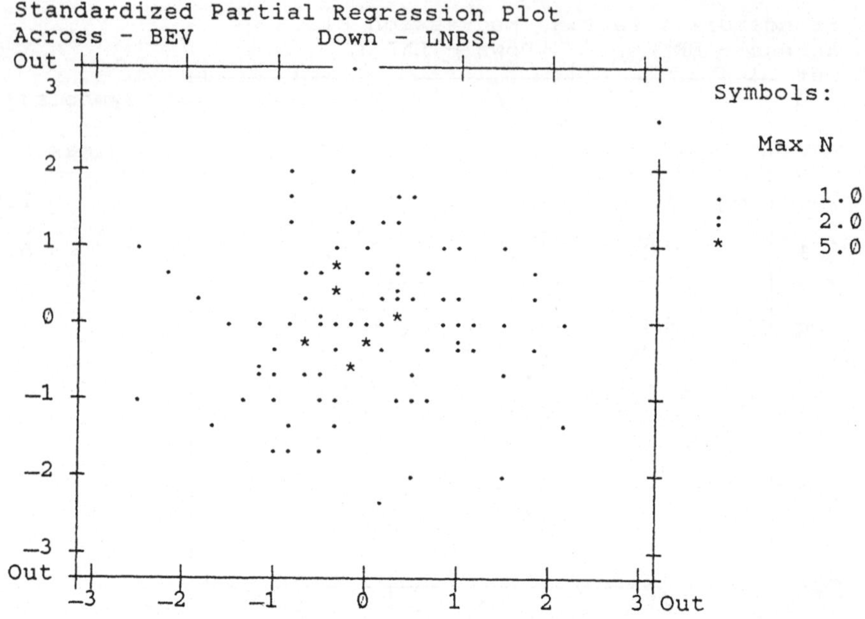

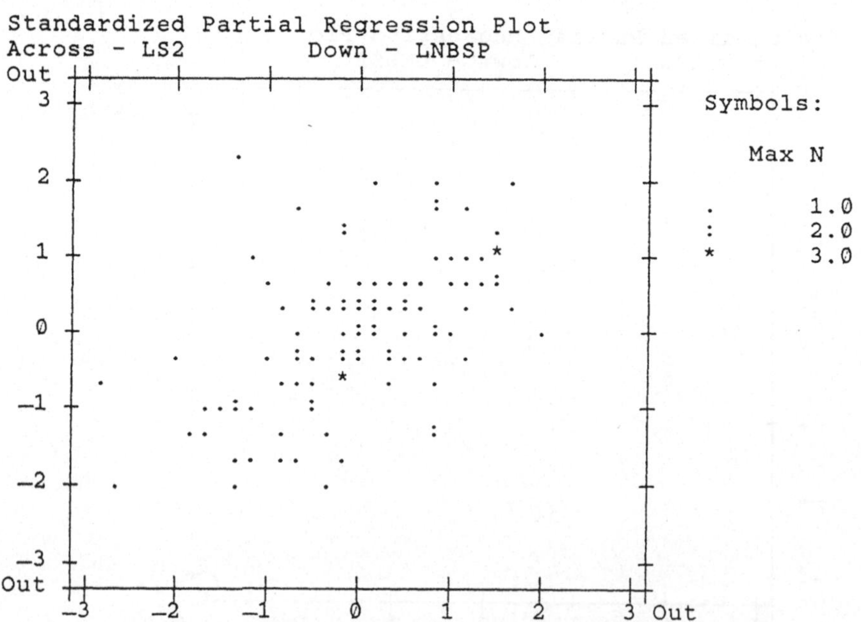

Bild 4-7: Regressions- und Residuenanalyse für die Regression
von ln BSP auf ERN, LWS, LS2 und BEV

in Abschnitt 4.1.1 und Bild 4-2 in Abschnitt 4.2.1) sowie zur
einfachen linearen Regression von ln BSP auf ERN (vgl. Bild 3-9
in Abschnitt 3.4.1) zu ziehen. In Bild 4-7 fallen zuerst die
absolut hohen Korrelationen zwischen der endogenen Variable ln
BSP und den einzelnen Regressoren auf. Die Werte der jeweiligen
Korrelationskoeffizienten übertreffen, absolut genommen, durch-
weg diejenigen vor Transformation der endogenen Variable (vgl.
Bild 1-2 in Abschnitt 1.2.1). Als Folge nimmt in Bild 4-7 auch
das Bestimmtheitsmaß mit R^2=o,88 einen weit höheren Wert als in
Bild 4-1 an. Daß dieser Wert denjenigen vor Hinzunahme der Regressoren LWS, LS2 und BEV in Bild 3-9 übertrifft, ist aufgrund
der Eigenschaften von R^2 offensichtlich. Dieselben Größenver-
hältnisse finden sich aber auch für das korrigierte Bestimmtheitsmaß $\bar{R}^2$.

Der damit gefundene große Prozentsatz erklärter Stichprobenvarianz für die Variable ln BSP verliert an Bedeutung, wenn die
betrachtete Regressionsbeziehung (vgl. Gl. (4-27)) nicht allen
Annahmen von Modell 1-2 genügt. Diese Annahmen sind daher jetzt
zu überprüfen. Hier zeigen zuerst einmal die partiellen Residuendiagramme aus Bild 4-7 keine offenkundigen Nichtlinearitäten. Dasselbe gilt auch für das Streudiagramm standardisierter
Residuen- und Vorhersagewerte. Die globale Annahme $E(\tilde{u}_i)$=o für
i=1,...,n ist für die Störgrößen aus Gl. (4-27) damit aufrechtzuerhalten (vgl. Abschnitt 3.2.2). Entsprechendes gilt für die
globale Annahme konstanter Varianzen, d.h. $Var(\tilde{u}_i)$=σ^2 für i =
1,...,n. Das in Bild 4-7 enthaltene Streudiagramm der intern
studentisierten Residuen- und Vorhersagewerte zeigt nämlich
keine erkennbare Struktur, so daß die vorgenommene logarithmische Transformation der endogenen Variable als heteroskedastiebereinigend gelten kann (vgl. Abschnitt 3.4.1). Wird die Annahme unkorrelierter Störgrößen wegen vorhandener Querschnittdaten
als vernachlässigbar betrachtet, bleibt allein noch die Normalverteilungsannahme für die Störgrößen $\tilde{u}_i$ aus Gl. (4-27) zu untersuchen. Das Histogramm intern studentisierter Residuenwerte
in Bild 4-7 zeigt diesbezüglich eine gegenüber der Standard-
normalverteilung leicht rechtssteile Form. Diese Form bestätigt
sich auch im zugehörigen Normal Probability Plot. Die Abweichungen von der dort eingezeichneten stilisierten Gerade errei-

chen jedoch bei weitem nicht das Ausmaß derjenigen vor Transformation in Bild 4-6. Interessanterweise findet sich jedoch im Vergleich zur mehrfachen für die einfache lineare Regression von ln BSP auf ERN eine bessere Anpassung der Verteilung intern studentisierter Residuen an das Normalverteilungsmodell (vgl. Bild 3-9). Trotzdem können hier die intern studentisierten Residuen und damit auch die Störgrößen $\tilde{u}_i$ aus Gl. (4-27) als approximativ normalverteilt gelten. Damit sind, wenn mögliche Ausreißer vorerst unbeachtet bleiben, dann auch die notwendigen Grundlagen zur Interpretation der in Bild 4-7 aufgeführten Werte von t- und F-Tests als gegeben zu betrachten, Fehlspezifikationen somit nicht länger zu bereinigen.

Bild 4-7 weist als geschätzte Regressionsbeziehung die Gleichung $\hat{\ln}$ BSP=6,67+o,45ERN-o,46LWS+o,51LS2+o,1oBEV aus. Wie bei der mehrfachen linearen Regression vor Transformation (vgl. Bild 4-1) zeigt also auch hier der geschätzte Koeffizient des Regressors BEV, d.h. $\tilde{b}_5$, ein positives Vorzeichen, obwohl zwischen den Beobachtungen der Variablen ln BSP und BEV eine negative Korrelation besteht. Wie dort ist diese Vorzeichenumkehrung aber nicht als problematisch anzusehen, da bei einem Signifikanzniveau von α=o,o5 ein t-Test der Hypothese $\tilde{\beta}_5$=o nicht zur Ablehnung führt. Wegen Sig T=o,2876>α in Bild 4-7 ist ein isolierter linearer Einfluß des Regressors BEV auf den Regressanden ln BSP also nicht statistisch gesichert. Daß alle vier Regressoren gemeinsam einen signifikanten Einfluß auf ln BSP ausüben, ist bei dem vorgefundenen hohen Wert des Bestimmtheitsmaßes R^2 offensichtlich. Es sei dazu auf Gl. (4-11) und den Wert Signif F=o,o in Bild 4-7 verwiesen. Anders als vor Transformation findet sich jetzt auch für α=o,o5 ein signifikanter Einfluß des Regressors LS2. Der zugehörige p-Wert liegt in Bild 4-7 bei Sig T=o,o. Wichtig ist für die betrachtete Regressionsbeziehung außerdem, daß, wie die Residuenstatistiken zeigen, nunmehr auch alle Vorhersagewerte (Variable PRED) positiv sind. Analyseprobleme können sich damit nur noch im Rahmen der nachfolgenden Falldiagnose ergeben.

Hinsichtlich der beabsichtigten Erklärung des BSP/Kopf durch verschiedene synthetische Indikatoren für Entwicklung bzw. Unterentwicklung liegt nun eine weitere Regressionsbeziehung vor,

für die bis auf mögliche Ausreißer alle Annahmen von Modell 1-2
als erfüllt gelten können. Mit R^2=o,88 zeigt diese Beziehung,
daß der logarithmierte Indikator ln BSP fast vollständig durch
die vier als Regressoren aufgenommenen synthetischen Indikatoren erklärt ist. Der Indikator BSP/Kopf ist damit fast vollständig durch eine nichtlineare Transformation dieser Indikatoren ersetzbar (vgl. Kockläuner (1987)). Die Indikatordebatte
kann daher unter bestimmten Voraussetzungen auf das BSP/Kopf
als Indikator für Entwicklung bzw. Unterentwicklung von Nationen verzichten.

4.4.2 Falldiagnose

Für mehrfache lineare Regressionen kann eine Untersuchung auf
einflußreiche Fälle und Ausreißer genau wie für einfache lineare Regressionen erfolgen (vgl. Abschnitt 3.3). So sind die Ergebnisse zur rekursiven Parameterschätzung in Abschnitt 3.3.1
bereits allgemein auf k-1 explizite Regressoren bezogen. Anzupassen ist lediglich die Definition von leverage-Werte h_{ii}
(vgl. Gl. (3-16)) und Mahalanobis-Abständen d_i (vgl. Gl. (3-17)).
Bei k-1 expliziten Regressoren läßt sich das i-te Hauptdiagonalelement h_{ii}, i=1,...,n der Hutmatrix $H=X(X'X)^{-1}X' \sim (n,n)$
(vgl. Gl. (2-51)) in der Form

$$h_{ii}=1/n+((x_{i2}..x_{ik})-(\overline{x}_2..\overline{x}_k))(\tilde{X}{}'\tilde{X})^{-1}\cdot \qquad (4-28)$$
$$((x_{i2}..x_{ik})-(\overline{x}_2..\overline{x}_k))'$$

schreiben (vgl. z.B. Velleman/Welsch (1981)). Die Matrix $\tilde{X} \sim$
(n,k-1) ergibt sich dabei aus der Regressormatrix X (vgl. Gl.
(4-2)) durch Fortfall der ersten Spalte und Zentrierung der
restlichen Spalten. Offensichtlich fällt die Definition von leverage-Werten nach Gl. (4-28) für k=2 auf diejenige in Gl. (3-16)
zusammen. Die auch für den Übergang von Gl. (3-16) auf Gl.(3-17)
gültige Beziehung

$$d_i = (h_{ii} - 1/n)(n - 1) \qquad (4-29)$$

ergibt sofort die auf k-1 explizite Regressoren erweiterte Definition der Mahalanobis-Abstände d_i, i=1,...,n. Wie Gl. (4-28)
zeigt, handelt es sich beim Mahalanobis-Abstand d_i um den ge-

eignet normierten quadrierten Abstand des Vektors $(x_{i2}\ldots x_{ik})$ von Regressorwerten im Fall i vom zugehörigen Mittelwertvektor $(\bar{x}_2\ldots\bar{x}_k)$. Große Mahalanobis-Abstände kennzeichnen offensichtlich Fälle mit Ausreißern unter den Beobachtungen der exogenen Variablen. Da diese Fälle aber auch durch hohe leverage-Werte gekennzeichnet sind, liegt nach Abschnitt 3.3.1 jeweils ein großer Einfluß solcher Fälle auf Punktschätzungen von Modellparametern vor. Es sei daran erinnert, daß Hoaglin/Welsch (1978) entsprechende Fälle dann als leverage-Punkte bezeichnen, wenn $h_{ii}>2k/n$ beträgt.

Für die nach einer Heteroskedastiebereinigung im vorangehenden Abschnitt erhaltene Beispielregression mit der endogenen Variable ln BSP (vgl. Gl. (4-27)) finden sich die zehn größten vorkommenden Mahalanobis-Abstände in Bild 4-7. Um den Ausdruck dieser Werte zu veranlassen, ist der RESIDUALS-Befehl der Befehlsfolge 4-2 entsprechend angepaßt. Wegen der direkten Beziehung zwischen leverage-Werten und Mahalanobis-Abständen wurde auf einen gesonderten Ausdruck ersterer verzichtet. Der größte Mahalanobis-Abstand findet sich für Puerto Rico (Fallnummer 51) mit $d_{51}=21,17$. Er führt bei n=1o2 nach Gl. (4-29) auf einen leverage-Wert von $h_{51,51}=o,22$. Dieser leverage-Wert liegt für k=5 weit oberhalb von 2k/n=o,1 und macht den Beobachtungsvektor für Puerto Rico damit zum leverage-Punkt. Leverage-Punkte ergeben sich danach auch für die Länder mit den Fallnummern 11, 1o1, 14 und 28. In diesem Zusammenhang sei daran erinnert, daß Puerto Rico für die einfache lineare Regression von ln BSP auf ERN nicht durch einen großen Mahalanobis-Abstand, sondern durch einen absolut großen extern studentisierten Residuenwert auffällt (vgl. Bild 3-9 in Abschnitt 3.4.1).

Extern studentisierte Residuen bilden nach Abschnitt 3.3.2 Teststatistiken in fallweisen Ausreißertests. Dabei gilt es, jeweils fallweise die Hypothese $E(u_i)=o$ in der Form $E(y_i - \tilde{x}'_i b_{(i)})=o$ (vgl. Gl. (3-18)) erneut zu überprüfen. Mit $\tilde{x}'_i = (1\ x_{i2}\ldots x_{ik})\sim(1,k)$ und $b_{(i)}\sim(k,1)$ (vgl. Gl. (3-9)) als Schätzvektor für den Vektor β in der Regressionsbeziehung aus Gl. (4-3) ohne Berücksichtigung von Fall i stellt $y_i-\tilde{x}'_i b_{(i)}$ hier ein vorhergesagtes Residuum dar. Das daraus abgeleitete extern

studentisierte Residuum r_i' (vgl. Gl. (3-21)) genügt unter der
zu testenden Hypothese, der Normalverteilungsannahme für die
Störgrößen u_i in Gl. (4-1) sowie den sonstigen für diese Störgrößen in Modell 1-2 (vgl. Abschnitt 1.3.1) geforderten Annahmen einer t-Verteilung mit n-k-1 Freiheitsgraden. Die Zufallsvariable y_i ist danach als Ausreißer zu klassifizieren, wenn
der Residuenwert r_i' absolut einen gegebenen Prozentpunkt der
t-Verteilung übersteigt (vgl. Ungl. (3-2o)). Tritt dieser Fall
ein, kann $E(u_i) \neq o$ und damit Fehlspezifikation diagnostiziert
werden. Dabei ist jedoch ein möglicher Fehler erster Art zu berücksichtigen.

Nach erfolgter Heteroskedastiebereinigung sind im vorangehenden
Abschnitt sämtliche Modellannahmen für die Störgrößen $\tilde{u}_i$ der
Regressionsbeziehung aus Gl. (4-27) explorativ überprüft worden. Da Widersprüche zu den einzelnen Annahmen nicht auftauch-
ten, sind die Voraussetzungen für anschließende Ausreißertests
damit als gegeben zu betrachten. Es können also jetzt mit Hilfe extern studentisierter Residuenwerte r_i' hier die Hypothesen
$E(\ln y_i - \tilde{x}_i' b_{(i)}) = o$ für i=1,...,n überprüft werden. Die zehn größten vorkommenden Residuenwerte r_i' finden sich für die interessierende Beispielregression in Bild 4-7 als PRESS-Residuals.
Zum Ausdruck dieser Residuenwerte sei wieder auf den RESIDUALS-
Befehl der Befehlsfolge 4-2 verwiesen. Zur Entscheidung über
mögliche Ausreißer sind für $\alpha = o,o5$ die absoluten Werte $|r_i'|$
mit dem Prozentpunkt $t_{n-k-1,1-\alpha/2} = t_{96,\,o,975} = 1,935$ (vgl. z.B.
Frohn (198o)) zu vergleichen. Für die ersten sieben aufgeführten Länder gilt danach, daß die jeweiligen Zufallsvariablen ln
y_i signifikante Ausreißer darstellen. Ein besonders hoher absolu-
ter extern studentisierter Residuenwert liegt dabei für Saudi-
Arabien (Fallnummer 6o) vor. Unter der Voraussetzung, keinen
Fehler erster Art begangen zu haben, könnte Saudi-Arabien also
berechtigterweise aus der aggregierten Analyse ausgeschlossen
werden. Eine Regression ohne Ausreißer könnte neben Saudi-Arabien aber auch noch die sechs weiteren Länder mit den nächst-
größten Werten $|r_i'|$ ausschließen (vgl. Abschnitt 3.4.3). Ob ein
solcher Ausschluß aber tatsächlich erfolgt, kann u.a. auch davon abhängig gemacht werden, wie einflußreich die Ausreißerfälle bei der Parameterschätzung sind.

Hier gilt es, die in Gl. (3-22) eingeführten Cook-Abstände c_i zu untersuchen. Die Definition der Cook-Abstände zeigt ihre Abhängigkeit von intern studentisierten Residuen r_i (vgl. Gl. (3-6)). Einflußreiche Fälle sind nach Abschnitt 3.3.2 durch Beobachtungsvektoren $(x_{i2}...x_{ik}\ y_i)$ mit großem Cook-Abstand c_i, d.h. z.B. auch absolut großem Residuenwert r_i, gekennzeichnet. Nach der ebenfalls in Abschnitt 3.3.2 genannten Faustregel von Weisberg (1985) liegen einflußreiche Fälle dann vor, wenn Cook-Abstände größer als Eins auftauchen.

Für die mehrfache lineare Beispielregression mit ln BSP als endogener Variable liegen nach Bild 4-7 aber alle Cook-Abstände weit unterhalb von Eins. Zum Ausdruck der Cook-Abstände sei nochmals auf den RESIDUALS-Befehl der Befehlsfolge 4-2 verwiesen. Damit sind keine einflußreichen Fälle angezeigt, obwohl nach Bild 4-7 zwischen den absolut größten vorkommenden intern und extern studentisierten Residuenwerten keine wesentlichen Größenunterschiede bestehen. Die relativ kleinen leverage-Werte h_{ii} führen also trotz teilweise absolut hoher extern studentisierter Residuenwerte auf kleine Cook-Abstände. Wie die zusammen mit den Cook-Abständen ausgedruckten p-Werte unter Sig F anzeigen, liegen keine signifikant einflußreichen Fälle vor (vgl. Abschnitt 3.3.2). In der betrachteten Beispielregression sind danach Fälle nicht deshalb auszuschließen, weil sie möglicherweise einflußreich sind. Wird das Problem möglicher Ausreißer deshalb auch vernachlässigt, dann kann auf eine nachfolgende Regression ohne Ausreißer verzichtet werden. Weitere Modelltransformationen sind in diesem Fall nicht erforderlich.

Liegen andererseits Ausreißer vor, dann müssen die zugehörigen Fälle nicht notwendig von der weiteren Analyse ausgeschlossen bleiben. Wie der nachfolgende Abschnitt zeigt, können Ausreißer über sogenannte Strukturbrüche erklärt und entsprechend modelliert werden.

4.5 Kovarianz- und Varianzanalyse

4.5.1 Strukturbrüche

In einzelnen der vorangehenden Abschnitte sind für unterschiedliche Beispielregressionen Ausreißertests durchgeführt worden.
Liegen unter den endogenen Variablen dieser Regressionen signifikante Ausreißer vor, kann angenommen werden, daß die untersuchten Regressionsbeziehungen für die betreffenden Fälle fehlspezifiziert sind. Anstatt nun mögliche Ausreißerfälle von der
weiteren Analyse auszuschließen (vgl. Abschnitt 3.4.3), lassen
sich für diese Fälle aber auch von der untersuchten abweichende
Regressionsbeziehungen spezifizieren. Dafür bestehen natürlich
vielfältige Möglichkeiten. Eine Möglichkeit besteht darin, für
die betreffenden Fälle dieselben Modellvariablen in derselben
funktionalen Form wie zuvor miteinander zu verknüpfen, jedoch
von den vorherigen abweichende Regressionskoeffizienten zu spezifizieren. Diese Möglichkeit bedeutet, daß die Annahme von für
alle betrachteten Fälle konstanten Regressionskoeffizienten in
Modell 1-1 bzw. Modell 1-2 (vgl. Abschnitt 1.3.1) aufgehoben
wird. Sie bedeutet, daß sogenannte Strukturbrüche explizit modelliert werden.

Als Beispiel für die Modellierung von Strukturbrüchen sei von
der einfachen linearen Regression von y=ln BSP auf x=ERN in Abschnitt 3.4.1 ausgegangen. Die dort vorgenommene Regressionsanalyse hat zumindest einen Fall, nämlich im Beispiel Puerto
Rico mit der Fallnummer m=51, als Ausreißerfall gekennzeichnet.
Werden für diesen Fall von den anderen abweichende Regressionskoeffizienten modelliert, dann sind z.B. die folgenden Regressionsbeziehungen zu analysieren:

$$y_i = \beta_1 + \beta_2 x_i + u_i \qquad \text{für } i=1,\ldots,n \text{ und } i \neq m \qquad (4\text{-}3o)$$
$$y_i = \gamma_1 + \gamma_2 x_i + u_i \qquad \text{für } i=m \; .$$

In den Gln. (4-3o) ist immer dann ein Strukturbruch modelliert,
wenn der Regressionskoeffizient γ_1 von β_1 oder der Regressionskoeffizient γ_2 von β_2 abweicht. Selbstverständlich muß die zweite Beziehung aus den Gln. (4-3o) nicht nur für einen einzigen
Fall unterstellt werden. Es kann mehrere Ausreißerfälle geben,

für die dieselbe alternative Regressionsbeziehung zu spezifizieren ist. Zudem sei daran erinnert, daß die Koeffizienten γ_1 und γ_2 sich nicht auf der Basis nur eines einzigen Beobachtungspaares schätzen lassen (vgl. z.B. Abschnitt 2.5.2).

Interessant ist nun, daß sich Strukturbrüche alternativ zu den Gln. (4-3o) auch unter Einbeziehung qualitativer Variablen modellieren lassen. Als qualitative Variable ist dazu die sogenannte Dummy-Variable D mit

$$D_i = \begin{cases} o & \text{für } i=1,\dots,n \text{ und } i \neq m \\ 1 & \text{für } i=m \end{cases} \qquad (4\text{-}31)$$

einzuführen. Über die Dummy-Variable D lassen sich qualitative Aspekte einer Regression wie z.B. Ausreißerfälle quantifizieren. Die in Modell 1-1 bzw. Modell 1-2 (vgl. Abschnitt 1.3.1) geforderte Annahme ausschließlich quantitativer Regressoren ist damit aufzuweichen.

Weicht in den Gln. (4-3o) lediglich der Koeffizient γ_1 von β_1 ab und gilt $\gamma_1 - \beta_1 = \delta_1$, dann können diese Gleichungen mit dem zusätzlichen Regressor D als

$$y_i = \beta_1 + \delta_1 D_i + \beta_2 x_i + u_i \qquad \text{für } i=1,\dots,n \qquad (4\text{-}32)$$

geschrieben werden. Gilt zusätzlich $\gamma_2 - \beta_2 = \delta_2$, ergibt sich als alternative Modellierung der Gln. (4-3o)

$$y_i = \beta_1 + \delta_1 D_i + \beta_2 x_i + \delta_2 D_i x_i + u_i \qquad \text{für } i=1,\dots,n \ . \qquad (4\text{-}33)$$

Werden Strukturbrüche also über Dummy-Variablen modelliert, bedeutet dies für ursprünglich einfache lineare Regressionsmodelle einen notwendigen Übergang auf mehrere Regressoren. Ausreißer als Beispiel für Strukturbrüche lassen sich demnach über Modelltransformationen einbeziehen (vgl. Abschnitt 3.4.3). Ergebnis sind Regressionsbeziehungen mit sowohl qualitativen wie auch quantitativen Regressoren. Die zugehörigen Regressionsmodelle, insbesondere das mit Gl. (4-32) verbundene, heißen Modelle der Kovarianzanalyse und stellen einen Spezialfall für Modelle der Regressionsanalyse dar. Für Gl. (4-33) ist dabei zu berücksichtigen, daß die Dummy-Variable nicht nur für i=m den Wert Eins annimmt, daß also mindestens zwei äquivalente Ausreißerfälle vorhanden sind. Ist das nicht der Fall, dann

finden sich mit D und Dx zwei Regressoren, deren Beobachtungsvektoren linear abhängig sind, was gegen grundlegende Annahmen
von Modell 1-2 verstößt. Als Folge solcher exakten Kollinearität (vgl. Abschnitt 4.2) existiert dann die für den Schätzvektor b (vgl. Gl. (2-47)) benötigte Inverse nicht mehr.

Hier soll aber vorrangig die Regressionsbeziehung aus Gl.(4-32)
untersucht werden. Diese Beziehung weist drei unbekannte Regressionskoeffizienten auf, die auch schätzbar sind, wenn die
Dummy-Variable D wie in Gl. (4-31) definiert bleibt. Gl. (4-32)
soll hier genutzt werden, um der Beispielregression ohne Ausreißer (vgl. Abschnitt 3.4.3) eine neue Beispielregression gegenüberzustellen, bei der ein einziger vorhandener Ausreißerfall über die Dummy-Variable D einbezogen wird. Als Ausreißerfall ist für die Beispielregression von y=ln BSP auf x=ERN Puerto Rico (Fallnummer 51) anzusehen. Mit n=1o2, m=51 und den
Beobachtungen aus Tabelle 1-1 (vgl. Abschnitt 1.2.1) läßt sich
Gl. (4-32) über einen Aufruf der SPSS-Prozedur REGRESSION analysieren. Dafür müssen aber neben den logarithmierten Beobachtungen der Variable BSP (vgl. Abschnitt 3.4.1) auch die Beobachtungen der Dummy-Variable bereitstehen. Letztere lassen sich
im Beispiel über die SPSS-Befehle COMPUTE D=o und IF ($CASENUM
EQ 51) D=1 erzeugen. Die Befehlsfolge 4-3 liefert nach interak-
tiver Eingabe dann den SPSS-Standardausdruck von Bild 4-8 (vgl.
die Befehlsfolge 4-1 in Abschnitt 4.1.1 und die Befehlsfolge
4-2 in Abschnitt 4.4.1).

Befehlsfolge 4-3: Aufruf einer Kovarianzanalyse
```
REGRESSION VARIABLES = LNBSP D ERN
/DEPENDENT = LNBSP
/METHOD = ENTER
/RESIDUALS = OUTLIERS(SDRESID,MAHAL)
/PARTIALPLOT.
```


Die Analyseergebnisse aus Bild 4-8 sind nun mit denjenigen der
entsprechenden einfachen linearen Regression ohne Ausreißer
(vgl. Bild 3-1o in Abschnitt 3.4.3) und denjenigen der entsprechenden einfachen linearen Regression ohne Modellierung von
Strukturbrüchen (vgl. Bild 3-9 in Abschnitt 3.4.1) zu verglei-

Equation Number 1   Dependent Variable..   LNBSP

Variable(s) Entered on Step Number
   1..   ERN
   2..   D

Multiple R   .85980
R Square   .73925
Adjusted R Square   .73398
Standard Error   .67606

Analysis of Variance
                    DF   Sum of Squares   Mean Square
Regression   2   128.28385   64.14192
Residual   99   45.24884   .45706

F =   140.33622   Signif F = 0.0

------------------ Variables in the Equation ------------------

Variable   B   SE B   Beta   T   Sig T

ERN   1.12682   .06766   .85964   16.654   .0000
D   2.45941   .68334   .18578   3.599   .0005
(Constant)   6.64844   .06727   98.826   .0000

          Outliers - Studentized Deleted (Press) Residual

          Case #   *SDRESID

                 9   -2.60700
                60   2.49224
                11   2.19604
                18   -2.14336
               101   -2.09143
                54   2.06959
                13   -2.06639
                97   -2.06233
                28   -1.90814
                99   -1.77239

             Outliers - Mahalanobis' Distance

             Case #   *MAHAL

                 51   100.00980
                 97   4.45166
                101   3.93751
                100   3.53005
                 32   3.52251
                 31   3.23820
                 98   2.99362
                 90   2.90738
                 95   2.60091
                 88   2.40715

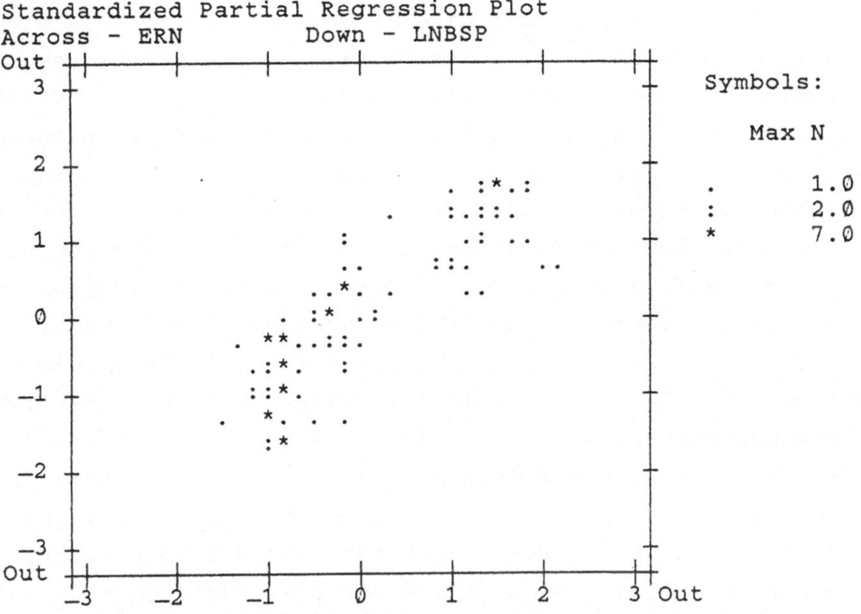

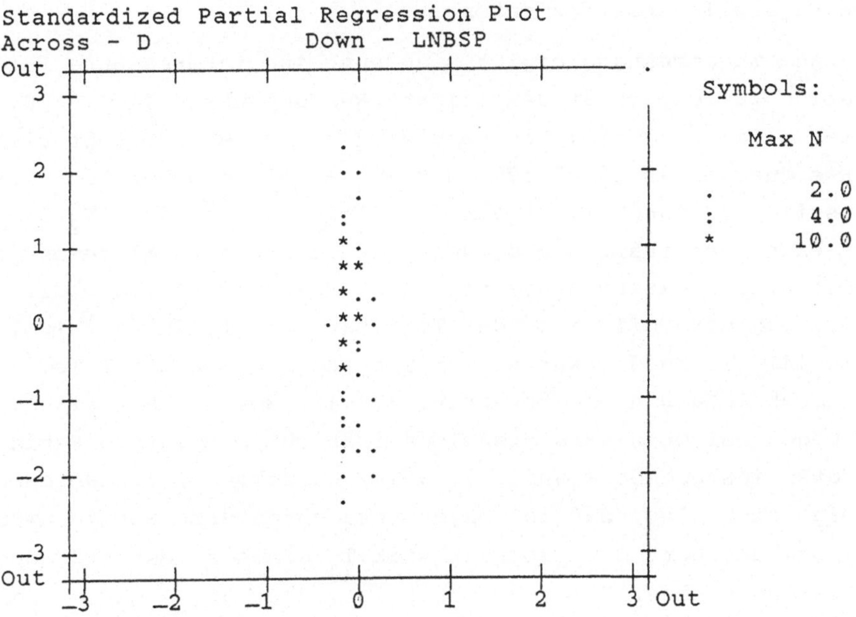

Bild 4-8: Kovarianz- und Residuenanalyse für die Regression von
          ln BSP auf ERN

chen. Dabei kann zuerst festgestellt werden, daß im Vergleich Bild 4-8 einen hohen Wert des korrigierten Bestimmtheitsmaßes $\bar{R}^2$ aufweist ($\bar{R}^2$=o,73). Die explizite Modellierung eines Strukturbruches in Gl. (4-32) hat für die geschätzte Regressionsebene also zu einer verbesserten Anpassung an das Streudiagramm der Beobachtungen geführt. Diese verbesserte Anpassung beruht allein darauf, daß die Kleinst-Quadrate-Schätzung für den einzigen Ausreißerfall Puerto Rico notwendig einen Residuenwert von Null liefert. Ursache dafür ist die Schätzung des Koeffizienten δ_1 aus Gl. (4-32) durch nur einen einzigen Fall. Als Folge stimmen in Bild 4-8 und Bild 3-1o nicht nur die Summen von Residuenquadraten überein. Auch die Schätzungen des Regressionskoeffizienten β_1 unter Constant und des Koeffizienten von ERN als quantitativem Regressor sind identisch. Diese Identität erstreckt sich dann natürlich auch auf extern studentisierte Residuenwerte für alle Nicht-Ausreißerfälle, daneben auch auf die Werte entsprechender Teststatistiken von t-Tests für einzelne Regressionskoeffizienten.

In diesem Zusammenhang ergibt sich nun eine interessante Interpretation für extern studentisierte Residuenwerte (vgl. z.B. Belsley et.al. (198o)): Ein Vergleich des extern studentisierten Residuenwertes r'_{51}=3,599 in Bild 3-9 mit dem Wert der Teststatistik für einen t-Test von δ_1=o in Bild 4-8, d.h. T_2=3,599 , zeigt eine Identität. Diese Identität ergibt sich allgemein aus der Definition extern studentisierter Residuen r'_i (vgl. Gl. (3-21)) und der Definition der Teststatistik T_j für j=2 (vgl. Gl. (4-14) als Quadratwurzel der Teststatistik eines F-Tests (vgl. auch Anhang A und Abschnitt 4.2.1). Bei der Herleitung kann wegen der oben genannten Identität für Summen von Residuenquadraten insbesondere auf Gl. (3-14) zurückgegriffen werden. Es zeigt sich also, daß der extern studentisierte Residuenwert r'_i gleich dem Wert der Teststatistik T_j eines t-Tests für den Koeffizienten einer Dummy-Variable ist, über die sich der Fall i als Ausreißer wie in Gl. (4-32) modellieren läßt.

Neben dieser Beziehung interessieren bei einem Vergleich von Bild 4-8 mit Bild 3-9 auch die jeweiligen Mahalanobis-Abstände d_i (vgl. Gl. (4-29)). Hier zeigt Bild 4-8 wegen der gesonderten

Modellierung für Fallnummer 51 einen besonders großen Abstand.
Die Reihenfolge der Fallnummern mit den nächstgrößten Abständen
stimmt in beiden Regressionen überein. Für Bild 4-8 ist
schließlich noch auf die besondere Gestalt des partiellen Residuendiagramms, den qualitativen Regressor D betreffend, hinzuweisen.

4.5.2 Regression mit ausschließlich qualitativen Regressoren

In der Kovarianzanalyse des vorangehenden Abschnitts wurden Regressionsmodelle mit qualitativen und quantitativen Regressoren
untersucht. In Abwandlung dieses Ansatzes können einem quantitativen Regressanden auch ausschließlich qualitative Regressoren gegenübergestellt werden. Das resultierende Modell ist dann
ein Modell der Varianzanalyse. Eine Regressionsbeziehung aus
der Varianzanalyse ergibt sich z.B., wenn in Gl. (4-32) auf die
Aufnahme des Regressors x verzichtet wird. Es verbleibt dann
die Beziehung

$$y_i = \beta_1 + \delta_1 D_i + u_i \qquad \text{für } i=1,\ldots,n \qquad (4\text{-}34)$$

der einfachen Varianzanalyse. Darin kennzeichnet die Dummy-Variable D, ob die Beobachtung y_i einer ersten oder zweiten Gruppe von betrachteten Beobachtungen angehört. Selbstverständlich
ist der betrachtete Ansatz durch die Aufnahme weiterer Dummy-
Variablen auf mehr als zwei Gruppen zu erweitern.

In der Varianzanalyse interessiert im Gegensatz zur Regressionsanalyse nun weniger das Problem der Punktschätzung für die Koeffizienten einer Beziehung wie Gl. (4-34). Das vorrangige Interesse der Varianzanalyse liegt darin, mögliche Strukturbrüche
zwischen den betrachteten Gruppen, d.h. Gruppendifferenzen, zu
identifizieren. Für Gl. (4-34) interessiert also vor allem, ob
die Hypothese $\delta_1 = o$ aufrechterhalten werden kann. In der Varianzanalyse stehen damit im Gegensatz zur Regressionsanalyse
Testverfahren im Mittelpunkt.

Modelle der Varianzanalyse sollen daher hier auch nicht weiter
untersucht werden. Obwohl die gezeigten Verbindungen zur Regressionsanalyse bestehen, findet sich die Varianzanalyse in

kaum einem Lehrbuch als Teilgebiet der Regressionsanalyse dargestellt. Eine Ausnahme bilden allerdings Draper/Smith (1981). So lassen sich Varianzanalysen zwar mit der SPSS-Prozedur REGRESSION durchführen. Das Programmpaket SPSS verfügt aber nicht nur in der Version SPSS/PC+ über gesonderte Prozeduren zur einfachen und mehrfachen Varianzanalyse. Diese Prozeduren sollten im Gegensatz zur Prozedur REGRESSION dann auch für Varianzanalysen genutzt werden. Für die in diesem Buch vorgenommene Erklärung des BSP/Kopf bietet sich nach obiger Untersuchung keine Varianzanalyse an, da mit der Variable ERN zumindest ein signifikanter quantitativer Regressor zur Verfügung steht.

Anhang

A: Normal-, χ^2-, t- und F-Verteilung in der Regressionsanalyse

Gegeben sei Modell 1-1 (vgl. Abschnitt 1.3.1)

d.h. $y_i = \beta_1 + \beta_2 x_i + u_i$ für $i = 1, \ldots, n$

mit $u_i \sim N(o, \sigma^2)$ und unabhängig.

Dann gilt: $u_i / \sigma \sim N(o, 1)$ für $i = 1, \ldots, n$ und

$\Sigma\, u_i^2 / \sigma^2 \sim \chi_n^2$, denn

die Summe der Quadrate von n unabhängig standardisiert normalverteilten Zufallsvariablen ist χ^2-verteilt mit n Freiheitsgraden.

$\Sigma\, e_i^2 / \sigma^2 \sim \chi_{n-k}^2$, denn

e_i ist linear in $u_{i'}$, $i' = 1, \ldots, n$ und $\Sigma\, e_i^2$ verfügt über n-k Freiheitsgrade (k=2 für einfache lineare Regressionen), damit

$(n-k) s^2 / \sigma^2 \sim \chi_{n-k}^2$.

$b_j \sim N(\beta_j, Var(b_j))$ für $j = 1, \ldots, k$, denn

b_j ist linear in $y_{i'}$, $i' = 1, \ldots, n$ mit

$y_{i'} \sim N(\beta_1 + \beta_2 x_{i'}, \sigma^2)$ und unabhängig, damit

$(b_j - \beta_j) / (Var(b_j))^{1/2} \sim N(o, 1)$ für $j = 1, \ldots, k$.

b_j und $e_{i'}$, $i' = 1, \ldots, n$ sind unabhängig, denn b_j und $e_{i'}$ sind unkorreliert und bei Normalverteilung folgt Unabhängigkeit aus Unkorreliertheit.

$$(b_j-\beta_j)/(s^2\mathrm{Var}(b_j)/\sigma^2)^{1/2}=(b_j-\beta_j)/s_{b_j} \sim t_{n-k} \text{ für}$$

$j=1,\ldots,k$, denn

der Quotient aus einer standardisiert normalverteilten und der Wurzel einer davon unabhängigen
und um die Anzahl der Freiheitsgrade bereinigten,
d.h. durch diese Anzahl dividierten, χ^2_{n-k}-ver-
teilten Zufallsvariable ist t-verteilt mit n-k
Freiheitsgraden.

$$(b_j-\beta_j)^2/s^2_{b_j} \sim F^1_{n-k} \text{ , denn}$$

das Quadrat einer t_{n-k}-verteilten Zufallsvariable
ist F-verteilt mit einem Zähler- und n-k Nennerfreiheitsgraden. Allgemein genügen um die jeweilige Anzahl von Freiheitsgraden bereinigte Quotienten unabhängiger χ^2-verteilter Zufallsvariablen
einer F-Verteilung.

Anmerkung: Für Modell 1-2 (vgl. Abschnitt 1.3.1) der mehrfachen linearen Regression gelten die hier beschriebenen Zusammenhänge analog.

B: Matrizengleichungen in der Regressionsanalyse

(i) Sei $X_{(i)}$ die Regressormatrix X ohne Zeile $\tilde{x}'_i$, dann gilt
für existierende Inverse

$$(X'_{(i)}X_{(i)})^{-1}=(X'X)^{-1}+(X'X)^{-1}\tilde{x}_i\tilde{x}'_i(X'X)^{-1}/(1-h_{ii}) \text{ mit}$$

$$h_{ii}=\tilde{x}'_i(X'X)^{-1}\tilde{x}_i .$$

(ii) Sei $X_{(k)}$ die Regressormatrix X ohne Spalte $\tilde{x}_k$, dann
gilt für existierende Inverse

$$(X'X)^{-1}=\begin{bmatrix} (X'_{(k)}X_{(k)})^{-1}+DE^{-1}D' & -DE^{-1} \\ -E^{-1}D' & E^{-1} \end{bmatrix} \text{ , worin}$$

$$D=(X'_{(k)}X_{(k)})^{-1}X'_{(k)}\tilde{x}_k \text{ und } E=\tilde{x}'_k\tilde{x}_k-\tilde{x}'_kX_{(k)}(X'_{(k)}X_{(k)})^{-1}X'_{(k)}\tilde{x}_k.$$

C: Ablauf einer aggregierten und fallweisen Regressionsanalyse

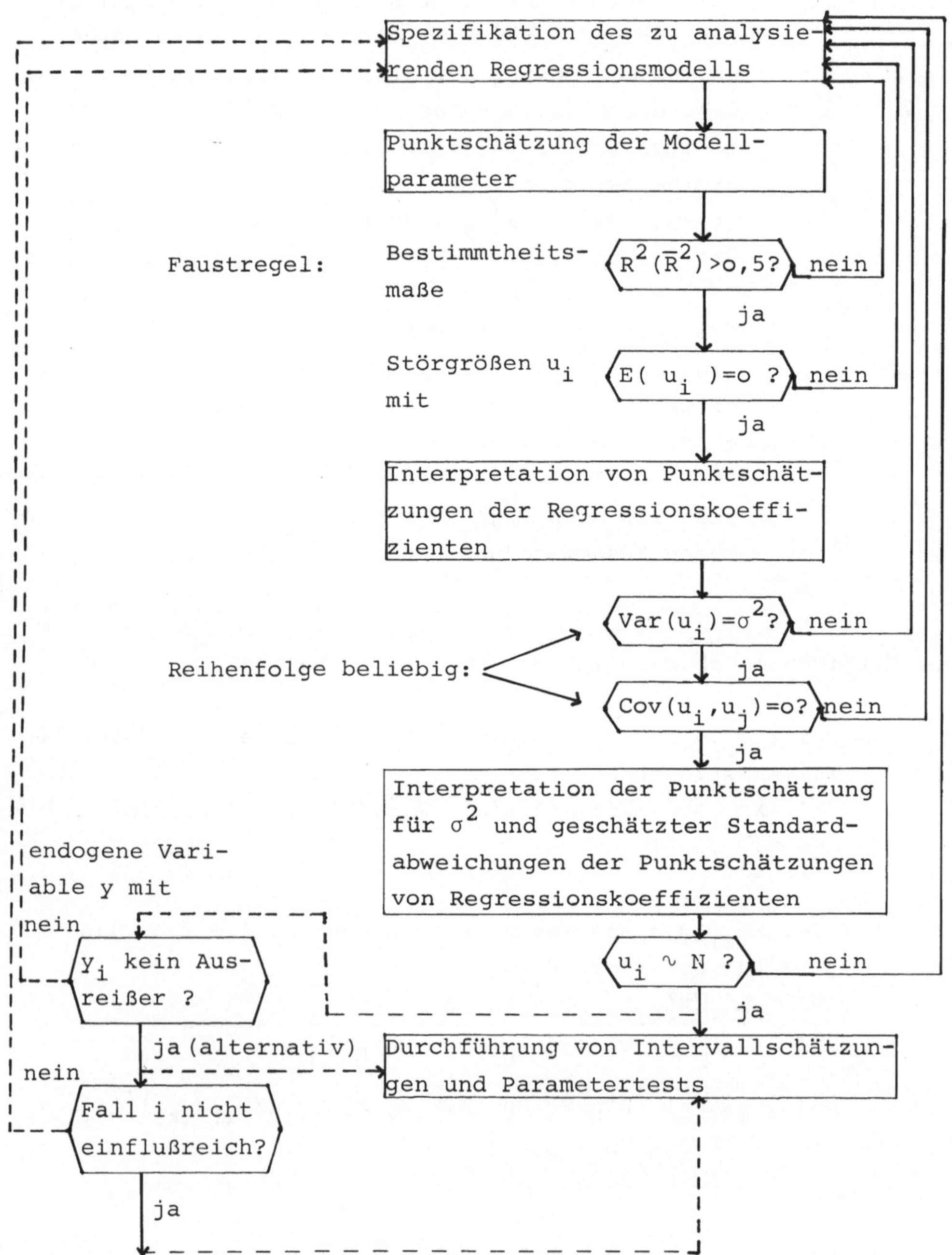

D: Symbolverzeichnis

$\bar{x}$ bzw. $\bar{y}$	Stichprobenmittel der Variablen x bzw. y
s_x^2	Stichprobenvarianz von x
s_y	Stichprobenstandardabweichung von y
s_{xy}	Stichprobenkovarianz zwischen x und y
r_{xy}	Stichprobenkorrelation zwischen x und y
β_j	unbekannter Regressionskoeffizient
b_j	Kleinst-Quadrate-Schätzung von β_j
σ^2	Störgrößenvarianz
s^2	Schätzung von σ^2
$\hat{y}_i$	vorhergesagte endogene Variable
e_i	Kleinst-Quadrate-Residuum
R^2 $(\bar{R}^2)$	Bestimmtheitsmaß (korrigiert)
s_{b_j}	geschätzte Standardabweichung von b_j
h_{ii}	Hauptdiagonalelement der Hutmatrix H und leverage-Wert
r_i	intern studentisiertes Residuum
r_i'	extern studentisiertes Residuum
d_i	Mahalanobis-Abstand
c_i	Cook-Abstand
pr_j	partielle Korrelation zwischen y und x_j
$b_{(i)}$ bzw. $b_{(j)}$	Kleinst-Quadrate-Schätzungen ohne Fall i bzw. ohne Regressor x_j

Literaturverzeichnis

Atkinson,A.C.(1985): Plots, Transformations, and Regression.
Oxford.

Bamberg,G. und F.Baur(1987): Statistik. 5.Aufl..
München.

Belsley,D.A.,E.Kuh und R.E.Welsch(1980): Regression Diagnostics.
New York.

Berk,K.N.(1977): Tolerance and Condition in Regression Computations.
J.Amer.Statist.Assoc.72,863-866.

Cook,R.D.(1977): Detection of Influential Observations in Linear Regression.
Technometrics 19,15-18.

Cook,R.D. und S.Weisberg(1982): Residuals and Influence in Regression.
London.

Daniel,C. und F.Wood(198o): Fitting Equations to Data. 2.Aufl..
New York.

Draper,N.R. und H.Smith(1981): Applied Regression Analysis. 2. Aufl..
New York.

Frohn,J.(198o): Grundausbildung in Ökonometrie.
Berlin.

Hoaglin,D.C. und R.E.Welsch(1978): The Hat Matrix in Regression and ANOVA.
Amer.Statistician 32,17-22.

Huber,P.J.(1981): Robust Statistics.
New York.

Judge,G.G.et.al.(1982): Introduction to the Theory and Practice of Econometrics.
New York.

Kähler,W.-M.(1986): SPSS^x für Anfänger.
Braunschweig.

Kockläuner,G.(1987): Eine nichtlineare Analyse der sozioökonomischen Entwicklung von Nationen.
Z.Wirtsch.Soz.wissensch.1o7,417-43o.

Krämer,W. und H.Sonnberger(1986): The Linear Regression Model under Test.
Heidelberg.

Mayer,L.S. und M.S.Younger(1976): Estimation of Standardized Regression Coefficients.
J.Amer.Statist.Assoc.71,154-157.

Mosteller,F. und J.W.Tukey(1977): Data Analysis and Linear Regression.
Reading, Massachusetts.

Norusis,M.J.(1986): SPSS/PC+.
Chicago.

Sato,M.(1982): Sozialwirtschaftlicher Entwicklungsindex auf der Basis der Hauptkomponentenanalyse.
Frankfurt.

Schubö,W. und H.M.Uehlinger(1986): SPSS^x.
Stuttgart.

Tukey,J.W.(1977): Exploratory Data Analysis.
Reading, Massachusetts.

Velleman, P.F. und R.E.Welsch(1981): Efficient Computing of Regression Diagnostics.
Amer.Statistician 35,234-242.

Weisberg,S.(1985): Applied Linear Regression. 2.Aufl..
New York.

Sachwortverzeichnis

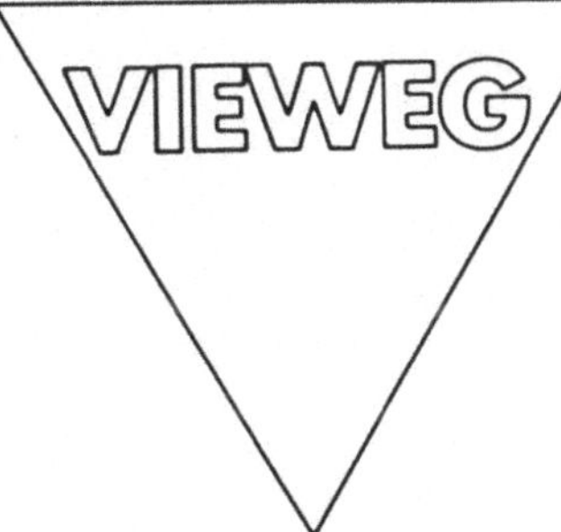

Wolf-Michael Kähler

SPSS^x für Anfänger

*Eine Einführung in das Datenanalysesystem
1986. X, 262 Seiten. 16,2 x 22,9 cm. Kartoniert*

Inhalt: Datenaufbereitung und Ziele der Datenanalyse – Das SPSS^x-Programm als Arbeitsauftrag an das SPSS^x-System – Vereinbarung und Beschreibung des SPSS^x-files – Beschreibung von Merkmalen – Beschreibung der Beziehung von Merkmalen – Ablaufsteuerung und Ein-/Ausgabe von Daten.

SPSS^x ist das Nachfolgesystem von SPSS (Statistical Package for the Social Sciences), des weltweit am häufigsten eingesetzten Programmsystems zur statistischen Datenanalyse.

Schwerpunkte der SPSS^x-Anwendungen liegen im Bereich der Sozialwissenschaften, der Soziologie, der Psychologie, der Medizin, der Erziehungswissenschaften sowie der empirischen Forschungstätigkeiten in den Naturwissenschaften.

Dieses Buch ist eine problembezogene Einführungsschrift in die Grundlagen des Datenanalysesystems SPSS^x und keine handbuchartige Aneinanderreihung von SPSS^x-Sprachelementen. Vielmehr richtet es sich an Leser, die in leicht verständlicher Darstellung in die Lage versetzt werden wollen, SPSS^x-Programme selbständig zu schreiben.

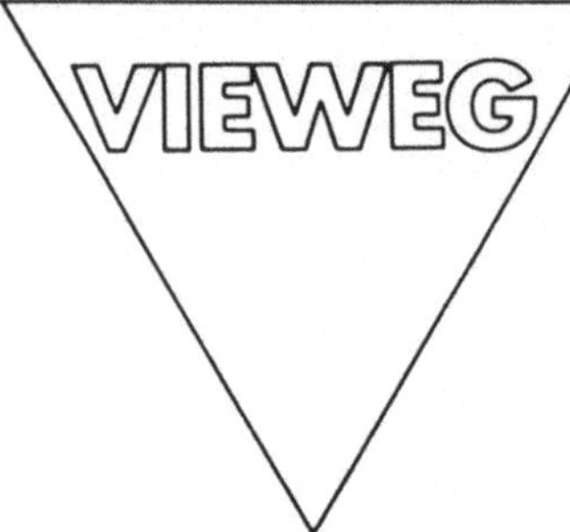

Wolf-Michael Kähler und Werner Schulte

SAS für Anfänger

Einführung in das Programmsystem

1987. XII, 212 Seiten mit 9 Tabellen und 75 Abbildungen. 16,2 x 22,9 cm. Kartoniert

Das SAS (Statistical Analysis System) ist ein Programmsystem zur Informationsverarbeitung und statistischen Datenanalyse. Es wird von Anwendern unterschiedlicher Fachgebiete (Wirtschafts- und Sozialwissenschaften, Psychologie, Biologie u. a.) eingesetzt. Eine weite Verbreitung hat das System auch in der industriellen Verwaltung gefunden, wo Informationen dargestellt, analysiert und bewertet werden müssen. Die Leistungsfähigkeit des SAS-Systems ermöglicht unter anderem die Organisation von Daten, den Einsatz einfacher und komplexer statistischer Verfahren und die Erstellung individuell gestalteter Tabellen und Graphiken.

Mit diesem Buch wird eine problembezogene und am Beispiel einer empirischen Untersuchung orientierte Einführung in das Programmsystem SAS vorgelegt. Es wendet sich an alle, die für die Analyse empirischer Daten grundlegende Kenntnisse in der statistischen Datenverarbeitung erwerben wollen. Die Darstellung ist so gehalten, daß keine Vorkenntnisse aus dem Bereich der Elektronischen Datenverarbeitung vorhanden sein müssen. Jedoch sollte der Leser statistische Grundkenntnisse in beschränktem Umfang besitzen.

Das Buch ist so strukturiert, daß zunächst die Schritte der Vorbereitung und Durchführung einer Datenanalyse an einem einfachen Beispiel ausführlich beschrieben werden, bevor die gebräuchlichsten Prozeduren zur Kennzeichnung von Merkmalen und die vielfältigen Möglichkeiten der Daten- und Dateienmodifikation, die SAS bietet, vorgestellt werden. Dabei wird die zur Zeit aktuelle Version 5.16 des Programmsystems zugrunde gelegt.

Das Buch kann sowohl als Begleitbroschüre für Lehrveranstaltungen als auch zum Selbststudium empfohlen werden.